SPEZIAL FAHRZEUGE

Gerhard Siem

SPEZIAL FAHRZEUGE

Giganten & Sonderkonstruktionen

Parragon

Bath • New York • Singapore • Hong Kong • Cologne • Delhi
Melbourne • Amsterdam • Johannesburg • Auckland • Shenzhen

IMPRESSUM

Diese Ausgabe erscheint bei
Parragon Books Ltd
Queen Street House
4 Queen Street
Bath BA1 1HE, UK
www.parragon.com

HEEL Verlag GmbH
Gut Pottscheidt
53639 Königswinter
Telefon 0 22 23 / 92 30-0
Telefax 0 22 23 / 92 30 26
Mail: info@heel-verlag.de
Internet:www.heel-verlag.de

Verantwortlich für den Inhalt:
Gerhard Siem

Lektorat:
Margit Bachfischer M.A., Bobingen

Gestaltung, Satz und Lithographie:
TIM-Verlag, Prittriching

ISBN 978-1-4454-6265-3

Printed in China

CATERPILLAR
584

Der im Jahr 2009 auf der ELMIA Wood vorgestellte schwere Forwarder Caterpillar 584 hat eine Kapazität von 18 bis 20 Tonnen.

Vorwort

Kindheitserinnerungen prägen ja bekanntlich das Leben. Ob dies bei Spezialfahrzeugen der Industrie ebenfalls der Fall ist, kann ich nicht beurteilen. Doch in meinem Fall war es so. Große, starke Maschinen haben bei mir schon immer eine gewisse Faszination ausgeübt.

Diese Spezialfahrzeuge im Lkw-Bereich und im Transportwesen sind nicht nur in der Vergangenheit zum Einsatz gekommen. Gerade in den letzten Jahren nehmen diese Fahrzeuge einen immer größeren Platz ein. Ob bei Baufahrzeugen, der Feuerwehr, im kommunalen Bereich, auf Flughäfen, in der Land- und Forstwirtschaft, beim Transport von Schwerlasten oder im militärischen Bereich, spezielle Konstruktionen sind heute kaum mehr wegzudenken.

Das vorliegende Buch zeigt einen repräsentativen Einblick in die Technik dieser Sonderfahrzeuge und gibt dem Leser einen Überblick über die bunte Vielfalt dieser hochmodernen, auf dem neuesten Stand der Technik stehenden „Spezialisten". Oder wussten Sie, dass mit den großen Cat-Muldenkippern bis zu fast 270 Kubikmeter Aushub mit beinahe 70 km/h befördert werden können oder der Transportspezialist Scheuerle heutzutage gigantische Offshore-Gasplattformen mit einem Gewicht von bis zu 15.000 Tonnen mit Modultransportern über Land bewegen kann?

Ich denke, Sie können gespannt auf diese reich bebilderte Lektüre sein, die mit vielen technischen Highlights kaum Wünsche beim „Schmökern" offenlässt. Und nun wünsche ich Ihnen viel Spaß bei der Lektüre über das Thema „Spezialtransporte".

Gerhard Siem

OVERSIZE LOAD

MAN
1/24/1
M

JAGUAR

Bitelli BB 650

Typ:	Asphaltfertiger
Länge:	5500 Millimeter
Breite:	2500 Millimeter
Höhe (o. Dach):	1600 Millimeter
Gewicht:	13,5 Tonnen

Motor: luftgekühlter Deutz F5L 914
5-Zylinder-Diesel-Reihenmotor

Leistung:	95 PS bei 2300/min
Hubraum:	5393 Kubikzentimeter
Drehmoment:	333 Nm/1500/min

Geschwindigkeiten:

Getriebe:	2 Gänge
Arbeit:	0 bis 60 m/min
Fahrt:	0 bis 15 km/h

Radfertiger sind mobil und erlauben eine hohe Einbaugeschwindigkeit (0–60 m/min) und sind durch den Radantrieb leichter von einer Baustelle auf die nächste umzusetzen, da sie Selbstfahrer sind und keinen Tieflader benötigen. Die Bohle des Straßenfertigers, das Arbeitsgerät des Fertigers, hat die Aufgabe, das Mischgut über die gesamte Einbaubreite gleichmäßig zu verdichten und eine geschlossene, ebene Struktur zu erzeugen. Die Verdichtungsaggregate der Bohle sollen eine möglichst große Vorverdichtung erzeugen, damit unterschiedliche Einbaustärken einen geringen Einfluss auf das Walzmaß bei der Endverdichtung haben.

Bitelli BB 651C

Typ:	Asphaltfertiger
Länge:	5460 Millimeter
Breite:	3120 Millimeter
Höhe:	3550 Millimeter
Gewicht:	14,5 Tonnen

Motor: luftgekühlter Deutz F5L 914
5-Zylinder-Diesel-Reihenmotor

Leistung:	95 PS bei 2300/min.
Hubraum:	5393 Kubikzentimeter
Drehmoment:	333 Nm/1500/min.

Geschwindigkeiten:

Getriebe:	4 Gänge
Arbeit:	0 bis 32 m/min.
Fahrt:	0 bis 7 km/h

Im Fahrantrieb hat die kettengetriebene Maschine eine bessere Traktion und ist daher bestens auch für große Einbaubreiten bis zu 16 Meter geeignet. Während des Einbaus befindet sich die Bohle in einer Schwimmstellung und wird lediglich vom Mischgut getragen, mit der sich Unebenheiten im Unterbau ausgleichen lassen. Vor allem bei langen Straßenabschnitten wird der Asphalt durch einen Lkw-Kipper ohne eingelegten Gang zugeführt, der in einer speziellen, vorn angebrachten Halterung von der Maschine geschoben wird. In aller Regel wird hinter der Maschine der aufgebrachte Asphalt durch Straßenwalzen weiter verdichtet und geglättet.

Caterpillar Cat AP655D

Typ: Deckenfertiger
Länge: 3050 Millimeter
Breite: 1829–6147 Millimeter
Höhe: 3840 Millimeter
Gewicht: 15,32 Tonnen

Motor: wassergekühlter Cat C6.6 Acert, 6-Zylinder-Diesel-Reihenmotor mit Turboaufladung und Ladeluftkühlung
Leistung: 175 PS bei 2500/min.
Hubraum: 6600 Kubikzentimeter

Geschwindigkeiten:
Getriebe: 2 Gänge
Arbeit: max. 70 m/min.
Fahrt: 14,5 km/h

Die Straßen im Südwesten Frankreichs haben mit denen an der Westküste Spaniens ein Merkmal gemeinsam, das für Straßenbautrupps in ganz Europa häufig zur Herausforderung wird: wenig Platz zum Arbeiten. Dafür ist der CAT-Ketten-Schwarzdeckenfertiger AP655D bestens geeignet. Dank dem Mobil-trac™-Laufwerk (MTS-Gummikette) oder dem Stahlkettenlaufwerk ist das pendelnde Laufwerk mit einem Automatik-Kettenspannsystem ausgestattet, das für höhere Produktivität und hervorragende Deckenqualität sorgt.

Caterpillar Cat PM200

Typ: Kaltfräse
Gesamtlänge: 13.940 Millimeter
Breite: 2900 Millimeter
Höhe: 3950 Millimeter
Gewicht: 30,1 Tonnen

Motor: wassergekühlter Cat C18 Acert, 6-Zylinder-Diesel-Reihenmotor mit Turboaufladung und Ladeluftkühlung
Leistung: 564 PS bei 2500/min
Hubraum: 18.100 Kubikzentimeter

Geschwindigkeiten:
Getriebe: hydrostatischer All-ketten-Fahrantrieb
Fräßgang: 0 bis 38 m/min.
Fahrgang: 0 bis 5,9 km/h

In der Kaltfräse PM200 von Caterpillar vereinigen sich beeindruckende Leistungsfähigkeit und vorbildliche Zuverlässigkeit zu höchster Maschinenproduktivität und -verfügbarkeit beim Ausbauen von Asphalt- und Betonfahrbahnen. Im Fräswalzenantrieb kommen bewährte Komponenten zur Anwendung, die eine lange Lebensdauer sicherstellen. Eine große Auswurföffnung und ein breites Austragsband sichern einen hohen Fräsgut-Volumenstrom. Das elektronische Steuergerät passt den Vorschub automatisch an die momentane Fräswalzenbelastung an. Ein hydraulisch knickbares Ladeband erleichtert den Maschinentransport von der einen zur anderen Baustelle.

Nachfahre der Straßenwalzen

Straßenwalzen werden bereits seit Mitte des 19. Jahrhunderts im Straßen- und Erdbau eingesetzt. In der Frühzeit waren es noch von Pferden gezogene Arbeitsgeräte, die zusätzlich mit Steinen oder Wasserballast beschwert waren. Um 1860 entwickelte man dann mit der Einführung der Dampfmaschinen auch mobile Dampfwalzen, die erfolgreich eingesetzt werden konnten. Sie waren im Prinzip selbstfahrende Lokomobile, deren Räder durch Walzen ersetzt wurden.
Als Rudolf Diesel schließlich den Dieselmotor erfand, wurden schnell die doch sehr groben und unflexiblen Dampfwalzen von Walzen mit Dieselmotoren verdrängt. Die erste Walze mit Dieselmotor wurde 1911 von der im Jahr 1878 gegründeten Firma Hamm aus Tirschenreuth auf den Markt gebracht. Ab 1928 konzentrierte sich das Unternehmen vollständig auf den Bau von Walzen und stellte 1932 die weltweit erste allradangetriebene und allradgelenkte Tandemwalze vor. Erst 1958 folgte die Tandemvibrationswalze. Diese Technik ermöglichte fortan eine wirkungsvollere und schnellere Verdichtungsarbeit. Bis 1970 war Hamm der einzige Hersteller weltweit, der diese patentierten Walzen bauen durfte.
1976 wurden schließlich Walzenzüge eingesetzt. Walzenzüge sind sowohl mit einer Luftbereifung wie auch mit einer Walzenbandage ausgerüstet, die entweder starr oder durch eine Knicklenkung miteinander verbunden sind. Dabei befindet sich die Fahrerkabine meist in der Fahrzeugmitte. Gefahren wird heutzutage meist mit einem hydrostatischen Antrieb und einem großvolumigen Dieselmotor.

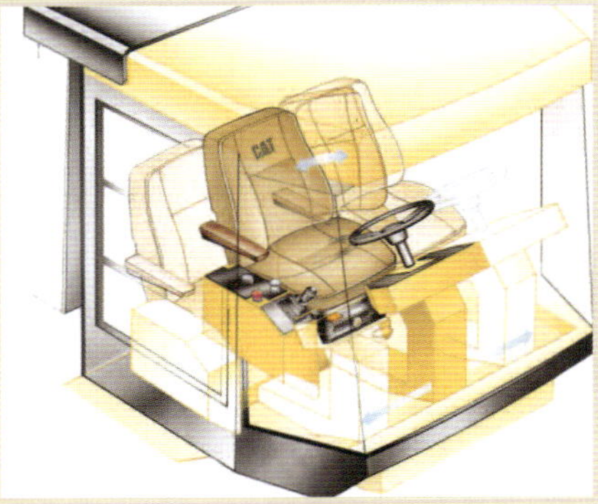

Die Walzenzüge Caterpillar CAT PS-300C und PF-300C sind ideal für die Anwendung bei Asphaltdecken und zur Verdichtung von natürlichen Böden mit Materialien wie Kalk oder Zement. Bas erend auf ihren Vorgängern PF/PS-300B stellen die luftbereiften Walzenzüge PF/PS-300C neue Maßstäbe für Zuverlässigkeit ud Produktivität in allen Bereichen auf. Die Walzenzüge erreichen unabhängig von ihrer Anwendung hervorragende Verdichtungsergebnisse. Die schräge Motorhaube und der geringe Aufbau am Heck bieten eine uneingeschränkte Sicht nach vorne und im Rückwärtsgang. Die komfortabel ausgestattete Fahrerkabine mit einer ergonnomisch gestalteten Schaltzentrale ermöglicht es, das Gerät das ganze Jahr über optimal auszulasten.

Typ:	Walzenzug
Gesamtlänge:	5300 Millimeter
Breite:	2000 Millimeter
Höhe:	3000 Millimeter
Gewicht:	bis 21 Tonnen

Motor: wassergekühlter Caterpillar 3054C, 4-Zylinder-Diesel-Reihenmotor mit Turboaufladung

Leistung:	86 PS bei 2200/min
Hubraum:	4400 Kubikzentimeter

Geschwindigkeiten:

Getriebe:	hydrostatischer 3-Gang-Fahrantrieb
1. Gang:	0 bis 6 km/h
2. Gang:	0 bis 13 km/h
3. Gang:	0 bis 19 km/h

BAUER Maschinen Gruppe

Die 1790 gegründete BAUER Maschinen Gruppe ist heute Weltmarktführer in der Entwicklung und Herstellung von Spezialtiefbaugeräten. Darüber hinaus ist sie für den Bereich Mining tätig. Die BAUER Maschinen GmbH konstruiert und baut am Konzernstandort in den Werken Schrobenhausen, Aresing und Edelshausen Großdrehbohrgeräte, Schlitzwandfräsen, Greiferanlagen und Rüttelgeräte sowie alle Werkzeuge dazu. Weitere Produktionsstandorte betreibt das Unternehmen in den USA und Russland, in China, Malaysia, Italien und Schweden.

BAUER RB 40 (PAKLA)

Brunnenbohrgeräte der BAUER Gruppe fördern das wertvollste Gut: Wasser. Die Familie der PRAKLA-RB-40-Universalbohranlagen wurde technisch komplett modernisiert und leistungsmäßig aufgewertet. Die RB 40 ermöglicht die Ausführung von Bohrungen mit Bohrdurchmessern von 108 bis 1016 Millimetern und Bohrtiefen bis zu 700 Metern. Die RB-40-Bohranlagen sind standardmäßig auf Dreiachsfahrzeugen mit Allradantrieb (MAN, Mercedes und Iveco) und einem zulässigen Gesamtgewicht von 33 Tonnen aufgebaut. Der Lkw-Motor treibt über einen entsprechend ausgelegten Nebenantrieb die Hydraulikkomponenten der Bohranlage an. Auch können die RB-40-Bohranlagen auf Raupenfahrwerken oder entsprechend geeigneten Anhängern aufgebaut werden.

Typ:	Universal-Rotary-Bohrgerät
Geräteträger:	5-Achs-Anhänger oder Lkw-Aufbau
Motorleistung:	430 PS
Länge:	11.850 mm (Transport)
Höhe:	4000 mm (Transport)
Höhe (Mast):	13.150 Millimeter

Hakenlast:	300 kN
Geschwindigkeit:	0 bis 0,8 m/s
Fördermenge:	3000 l/min
Betriebsdruck:	7 bar

BAUER BG 36 BS 80

Typ:	Drehbohrgerät
Motorleistung:	354 kW
Länge:	5680 mm (Fahrwerk)
Breite:	3400–4600 mm
Gesamthöhe:	24.200 Millimeter
Gewicht:	127 Tonnen

Bohrgerät:

Drehmoment:	367.000 Nm
Bohrdurchmesser:	max. 2300–2500 mm
Bohrtiefe:	max. 69 Meter

„Bulk Sampling" in Down Under: Ein Drehbohrgerät BG 36 der BAUER Resources Australia bohrt im australischen Sand nach Diamanten. Weitere in den verschiedensten klimatischen Zonen betriebene Spezialbohrungen erfolgen nach Kohle, Diamanten, Eisenerz, Gold, Uran, Kaolin, Mangan, Zink, Öl und Gas. Außerdem waren Geräte im Bereich regenerativer Energien bei der Gründungen von Offshore-Windparks und Geothermen im Einsatz.

Abu Dhabi Louvre

Der Louvre steht in Paris, das Guggenheim-Museum in New York. Aber nicht nur. Derzeit werden Museumsbauten mit den beiden traditionsreichen Namen auch in Abu Dhabi ausgeführt, direkt an den Wassern des Persischen Golfs. Damit soll das Kulturleben der aufstrebenden Golf-Städte weiter ausgebaut werden und Publikum aus aller Welt anziehen. Hierbei kamen eine BAUER-Fräse BC40, ein BAUER-Bohrgerät BG28 und zahlreiche Servicekräne zum Einsatz.

Caterpillar Cat 572R

Hervorragende Vielseitigkeit

Caterpillar-Rohrverleger findet man überall auf Pipeline-Baustellen und vielfach beim Rücken von Förderbändern im Tagebau. Mit ihrer robusten Bauweise, ihrerm hohen Tragvermögen und ihrer unbedingten Zuverlässigkeit spielen die meist im Verbund eingesetzten Geräte auf der Baustelle eine Schlüsselrolle. Beide Typen der Rohverleger verfügen über einen hochmodernen Cat-Motor mit ACERT-Technologie. Damit erfüllen sie schon jetzt kommende Abgasvorschriften, ohne bei Leistung, Verbrauch, Lebensdauer und Wartungsaufwand Abstriche zu machen. Die ausfahrbaren Kontergewichte sorgen für sicheren Stand beim Anheben, vermeiden unnötige Kettenbelastung bei Leerfahrt und erleichtern den Transport.
Die beiden unabhängigen, hydraulischen Winden mit ölgekühlten Scheibenbremsen für Lasthaken und Ausleger gewährleisten feinfühliges Lasthandling und sicheres Halten. Alle Cat-Rohrverleger sind mit dem bewährten Delta-Kettenlaufwerk ausgerüstet und profitieren damit von denselben Laufwerksvorteilen wie die Cat Dozer.

Für den vielfach weltweiten Einsatz dieser Geräte bildet das überall präsente Caterpillar-Servicenetz mit seiner schnellen und zuverlässigen Ersatzteilverfügbarkeit eine elementare Grundlage. Der Rohrverleger 572R von Caterpillar ist für anspruchsvolle Arbeiten entwickelt worden. Robust und mit vielseitigen Komponenten ausgestattet, ist er für harte und anspruchsvolle Arbeiten konzipiert. Der 240 PS starke CAT-3176C-Dieselmotor ist mit einem Advanced-Modular-Cooling-System-(AMOCS-) ausgerüstet und erhöht durch eine zweigeteilte Kühlung die Kühlfläche deutlich gegenüber herkömmlichen Systemen.

Mit dem Fingertip (FTC) können die Lenkung, die Laufrichtung und Gangwahl mit einer einzigen Hand bedient werden. Dieses System erhöht den Bedienungskomfort und die Produktivität erheblich. Das ergonomische Design sorgt ebenfalls für maximalen Komfort, und die Instrumententafel mit den leicht abzulesenden Displays und den Warnlampen zeigt dem Maschinenfahrer möglicherweise auftretende Probleme.

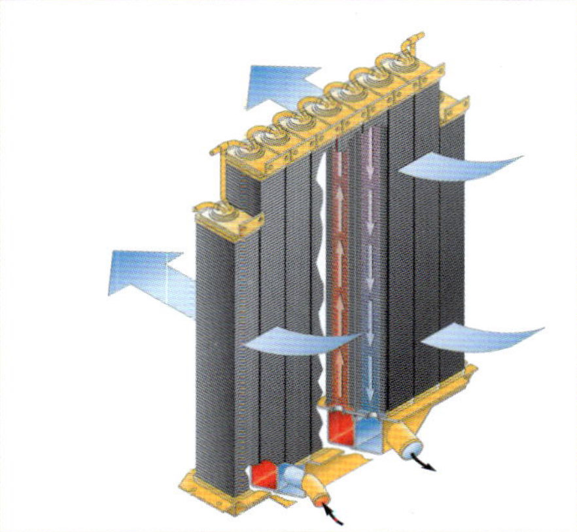

Typ:	Rohrverleger
Gesamtlänge:	4736 Millimeter
Breite:	3659 Millimeter
Höhe:	6728 Millimeter
Gewicht:	31,85 Tonnen

Motor: wassergekühlter Caterpillar-CAT-3176C-Diesel-Reihenmotor

Leistung:	243 PS
Hubraum:	10,3 Liter
Getriebe:	3 Vorwärts-, 3 Rückwärtsgänge
Tankkapazität:	479 Liter

Geschwindigkeiten:

1. Gang:	3,52 km/h
2. Gang:	6,1 km/h
3. Gang:	10,54 km/h

Caterpillar Cat 583T

Der starke Caterpillar CAT 583T Rohrverleger ist zuverlässig und haltbar, auch unter härtesten Bedingungen. Dies konnte er bereits in der Vergangenheit unter Beweis stellen. Auch hier sprechen hervorragende Sichtverhältnisse in der geschlossenen Kabine und eine ergonomisch gestaltete Bedienungszentrale für einen maximalen Komfort und dadurch für eine optimale Produktivität bei jedem Klima. Größtmögliche Scheibenflächen und ein Dachfenster gestatten dem Fahrzeugführer eine bestmögliche Rundumsicht. Bei schlechtem Wetter helfen Scheibenwischer vorn und hinten sowie ein ausgeklügeltes Belüftungssystem für eine freie Sicht.

Während Nachtarbeiten sorgen acht zusätzliche Halogenscheinwerfer für genügend Licht. Dabei sind drei Scheinwerfer nach vorne, zwei nach hinten und zwei weitere an der Seilwinde ausgerichtet. Der Antriebsstrang mit dem C15-Motor und der ACERT-Technologie sorgt für höchste Effizienz.

Typ:	Rohrverleger
Gesamtlänge:	5385 Millimeter
Breite:	3070 Millimeter
Höhe:	9308 Millimeter
Gewicht:	45,36 Tonnen

Motor: wassergekühlter Caterpillar-CAT-C15-ACERT-Diesel-Reihenmotor

Leistung:	591 PS bei 2100/min
Hubraum:	15,2 Liter
Getriebe:	3 Vorwärts-, 3 Rückwärtsgänge

Caterpillar Cat 587T

Der Hauptrahmen des CAT 587T hat eine ausgezeichnete Stabilität und Tragfähigkeit während härtester Einsätze bewiesen. Mit dem bewährten Antriebsstrang des Cat-Dieselmotors besitzt er ein leistungsstarkes Kühlsystem sowie unübertroffene Wartungsfreundlichkeit. Das PL61-Laufwerk bietet eine längere Nutzungsdauer bei verbesserter Zuverlässigkeit. Dank des erhöht angeordneten Kettenrads liegen die Seitenantriebe oberhalb des Arbeitsbereichs, sodass sie vor Stoßbelastungen geschützt sind.

Typ:	Rohrverleger
Gesamtlänge:	5486 Millimeter
Breite:	4049 Millimeter
Höhe:	9254 Millimeter
Gewicht:	53,1 Tonnen

Motor: wassergekühlter Caterpillar CAT-C15-ACERT-Diesel-Reihenmotor

Leistung:	591 PS bei 2100/min
Hubraum:	15,2 Liter
Getriebe:	3 Vorwärts-, 3 Rückwärtsgänge

HFH PROXIMA CII

Die bekannten Arbeitsweisen von Beraubemaschinen, z.B. von US-amerkanischen Herstellern, können mit dem PROXIMA-CIII-System von HFH nicht verglichen werden. Die Maschine wird vor allem in Kali- und Salzbergwerken eingesetzt.

Typ:	Beraubefahrzeug
Beraubehöhe:	max. 10 Meter
Gewicht:	31 Tonnen
Geschwindigkeit:	max. 28 km/h
Lenkung:	hydr. Fremdkraftlenkung, Knicklenkung
Motorleistung:	ca. 239 PS, luft- oder wassergekühlt

HFH Taurus IV 4 WTK 140 kN

Der Taurus III ist als äußerst geländegängiger und beweglicher Hochleistungskran mit einer abgestützten Tragkraft von 6,5 Tonnen entwickelt worden. Auch bei einer Steigung oder einem Gefälle von 28 Prozent ist der Einsatz zuverlässig. Das Krandrehwerk kann bei einer Querlage uneingeschränkt arbeiten. Besondere Abstützungen sorgen dafür, dass der Kran auch bei 15 Prozent Quer- und Längslage ausgerichtet werden kann. Der Kran ist 360 Grad drehbar, auf acht Meter hebbar und bis 8,5 Metern austeleskopierbar.

Typ:	Kranfahrzeug
Länge:	7900 Millimeter
Tragfähigkeit:	14 Tonnen
Gewicht:	16,5 Tonnen
Motorleistung:	KHD F8L 413 FW, 185 PS bei 2300/min

HFH Sirius III

Für den untertägigen Montageeinsatz wurde von HFH das Kranfahrzeug Sirius III mit einer Ausladung von ca. 7,5 Metern, einer Hubhöhe von ca. acht Metern und einer Tragkraft von zwölf Tonnen bei einer Ausladung von ca. vier Metern konstruiert. Der Sirius III kann sich selbst be- und entladen.

Typ:	Mobilkran
Länge:	8260 Millimeter
Breite:	3200 Millimeter
Tragkraft:	120 kN bei 3,5 Metern
Gewicht:	38,5 Tonnen
Motorleistung:	KHD BF6M 1015 C, 219 PS bei 2350/min

Magirus Deutz Saturn

Als schwerstes Modell der Saturn-Serie war ab 1959 der Saturn 195 F-S 6 x 4 als Sattelzugmaschine im Programm. Der für ein Gesamtgewicht von bis zu 32 Tonnen ausgeführte Sattelzug war mit Sonderaufbau auch als Mobilkran zu haben.

Typ:	Mobilkran
Länge:	5270 Millimeter
Breite:	2300 Millimeter
Höhe:	2570 Millimeter
Gewicht:	32 Tonnen
Motor:	Deutz F8L 714, 8-Zylinder-Motor
Leistung	195 PS
Höchstgeschw.:	74,3 km/h

Mercedes-Benz L 1620

Mit den zur Mittelklasse zählenden Lastkraftwagen Mercedes-Benz Typ L 322 und L 327 erschien im Frühjahr 1959 auch der im Kurzhauberstil gebaute Typ L 337. Er entsprach der neuen Verordnung über Maße und Gewichte. Die deutsche Regelung hatte zur Folge, dass für den Export verstärkte Fahrzeuge mit einem erhöhten Gesamtgewicht wie der L 332 gebaut werden mussten. Eine weitere Zulassungsverordnung, die das Leistungsgewicht auf 6 PS pro Tonne festschrieb, ließ weitere Fahrzeugtypen wie den Mercedes-Benz L 334 entstehen. Im September 1963 brachte Benz für die schweren Frontlenker ein völlig neues, modern gestaltetes und hervorragend durchdachtes Fahrerhaus heraus. Der Typ L 334 hieß nun L 1620. Vom Typ L 1620 wurden bis 1977 über 30.000 Fahrzeuge gebaut.

Typ:	Lkw-Kran
Länge:	8000–8300 Millimeter
Breite:	2500 Millimeter
Höhe:	2090 Millimeter
Gewicht:	16 Tonnen

Motor: wassergekühlter Daimler-Benz OM 346 LA, 6-Zylinder-Diesel-Reihenmotor mit Direkteinspritzung

Hubraum:	10.810 Kubikzentimeter
Bohrung:	128 Millimeter
Hub:	140 Millimeter
Leistung:	210 PS bei 2200/min
Getriebe:	6-Gang-Getriebe
Fußbremse:	Druckluft, dazu Motorbremse
Geschwindigk.:	75–85 km/h

Caterpillar Cat TH414

Typ:	Telelader
Gesamtlänge:	6325 Millimeter
Breite:	2438 Millimeter
Höhe:	2591 Millimeter
Gewicht:	9,36 Tonnen

Motor: Cat C4.4DITAAC

Hubraum:	4400 Kubikzentimeter
Bohrung:	105 Millimeter
Hub:	127 Millimeter
Leistung:	102 PS
Getriebe:	4/3-Gänge
Geschwindigk.:	bis 32 km/h

Der TH414 verfügt über große Reichweite und Tragfähigkeit von Ladegütern. An der komfortablen Fahrerkabine sind insbesondere die ergonomische Gestaltung und die hervorragenden Sichtverhältnisse hervorzuheben. Bei der Konstruktion des TH414 wurde besonders auf Bedienerfreundlichkeit geachtet. Eine ausgezeichnete Wendigkeit erlaubt harmonische, produktive Arbeitsabläufe.

Liebherr LTM 11200

Der Liebherr LTM 11200-9.1 ist der stärkste Teleskopkran auf dem Markt und bietet mit einer Gesamthöhe von 195 Metern den längsten Teleskopausleger weltweit. Der achtteilige Ausleger wird vollautomatisch auf die gewünschte Länge ausgefahren und verbolzt. Zusätzlich sind diverse Gitterverlängerungen erhältlich. Beachtliche Traglaststeigerungen bietet die Y-Teleskopauslegerabspannung. In das neunachsige Fahrgestell ist die von Liebherr entwickelte aktive, geschwindigkeitsabhängige Hinterachslenkung integriert. Scheibenbremsen sorgen für erhöhte Sicherheit und Wirtschaftlichkeit.

Typ:	All-Terrain-Mobilkran
Gesamtlänge:	19.939 Millimeter
Breite:	3000 Millimeter
Höhe:	4000 Millimeter
Gewicht:	108 Tonnen

Motor: wassergekühlter 8-Zylinder-Diesel, Liebherr Typ D9598 A7, 608 PS

Liebherr LG 1750

Der 750-Tonnen-Fahrzeugkran LG 1750 von Liebherr ist der größte Gittermastkran in der Schwerlast-Kranpalette der Firma. Er bietet die Flexibilität eines 750-Tonnen-Raupenkrans kombiniert mit der Mobilität eines schnell fahrenden Autokrans derselben Traglastklasse. Für den LG 1750 verwendet Liebherr die Krandrehbühne und die Auslegersysteme des Raupenkrans LR 1750 sowie ein völlig neu entwickeltes achtachsiges Kompaktfahrgestell modernster Bauart. Vier sehr steif ausgeführte und großdimensionierte Klappholme bilden eine Sternabstützung mit 16 mal 16 Metern Abstützbasis. Sie prägen das Erscheinungsbild des Spezialkranfahrgestells.

Typ:	Gittermastkran
Länge:	18.962 Millimeter
Breite:	3000 Millimeter
Höhe:	5500 Millimeter
Gewicht:	108 Tonnen

Motor: wassergekühlter 8-Zylinder-Dieselmotor, Liebherr Typ D9508 A7

Leistung:	608 PS bei 1900/min
Getriebe:	automatisches Getriebesystem mit Wandlerschaltkupplung, 12 Vorwärts-, 2 Rückwärtsgänge

Liebherr LTF 1045-4.1 Kenworth

Für den nordamerikanischen Markt wird der LTF 1045-4.1 auf Kenworth-Fahrgestell angeboten. Mit dem Serienfahrgestell ist der LTF 1045-4.1 schnell am Einsatzort und bietet hohen Fahrkomfort. Mit seinem langen Teleskopausleger ist er prädestiniert für die Montage von Fertigbauteilen. Präzise, schnell und sicher bewegt er täglich seine Lasten.

Typ:	Teleskopkran
Länge:	11.460 Millimeter
Breite:	2499 Millimeter
Höhe:	3993 Millimeter
Gewicht:	37 Tonnen

Motor: wassergekühlter 4-Zylinder-Dieselmotor, Liebherr Typ D934L A6

Leistung:	175 PS bei 1800/min
Traglast:	45 Tonnen bei einem Radius von 2,5 Metern
Lastmoment:	max. 125 tm
Tekeskop:	10,5–35 Meter
Gitterspitze:	9,5 Meter
Ballastgewicht:	bis 9 Tonnen

Geschichte der Dampfbagger

Um größere Erdmassen bewegen zu können, war in der Geschichte der Mensch mit seinen Armen und Händen der Urahne aller Bagger. Ausgerüstet mit Hacke und Schaufel konnten so nur unter Einsatz von Tausenden von Helfern größere Erdbewegungen verwirklicht werden. Bereits im 17. Jahrhundert gab es Grabmaschinen, die mit Pferdekraft Erdmassen bewegen konnten. Jedoch erst mit Erfindung der Dampfmaschine war es möglich, eine Kraftquelle als Antrieb zu nutzen.

Im Jahr 1835 wurde in Amerika der erste Dampfbagger von einem Bauunternehmer Namens Otis entworfen und gebaut. Der etwa acht Tonnen schwere Bagger war auf Schienen gebunden und konnte nur um 180 Grad schwenken. Dieser Bagger mit etwa einem halben Kubikmeter Schaufelinhalt ersetzte ungefähr 80 Arbeiter.

Schnell stieß diese Idee auch in Europa auf großes Interesse. Und so wurde im Jahr 1880 in England der erste um 360 Grad schwenkende Bagger gebaut. Um 1900 wuchsen die Dampfbagger und erreichten bereits ein Gewicht von über 100 Tonnen. Die große Ära der Dampfbagger war von 1880 bis 1930. Dann kam der Elektromotor bzw. der Dieselmotor und damit eine Antriebsquelle, die wesentlich weniger Betriebsaufwand benötigte. Es existieren weltweit nur noch wenige Dampfbagger, wobei von diesen nur ein paar funktionsfähig sind.

Arbeitsumgebung eines Dampfbaggers

Die ersten Dampfbagger wurden auf Großbaustellen oder in der Rohstoffgewinnung eingesetzt. Dabei gehörten zum Dampfbagger die Eisenbahn wie zum Formel-1-Wagen die Rennstrecke. Der gesprengte Fels konnte mittels Dampfbaggern geladen werden, jedoch gab es für den Abtransport des Materials im 19. Jahrhundert noch keine geeigneten Fahrzeuge. Da sich die allerersten Bagger auf Schienen fortbewegten, lag es nahe, das Gestein mittels Waggons zu transportieren.

Schnell entwickelten sich die ersten Mulden. Um das Material möglichst einfach zu entleeren, wurden die Mulden kippbar gebaut. So entstanden die ersten „Muldenkipper", auch Loren genannt. Am Anfang noch mit Menschen oder Pferdekraft bewegt, wurde später, bei immer größer werdenden Loren, die Dampfeisenbahn verwendet.

Erst nach dem Zweiten Weltkrieg, als die ersten größeren Muldenkipper mit Luftreifen aufkamen, verdrängten diese die Eisenbahnloren. In den heutigen modernen Steinbrüchen gibt es keine „Muldenkipper" auf Schienen mehr.

Atlas 1200

Typ:	Vollhydraulik-Universal-bagger
Länge:	5600 Millimeter
Breite:	2480 Millimeter
Höhe:	2840 Millimeter
Gewicht:	6,5 Tonnen

Motor: luftgekühlter Deutz-3-Zylinder-Dieselmotor oder wassergekühlter Fordson-3-Zylinder-Dieselmotor

Leistung:	38,5 PS
Getriebe:	Allradantrieb mit 16 Schaltstufen
Geschwindigk.:	0,8–20 km/h
Tragkraft:	2,3–1,25 Tonnen
Schubkraft:	19.600 Kilogramm
Hubgeschw.:	75m/min

Viele tausend Praktiker vom Straßen- und Tiefbau, der Bundesbau, von Lohnunternehmen und Genossenschaften, vom Wasserbau und Wirtschaftswegebau, aus Kiesgruben und Steinbrüchen entschieden sich in den 60er-Jahren für den Universalbagger Atlas 1200. Er konnte mit seinem drehbaren Greifer auch im Kanalbau zwischen den Verstrebungen auf engstem Raum eingesetzt werden. Mit ihm konnte man Kantsteine setzen, Rohre und Platten verlegen, er war für das Verschottern zuständig oder riss Straßendecken auf. Der Atlas 1200 war der kleinste Bagger aus dem Atlas-Programm, das weltweit 50.000 Hydraulikgeräte umfasste.

Atlas 220W

Der auf der Bauma 2010 vorgestellte Atlas Mobilbagger 220 W ist ein Universalbagger für den Straßen- und Tiefbau. Seine enorme Kraft, Standfestigkeit und Mobilität ermöglichen ein effektives Arbeiten unter nahezu allen Einsatzbedingungen. Die vorteilhafte Positionierung des Oberwagens auf dem Unterwagen sichert dem Atlas 220 W außerdem herausragende Traglasten, Reichweiten und Grabtiefen. Er verfügt über eine Hochleistungshydraulik mit intelligenter Steuerung, die feinfühlige Arbeitsspiele garantiert.

Typ:	Mobilbagger
Länge:	9750 Millimeter
Breite:	2750 Millimeter
Höhe:	3130 Millimeter
Gewicht:	22,6 Tonnen

Motor: wassergekühlter Cummins/QSB-6.7-6-Zylinder-Dieselmotor mit Turbolader und Ladeluftkühlung

Hubraum:	6700 Kubikzentimeter
Leistung:	170 PS bei 2000/min

Caterpillar Cat M318D

Zahlreiche Arbeitsgeräte und optionaler Schnellwechsler verhelfen dem CAT M318D zu beeindruckender Vielseitigkeit. Durch das eigens für Cat-Motoren entwickelte ACERT-Konzept haben sich die Abgasemissionen spürbar reduziert, sodass der im M318D installierte C6.6 die Grenzwerte der EU-Stufe IIIA unterschreitet. Mit der modernen Load-Sensing-Hydraulik, die eine separate Schwenkpumpe besitzt, erzielt die Maschine schnelle Arbeitstakte sowie hohe Grab- und Hubkräfte. Aus der Summe der Eigenschaften resultiert eine beeindruckende Produktivität bei allen Einsätzen.

Typ:	Mobilbagger
Länge:	8850–9000 Millimeter (Transportstellung)
Breite:	2550 Millimeter
Höhe:	3170 Millimeter (Transportstellung)
Gewicht:	18,2–20,1 Tonnen

Motor: luftgekühlter Cat-6-Zylinder-Dieselmotor C6.6 mit ACERT-Konzept

Hubraum:	6600 Kubikzentimeter
Leistung:	166 PS
Drehmoment:	805 Nm bei 1400/min
Getriebe:	2 Gänge
Geschwindigk.:	37 km/h

Caterpillar Cat M322D

Die überarbeitete, voll klimatisierte Kabine des CAT M322D bietet dem Fahrer einen Innenraum auf höchstem Sicherheits- und Komfortniveau. Besonders hervorzuheben ist der verstellbare Sitz mit vertikaler und horizontaler Luftfederung, pneumatischer Lendenwirbelstütze und automatischer Gewichtseinstellung. Das große Farbdisplay des neuen Monitors lässt sich als Bildschirm für die optionale Rückfahrkamera nutzen.

Typ:	Mobilbagger
Länge:	9450–9650 Millimeter
Breite:	2750 Millimeter
Höhe:	3200 Millimeter
Gewicht:	20–22 Tonnen

Motor: luftgekühlter Cat-6-Zylinder-Dieselmotor C6.6 mit ACERT-Konzept

JCB JS175W

Von der Straßenvorbereitung bis zur -reparatur über den Materialumschlag auf Lagerplätzen bis zu hohen Anforderungen im Mietgeschäft, wo die Maschine in kürzester Zeit an Ort und Stelle sein muss ... alle Anwender haben eines gemeinsam: sie benötigen zuverlässige Produktivität und Haltbarkeit. Daher verfügt der Mobilbagger JCB JS175 genau über diese Leistungsmerkmale, die für diese Arbeiten gebraucht werden. Leistungsstark und verbrauchsarm für hohe Arbeitsleistungen konstruiert hat der JS 175 sehr geringe Betriebskosten und eine hochmoderne Technologie. Das Advanced Management System (AMS) bietet vier Betriebsmodi für optimale Wirtschaftlichkeit. Schneller Kolbenhub und hohe Losbrechkräfte erlauben schnelle Arbeitstakte. Der automatische Power Boost liefert zehn Prozent mehr Losbrechkraft bei hartem Boden.

Typ:	Mobilbagger
Länge:	8283–8454 Millimeter
Breite:	2490 Millimeter
Höhe:	3185 Millimeter
Gewicht:	18,12 Tonnen
Bodenfreiheit:	350 Millimeter

Motor: wassergekühlter Isuzu-4HKIX-4-Zylinder-Reihen-Turbodieselmotor mit Direkteinspritzung und Ladeluftkühlung

Hubraum:	5193 Kubikzentimeter
Leistung:	174 PS bei 2200/min
Getriebe:	Hydrostatikantrieb/Lastschaltgetriebe, Allradantrieb

Geschwindigk.: bis 30 km/h

Menck Modell Mb und Mc

Bereits im Jahr 1869 stellte das Maschinenbauunternehmen Menck & Hambrock das erste Produkt auf der Schleswig-Holsteinischen Industrieausstellung aus. Es war eine 2 PS starke mobile Dampfmaschine, die sogar prämiert wurde. In den nächsten Jahren kamen Locomobile, Dampframmen und ein Quersiederdampfkessel hinzu. Um 1888 beginnt Menck & Hamrock mit der Entwicklung von Baggermaschinen. Im Mai 1894 bietet man bereits einen Zwei-Kubikmeter-Bagger für 26.200 Goldmark zum Kauf an. 1920 nimmt die Firma den Bau von Raupenbaggern auf. Mit ihnen beginnt das Zeitalter des Raupen-Universalbaggers.

Die Kettenbaggermodelle Mb und Mc mit ihrer großen Leistungsfägigkeit zeigen den Fortschritt im Baggerbau der 30er-Jahre auf. Unter Ausnutzung aller neuesten Errungenschaften der Technik wie elektrische Schweißung, Pendelrollen- und Kugellager und Pressschmierung entstand ein hochmoderner Raupenbagger, den es als Löffelhochbagger, Löffeltiefbagger, Greifbagger, Eimerseilbagger, Planierbagger, Schrapper, als Kran und als Ramme gab. Beim Wechsel auf andere Einrichtungen blieben der Bagger und die Hebeleien unverändert.

Typ:	Universalbagger
Bauzeit:	1933–1945
Stückzahl:	448
Länge:	16.700 Millimeter
Breite:	2990 Millimeter
Höhe:	4000 Millimeter
Gewicht:	37–39,8 Tonnen

Motor: luftgekühlter Deutz-3-Zylinder-Dieselmotor

Leistung:	107 PS bei 550/min
Geschwindigk.:	0,87–2,17 km/h
Drehgeschw.:	4,16/min
Löffelinhalt:	1 Kubikmeter
Schürfkübel:	0,42–0,75 Kubikmeter

Menck Modell M 60

Während des Zweiten Weltkriegs konzentriert sich ein Großteil der Produktion auf die Herstellung von Kriegsgerät. Doch als der Krieg zu Ende ist, werden wieder dringend Bagger benötigt. Zunächst wird mit den Vorkriegsserien die Nachfrage bedient, doch schon 1946 erscheint der Leichtkran LK 46, der später ein Raupenfahrwerk bekommt. Er ist in den Anfangsjahren das Rückgrat der Firma. Im Jahr 1948 stellt Menck schließlich den M 75 vor, ein Universalbagger, der sich als würdiger Nachfolger der Typen Ma, Mb, Mc und Mo erweisen sollte.

Der im Jahr 1954 vorgestellte Typ M 60 ist eine komplette Neukonstruktion. Er ist ein schneller und wendiger Universalbagger in einer äußerst robusten Bauart, der eine hohe Gewähr für Betriebssicherheit bietet. Sein wesentliches Merkmal ist die für seine Größe starke Reißkraft in Verbindung mit der hohen Arbeitsgeschwindigkeit. Der Menck M 60 wird durch einen Dieselmotor oder durch Elektromotoren angetrieben. Durch die Verwendung hochwertiger Stähle, der weitgehenden Anwendung des Elektroschweißens und eine stete Weiterentwicklung wurde der Menck-Bagger zu einem Symbol der Aufbauzeit nach dem Krieg.

Typ: Universalbagger
Bauzeit: 1954–1972
Stückzahl: 760
Breite: 2500 Millimeter
Gewicht: 19–22 Tonnen

Motor: luftgekühlter Deutz-FL4L514-4-Zylinder-Dieselmotor
Leistung: 63 PS

Ausleger: 9–21 Meter
Löffelinhalt: 0,6–0,7 Kubikmeter
Schürfkübel: 0,3–0,9 Kubikmeter
Greiferinhalt: 0,4–0,6 Kubikmeter

Menck Modell M 90

Dank der perfekten Ausmasse ist der Menck M 90 auch heute noch öfters auf Baustellen anzutreffen, da er sich ohne Überbreitengenehmigung auf einem entsprechenden Tieflader transportieren lässt. Im Heckbereich des Oberwagens ist der Bagger mit einem 115-PS-Deutz-Dieselmotor ausgestattet. Das bekannte Baufahrzeug wurde zwischen 1955 und 1970 in insgesamt 670 Einheiten gebaut. Ab wurde der neue Menck M 92 LC, der äußerlich dem M 90 sehr ähnlich war, in Modellprogramm aufgenommen.

Typ: Seilbagger
Bauzeit: 1955–1970
Stückzahl: 670
Gewicht: 26–28 Tonnen

Motor: luftgekühlter Deutz-Dieselmotor
Leistung: 100–115 PS

Ausleger: 21,25 Meter
Löffelinhalt: 0,8–0,9 Kubikmeter
Schürfkübel: 0,9–1,25 Kubikmeter
Greiferinhalt: 0,5–0,75 Kubikmeter
Reißkraft: 16–24 Tonnen
Reichweite: 10,8 Meter
Grabtiefe: 6,4 Meter

Caterpillar Cat 235C

Typ:	Hydraulikbagger
Bauzeit:	1973–1992
Länge:	11.400 Millimeter
Breite:	3455 Millimeter
Höhe:	3404–3580 Millimeter
Gewicht:	39,32 Tonnen

Motor: wassergekühlter CAT-3306-Dieselmotor

Leistung:	195 PS bei 1900/min
Ausleger:	5,66 Meter
Löffelstiel:	2,54 Meter

Von 1973 bis 1992 wurde der starke Hydraulikbagger Cat 235C mit seinen 195 PS gebaut. Er wurde in zwei Versionen angeboten: als Standard und als ME (mass excavator) für den Aushub von Masse mit einem 5,66 Meter langen Ausleger und einem 2,54 Meter langen Löffelstiel. Das Produktionsende für den Cat 235 C kam 1992.

Caterpillar Cat 320D L

Auch beim Caterpillar Cat 320 D L ist der Schwerpunkt die ACERT-Kraftstoffverbrennung, um die Motorleistung zu optimieren und den Schadstoffausstoß zu reduzieren. Die Zielstellung dabei lautet, mit einer herausragenden Leistung und gewohnter Zuverlässigkeit die EU-Abgasnormen der Stufe IIIA zu erfüllen. Das Hydrauliksystem wurde im Hinblick auf Zuverlässigkeit und herausragende Bedienbarkeit entwickelt. Der Cat 320D L bietet viel Platz, eine größere Übersicht und griffgünstig angeordnete Schalter.

Typ:	Hydraulikbagger
Länge:	8960 Millimeter
Breite:	2980–3180 Millimeter
Höhe:	3120 Millimeter
Gewicht:	21,8–22,6 Tonnen

Motor: wassergekühlter Cat-C6.4-Dieselmotor mit ACERT-Konzept

Hubraum:	6400 Kubikzentimeter
Leistung:	140 PS
Getriebe:	zweistufig mit automatischer Umschaltung
Geschwindigk.:	max. 5,7 km/h
Grabtiefe:	max. 6690 Millimeter
Reichweite:	max. 9830 Millimeter
Reißkraft:	106 kN

Caterpillar Cat 345D L

Konstruktiv wurde der Cat 345D L für schwerste Beanspruchung ausgelegt. Leistungs- und größenmäßig ist die Maschine optimal auf das Beladen des knickgelenkten Cat-Muldenkippers 735 abgestimmt. Zahlreiche Anbaugeräte wie z.B. Löffel, Hämmer, Scherer, Pulverisierer und Greifer ermöglichen in Verbindung mit einem Schnellwechsler den universellen Einsatz des Hydraulikbaggers.

Typ:	Hydraulikbagger
Länge:	bis 11.840 Millimeter
Breite:	2990–3790 Millimeter
Höhe:	3730–4040Millimeter
Gewicht:	49,6–52,2 Tonnen

Motor: wassergekühlter Cat-C13-6-Zylinder-Dieselmotor mit ACERT-Konzept

Hubraum:	12.500 Kubikzentimeter
Leistung:	324 PS
Getriebe:	zweistufig mit automatischer Umschaltung
Geschwindigk.:	max. 4,7 km/h

Caterpillar Cat 385C L

Typ:	Hydraulikbagger
Länge:	bis 16.233 Millimeter
Breite:	3400–3840 Millimeter
Höhe:	4700–5736 Millimeter
Gewicht:	83,9–87,6 Tonnen

Motor: wassergekühlter Cat-C18-Dieselmotor mit ACERT-Konzept

Hubraum:	18.100 Kubikzentimeter
Leistung:	530 PS
Getriebe:	zweistufig mit automatischer Umschaltung
Geschwindigk.:	max. 4,4 km/h

Durch imponierende Leistung bei Massenaushub und Muldenkipperbeladung sowie verbesserte Zuverlässigkeit und Haltbarkeit tragen 385C und 385C L maßgeblich zur Steigerung der Produktivität und Senkung der Betriebskosten bei. So sind die Hydraulikbagger 385C und 385C L ideale Lademaschinen für Cat-Muldenkipper während schwerer Einsätze. Ein neu entwickeltes Steuer- und Überwachungssystem entlastet den Fahrer und optimiert die Maschinenleistung in jeder Betriebssituation. Ein robuster Haupt- und Laufrollenrahmen garantiert eine maximale Dauerfestigkeit. Diverse Ausleger-Stiel-Kombinationen erweitern das Einsatzspektrum.

Caterpillar Cat 385C FS

Typ:	Ladeschaufelbagger
Länge:	14.250 Millimeter
Breite:	4260 Millimeter
Höhe:	4660 Millimeter
Gewicht:	90,6 Tonnen

Motor: wassergekühlter Cat-C18 ATACC-6-Zylinder-Dieselmotor mit ACERT-Konzept

Hubraum:	18.100 Kubikzentimeter
Leistung:	530 PS
Getriebe:	zweistufig mit automatischer Umschaltung
Geschwindigk.:	max. 4,5 km/h

Als speziell für die Gewinnungsindustrie entwickelter Ladeschaufelbagger zeichnet sich der Caterpillar Cat 385C FS durch hohe Füllungsgrade und schnelle Taktzeiten aus, um die maximal mögliche Produktivität zu gewährleisten. Dank stark dimensionierter Komponenten und fettgeschmierter Ketten erreicht das robuste Caterpillar-Laufwerk eine lange Nutzungsdauer. Die Spurverstellung erleichtert den Transport der Maschine. Parallelogramm-Kinematik und Nachführzylinder sorgen dafür, dass die Ladeschaufel beim Eindringen parallel zum Boden geführt wird und ihre Stellung beim Heben des Auslegers konstant hält.

Demlone DEM 50

Typ:	Abbruchbagger
Länge:	bis 17.470 Millimeter
Breite:	bis 2850 Millimeter
Höhe:	bis 3410 Millimeter
Gewicht:	47,9 Tonnen
Bodenfreiheit:	480 Millimeter

Motor: wassergekühlter Cat-C9 Dieselmotor mit ACERT-Konzept

Hubraum:	8800 Kubikzentimeter
Leistung:	272 PS bei 1800/min
Geschwindigk.:	max. 4,5 km/h

Der DEM 50, welcher die Modelle 325 UHD und 330 UHD ersetzt, ist das erste Ergebnis der Kooperation zwischen Caterpillar und der französischen Abbruchfirma Vensys Group. Er hat laut Caterpillar eine maximale Werkzeugtragfähigkeit von 3000 Kilogramm und eine variable Reichhöhe. Durch ein Verlängerungsstück kann die Reichhöhe des Baggers sehr einfach und schnell von 18 Meter auf 21 bzw. 23 Meter vergrößert werden. Das neue Wechselsystem hat wie die Vorgängermodelle ein Hakensystem.

Zeppelin Cat Bucyrus RH40

Typ:	Großhydraulikbagger
Länge:	bis 6010 Millimeter (ohne Schaufel)
Breite:	bis 4760 Millimeter
Höhe:	5250 Millimeter
Gewicht:	105 Tonnen
Bodenfreiheit:	1720 Millimeter

Motor: wassergekühlter Cat-C18 6-Zylinder-Turbodieselmotor mit Ladeluftkühler

Hubraum:	18.100 Kubikzentimeter
Leistung:	825 PS bei 1800/min
Geschwindigk.:	max. 2,34 km/h

Als neuer Vertragspartner von Bucyrus bietet Zeppelin eine fein abgestufte Produktreihe leistungsstarker und technologisch führender Großhydraulikbagger. Alle Bucyrus-Großbagger in Ladeschaufelausführung sind mit dem TriPower-System ausgestattet: Die raffinierte Anlenkung von Hub- und Schaufelzylinder über eine Dreieckskonstruktion sorgt für erhöhte Kräfte an der Schaufel ohne höheren Energieeinsatz.

Zeppelin Cat Bucyrus RH400

Typ:	Großhydraulikbagger
Länge:	13.540 Millimeter (ohne Schaufel)
Breite:	8600 Millimeter
Höhe:	ca. 9800 Millimeter
Gewicht:	980 Tonnen
Bodenfreiheit:	3150 Millimeter

Motor: 2 QSK-60-C-2-16-Zylinder-Turbo-Dieselmotoren mit Ladeluftkühlung

Hubraum:	60.200 Kubikzentimeter
Leistung:	4568 PS bei 1800/min

Die Produktreihe der Bucyrus-Großhydraulikbagger ist mit leistungsstarken Cat- bzw. Cummins-Diesel- oder Elektromotoren ausgestattet. Die hochmodernen Turbodiesel mit Mikroprozessorsteuerung und automatischer Drehzahlreduzierung sind so leistungsstark, dass selbst mit einem der beiden Motoren immer noch die vollen Arbeitskräfte erreicht werden. Dieser Bagger ist in der Lage, in nur vier Durchgängen Bergbau-Lkws mit einer ultragroßen Nutzlast von 400 Tonnen zu beladen.

Caterpillar Cat 365C Ultra High Demolition

Cat-Abbruchbagger sind von Grund auf für maximale Produktivität bei allen Abbrucharbeiten konzipiert. Zahlreiche besondere Merkmale verhelfen Caterpillar-Abbruchbaggern zu herausragenden Eigenschaften bei schwersten Einsätzen. Aufgrund ihrer beeindruckenden Vielseitigkeit decken Cat-Abbruchbagger ein breites Anwendungsspektrum ab, denn sie lassen sich beispielsweise auch zur Muldenkipperbeladung sowie zum Wasser- und Böschungsbau einsetzen. Zur Anpassung an unterschiedliche Einsatzverhältnisse sind viele Unterwagenversionen lieferbar. Für die hohen Belastungen bei Abbrucharbeiten wurde der Oberwagenrahmen verstärkt und mit einem schwereren Gegengewicht versehen, um die Standsicherheit zu maximieren. Unterschiedliche Laufwerke gestatten eine enge Anpassung an die örtlichen Einsatzverhältnisse und Transportvorschriften. Das praxisgerechte Hakenaufnahmesystem ermöglicht ein schnelles und sicheres Kuppeln von Grund- und Steckausleger. Dadurch erhöhen sich Flexibilität, Sicherheit und Verfügbarkeit der Maschine. In der vorbildlich gestalteten, geräumigen Kabine mit hydraulischer Kippvorrichtung findet der Fahrer einen sicheren, ruhigen und vollklimatisierten Arbeitsplatz vor.

Typ:	Abbruch-Hydraulikbagger
Länge:	20.720 Millimeter
Breite:	4320 Millimeter
Höhe:	3940 Millimeter
Gewicht:	85,7 Tonnen

Motor: wassergekühlter Cat-C15-Dieselmotor mit ACERT-Konzept

Hubraum:	15.200 Kubikzentimeter
Leistung:	411 PS bei 2000/min
Getriebe:	zweistufig mit automatischer Umschaltung

Arbeitshöhe:	max. 33.100 Millimeter
Reichweite:	max. 21.500 Millimeter

JCB JS130LC

Typ: Raupenbagger
Länge: bis 7625 Millimeter
Breite: bis 2690 Millimeter
Höhe: 2869 Millimeter
Gewicht: 13,4 Tonnen

Motor: wassergekühlter A4BGIT-(TIER2) 4-Zylinder-Turbodiesel-Reihenmotor mit Direkteinspritzung
Hubraum: 6400 Kubikzentimeter
Leistung: 95 PS bei 2100/min
Getriebe: vollhydrostatisches Automatikgetriebe mit drei Fahrstufen
Geschwindigk.: max. 6 km/h

Grabtiefe: max. 5123 Millimeter
Reichweite: max. 7970 Millimeter
Reißkraft: 73,6 kN

Die JCB-Kettenbagger-Generation zeichnet vor allem das JCB-Plexus-Filtersystem aus. Es säubert das Hydrauliköl von Verunreinigungen bis zu einer Größe von 1,5 µm und reduziert so Schmutz und Kondensierung im System beträchtlich. Ein Ölwechsel ist dank einer Kombination aus zwei großen Ölfiltern, einem Hauptstromfilter und einem zweiten feinen Nebenfilter nur alle 5000 Stunden erforderlich. Der „X"-Rahmen-Unterwagen ist für erhöhte Festigkeit und Widerstandsfähigkeit durchgängig verschweißt und bietet viel Bodenfreiheit. Unterbodenschutzbleche gewährleisten zusätzliche Sicherheit bei schwierigem Untergrund.

Das AMS (Advanced Management System) ermöglicht eine schnelle Fehlersuche. Bei einer elektronischen Störung kann der Bediener auf ein vollständiges Reservesystem umschalten. Die Flächenverglasung bedeutet ausgezeichnete Rundumsicht zusammen mit ausgezeichneter Belüftung über die weit öffnenden Fenster. Die Endlagendämpfung verringert beim Graben auftretende Schläge sowohl für den Bediener als auch für Löffelstiel und Ausleger. Sechs mit Öl gefüllte elastische Dämpfungselemente isolieren gegen Geräusche und Schwingungen. Heizung und Defroster, die Serienausstattung sind, lassen sich mit einer optional erhältlichen Klimaanlage kombinieren, um die Temperatur in der Fahrerkabine optimal zu regeln.

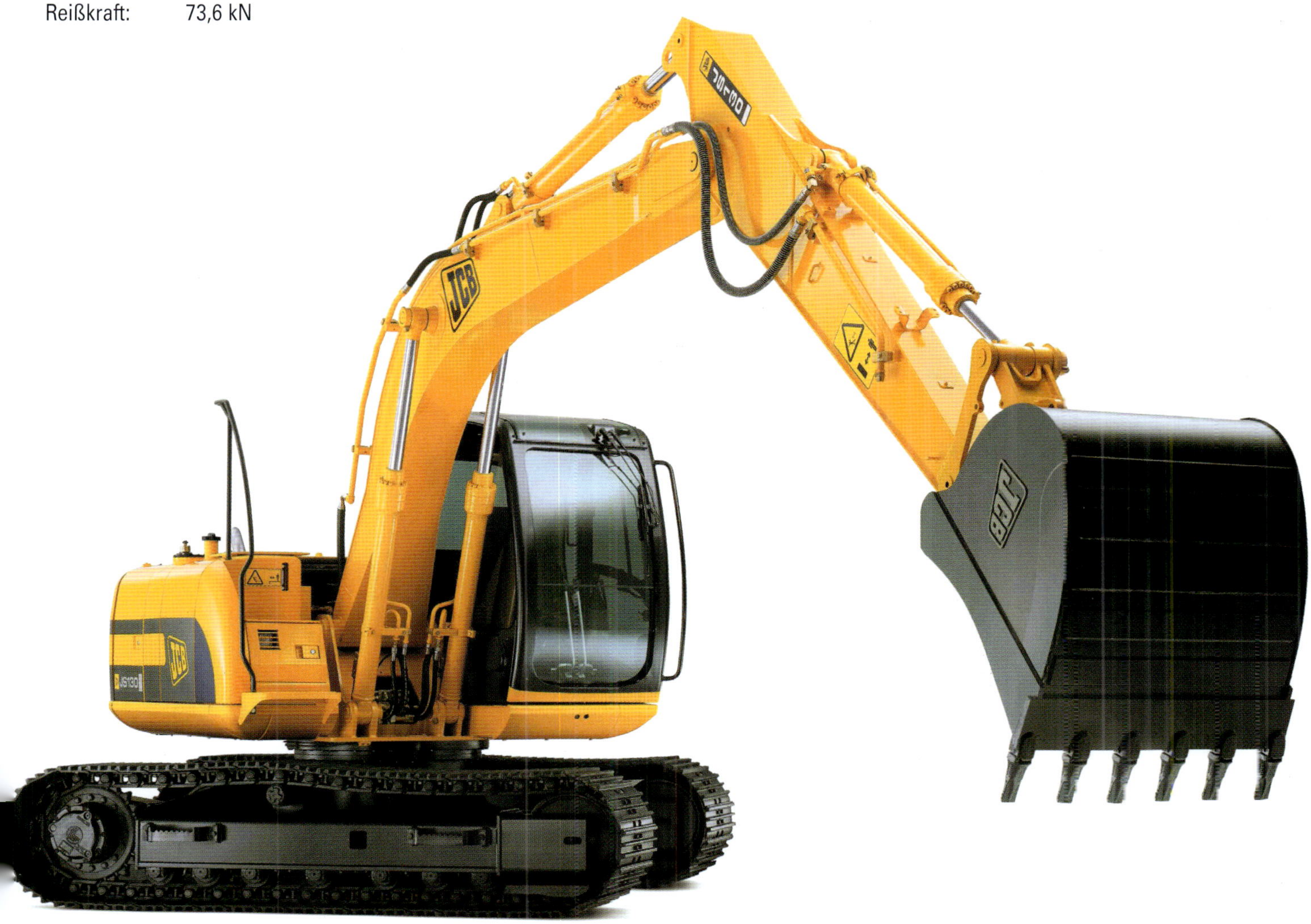

Liebherr R 9250

Der R 9250 ist der neue Liebherr-Miningbagger mit 250 Tonnen Einsatzgewicht. Er löst den R 994 Litronic nach mehr als 260 verkauften Einheiten ab. In die Entwicklung des R 9250 flossen Technologien ein, die sich bei den existierenden größeren Gerätetypen im harten Einsatz bewährt haben.

Typ:	Miningbagger
Länge:	bis 17.800 Millimeter
Gewicht:	bis 253,5 Tonnen

Motor: wassergekühlter Cummins-12-Zylinder-Turbodieselmotor, 1305 PS
Hubraum: 45.000 Kubikzentimeter

Liebherr R 9800

Typ:	Mining-Bagger
Länge:	bis 23.907 Millimeter
Breite:	bis 8778 Millimeter
Höhe:	10.338 Millimeter
Gewicht:	bis 810 Tonnen

Motor: 2 wassergekühlte Cummins-16-Zylinder-Turbodieselmotoren, 4057 PS
Hubraum: 60.000 Kubikzentimeter

Der Mining-Bagger wird von zwei 2000 PS starken 16-Zylinder-V-Motoren angetrieben und verfügt über eine Löffelkapazität von 42 Kubikmetern. In Verbindung mit schnellen Ladespielen und enormen Reiß- und Losbrechkräften bietet der R 9800 hohe Ladeleistung und ist das perfekte Ladegerät für große Muldenkipper.

Liebherr LH 120 C Litronic

Das Materialumschlaggerät LH 120 C Litronic ist speziell für den Schüttgutumschlag von trockenen Massengütern entwickelt worden. Es vereint eine moderne und innovative Konzeption mit außerordentlicher Leistungsfähigkeit. Zu der Hightech-Ausstattung gehört das Mehrkreis-Hydrauliksystem Positive Control. Angesteuert von der Liebherr-Elektronik und der Systemsoftware erlaubt es schnelle und flüssige Arbeitsspiele und eine effiziente Energieausnutzung. Der modulare Aufbau sowohl bei der Grundmaschine als auch bei der Ausrüstung bietet optimale Lösungen für jegliche Einsatzanforderungen. Das Gerät LH 120 C Litronic ist in der Variante High Rise für Umschlagarbeiten im Seehafen ausgelegt. In der Standardvariante ohne Turmerhöhung sind seine Stärken im Binnenhafen angesiedelt. Es können verschiedene Kabinenerhöhungen sowie Unterwagenkonzepte für unterschiedlichste Einsätze gewählt werden. Diese individuelle Anpassung an die jeweiligen Bedürfnisse garantiert eine hohe Umschlagsleistung und effizientes Arbeiten.

Typ:	Umschlaggerät
Länge:	bis 20.800 Millimeter
Breite:	6860 Millimeter
Höhe:	9290 Millimeter
Gewicht:	bis 144,1 Tonnen

Motor: wassergekühlter Liebherr-D-9508-8-Zylinder-Turbodieselmotor mit Ladeluftkühlung

Hubraum:	16.160 Kubikzentimeter
Leistung:	544 PS bei 1800/min
Getriebe:	zweistufiges Planetengetriebe
Geschw.:	bis 3,9 km/h
Reichweite:	max. 28.500 Millimeter
Greiferinhalt:	1,7–6 Kubikmeter

Liebherr R 996 B

Mit einem Gewicht von über 660 Tonnen Einsatzgewicht ist der Raupenbagger R 996 B der größte Großhydraulikbagger im Fahrzeugprogramm von Liebherr. Die beiden Cummins-Dieselaggregate erreichen eine maximale Losbrechkraft von 170 Tonnen. Mit einem Schaufelinhalt von 34 Kubikmetern und einer Nutzlast von 60 Tonnen ist er der viertgrößte Raupenbagger weltweit. Er erreicht bei optimalen Bedingungen eine Stundenleistung von bis zu 6400 Tonnen und kann einen 215 Tonnen fassenden Muldenkipper in zwei Minuten beladen.

Scheuerle-Fahrzeuge transportieren 700 Tonnen schwere Tagebaubagger.

Die Griffin Coal Mine Company ordert „Inter-Combi"-Transportsystem:

Typ:	Mining-Großbagger
Länge:	bis 22.000 Millimeter
Breite:	7908 Millimeter
Höhe:	10.600 Millimeter
Gewicht:	bis 676 Tonnen

Motor: 2 wassergekühlte Cummins-K1800E-16-Zylinder-Turbodiesel-Motoren mit Ladeluftkühlung

Hubraum:	50.300 Kubikzentimeter
Leistung:	3046 PS bei 1800/min
Getreibe:	zweistufiges Getriebe
Geschw.:	bis 2,2 km/h

Reichweite:	max. 19.030 Millimeter

Die Scheuerle-Fahrzeugfabrik hat von der Griffin Coal Mining Company mit Sitz in Perth, Westaustralien, einen Auftrag zur Lieferung von Schwerlastkombinationsfahrzeugen erhalten. Sie sind für den Transport von großen Baggern und Muldenkippern vorgesehen, die im Kohletagebau eingesetzt werden. Die bis zu 700 Tonnen schweren Mining-Geräte stellen dabei ganz besondere Anforderungen an die Transportfahrzeuge. Nach rund einjähriger Entwicklungs- und Bauzeit wurde nun das selbstfahrende Transportsystem, das auf der InterCombi-Baureihe basiert, vor seiner Auslieferung umfangreichen Tests unterzogen.

Die Griffin Coal Mine gehört zu den großen Tagebaubetrieben in Australien. Rund 200 Kilometer südöstlich von Perth werden im Tagebau jährlich rund 3 Millionen Tonnen Kohle gefördert. Schon seit Beginn der Industrialisierung Australiens nahm die Griffin Coal Mine mit der Versorgung der staatlichen Eisenbahn eine wichtige Rolle als Kohlelieferant ein. Heute ist das Unternehmen einer der bedeutendsten Zulieferer für die westaustralische Energieindustrie, die mit Kohle aus den sogenannten „Colli Basins" Kraftwerke zur Energieerzeugung betreibt.

Werden im Zuge der Abbauarbeiten weitere Kohlefelder zur Sicherung der zukünftigen Energieversorgung erschlossen, müssen auch die schweren Bagger und Muldenkipper zu ihrem neuen Standort verlegt werden. Ein bis zu 700 Tonnen schwerer Tagebaubagger ist jedoch nicht für den Transport auf langen Strecken ausgelegt. Aus diesem Grund hat die Griffin Coal Mine Company den Auftrag zur Entwicklung eines leistungsfähigen Transportsystems an Scheuerle erteilt.

Die Basis dazu bilden die bewährten Scheuerle-Schwerlastkombinationsfahrwerke der Baureihe „InterCombi". Vier Module mit sechs Achslinien und zwei Module mit jeweils zwei Achslinien können je nach Last miteinander gekuppelt werden. Von den insgesamt 56 Pendelachsen verfügen 20 Pendelachsen über einen hydrostatischen Antrieb. Sie werden durch zwei Power-Pack-Units (PPU) mit Drucköl beaufschlagt und sorgen so für den Fahrantrieb.

Gleichfalls vom PPU versorgt werden die Lenkzylinder und die Achsausgleichszylinder, welche die Fahrzeugplattform für die Be- und Entladung entsprechend positionieren und während der Fahrt für den notwendigen Achsausgleich bei Bodenunebenheiten sorgen. Gesteuert wird der Transportverbund über eine Funkfernbedienung, mit der per Joystick alle wichtigen Funktionen wie Vorwärts-

und Rückwärtsfahrt oder die Lenkung ausgeführt werden können.

Fällt zum Beispiel der Transport eines Mining-Baggers des Typs Liebherr 996 B an, werden die Fahrzeugkombinationen in zwei Reihen nebeneinander mit jeweils 14 Achslinien positioniert und mittels Distanzträger miteinander verbunden. Der Fahrzeugverbund wird nach hinten abgesenkt und nach vorne angehoben. Damit bildet er eine Auffahrschräge, die es dem Bagger ermöglicht, von hinten auf den Transportverbund aufzufahren.

Die Distanz zwischen Boden und Plattformhöhe am Heck wird dabei durch Auffahrkeile überbrückt. Hat der Bagger seine Position erreicht, wird der Fahrzeugverbund wieder in Fahrhöhe nivelliert.

Mit der hydrostatisch angetriebenen Schwerlastkombination von Scheuerle erhält der westaustralische Kunde Griffin Coal Mine Company ein sehr flexibles Transportsystem, mit dem schwere Geräte oder anderweitige Ausrüstungen von Tagebaubetrieben effizient, schnell und sicher transportiert werden können.

TML UNIDACHS 200R

Typ:	ferngesteuerter Teleskopbagger
Länge:	6984 Millimeter
Breite:	2400 Millimeter
Höhe:	2500 Millimeter
Gewicht:	9,5 Tonnen

Motor: luftgekühlter Deutz TD 2011 L04 I, 4-Zylinder-Turbodieselmotor

Hubraum:	4037 Kubikzentimeter
Leistung:	50 kW bei 2300/min
Getriebe:	hydrostatischer Fahrantrieb, Planetengetriebe
Geschwindigk.:	4 km/h

Diese Reihe von TML „working solutions" wird ausschließlich ferngesteuert angeboten, wahlweise mit Elektroantrieb (50 kW) oder Dieselaggregat (50 und 75 kW). Der Teleskopausleger hat einen Hub bis zu 3000 Millimeter und ist 360 Grad drehbar. In der R-Reihe stehen Gesamtgewichte von 8,5 bis zwölf Tonnen zur Verfügung. Der Unterwagen ist eine verwindungssteife Schweißkonstruktion für den Einsatz in der Hüttenindustrie und in Stahlwerken mit einem wartungsfreien Raupenlaufwerk Typ B2. Die unabhängige Steuerung bewegt die Raupenketten einzeln, auch gegenläufig durch eine Zweikreishydraulik. Die Steuerhebel der Fernbedienung sind sehr feinfühlig. Die robuste Konstruktion des Oberwagens nimmt den Hydrauliktank, den Kraftstofftank, den Hydraulikschaltschrank, den Motor mit den Hydraulikpumpen und den Hydraulikölkühler auf. Er hat Aufstiegstritte zum sicheren Aufsteigen und Betanken des Dieselkraftstoffbehälters. Der Teleskopausleger hat eine Dreiecksgeometrie und besteht aus Außenarm (Hauptarm) und Innenarm (Telearm).

TML UNIDACHS 400L

Typ:	Teleskopbagger
Länge:	9562 Millimeter
Breite:	2700 Millimeter
Höhe:	3103 Millimeter
Gewicht:	26,7–30,1 Tonnen

Motor: luftgekühlter Deutz TCD 2012 TIER III, 6-Zylinder-Turbodieselmotor

Hubraum:	6057 Kubikzentimeter
Leistung:	178 PS bei 2100/min
Getriebe:	hydrostatischer Fahrantrieb, Planetengetriebe
Geschwindigk.:	2,6 km/h

Der TML Unidachs 400L hat eine Fahrerkabine, die nach aktuellen ergonomischen Anforderungen gefertigt ist, geräumig und schallgeschützt. Auch bietet sie zusätzlichen Stauraum hinter dem individuell einstellbaren Komfortsitz. Der niedrige Geräuschpegel und eine Lüftung mit hohem Luftdurchsatz, die für einen leichten Überdruck in der Kabine sorgt, gewähren einen angenehmen Arbeitsplatz. Sicherheitsverglasung, Schiebefenster in der Fahrertür, Schutzgitter und Hitzeschutznetz vor der Frontscheibe, Beckengurt, Kabinenheizung über Düsenlüftung, Klimaanlage, Verbandskasten mit Halterung, Außenspiegel links sowie Sicherheitsaufstiegstritte und Haltebügel gehören zur Kabinenausstattung.

New Holland E235B SR

Typ:	Standardbagger
Länge:	8680 Millimeter
Breite:	2800 Millimeter
Höhe:	3130 Millimeter
Gewicht:	bis 25,3 Tonnen

Motor: wassergekühlter HINO-J05E-TA- 4-Zylinder-Common-Rail-Turbo-Dieselmotor mit Ladeluftkühlung

Hubraum:	5100 Kubikzentimeter
Leistung:	160 PS bei 2000/min
Getriebe:	hydrostatischer Antrieb mit 2 Geschwindigkeiten
Geschw.:	bis 5,5 km/h

Der New Holland E235B SR repräsentiert die neueste Bagger-Generation mit „Short-Radius"-Technologie. Das SR-Modell ist mit dem revolutionären INDR-System ausgerüstet, das eine dramatische Reduzierung des Lärmpegels erlaubt. Der E235B SR kann vor allem auf lärmsensiblen, innerstädtischen Baustellen mit beengten Raumverhältnissen seine Überlegenheit ausspielen.

New Holland E805

Extremes Steigvermögen, enorme Standsicherheit und große Bodenfreiheit – der New-Holland-Raupenbagger E 805 nimmt jedes Hindernis.

Typ:	Raupenbagger
Länge:	13.020 Millimeter
Breite:	4200 Millimeter
Höhe:	5050 Millimeter
Gewicht:	78,6 Tonnen

Motor: wassergekühlter Isuzu-6-Zylinder-Turbodieselmotor mit Ladeluftkühlung

Hubraum:	15.600 Kubikzentimeter
Leistung:	462 PS bei 1800/min
Getriebe:	hydrostatischer Antrieb mit 2 Geschwindigkeiten
Geschw.:	bis 4,3 km/h

New Holland E135B SR

Typ: Kurzheckbagger
Länge: 7130 Millimeter
Breite: 2690 Millimeter
Höhe: 2830 Millimeter
Gewicht: bis 15,2 Tonnen

Motor: wassergekühlter Mitsubishi-DO4-FR-4-Zylinder-Common-Rail-Turbodieselmotor mit Ladeluftkühlung
Hubraum: 4250 Kubikzentimeter
Leistung: 101 PS bei 2000/min
Getriebe: hydrostatischer Antrieb mit 2 Geschwindigkeiten
Geschw.: bis 6 km/h

Der New Holland E135B SR ist das aktuellste Beispiel für modernste Kurzheck-Bagger-Technologie (Short-Radius-Bauweise). Kernstück des neuen SR-Modells ist das revolutionäre iNDR-System, das eine drastische Reduzierung der Geräuschemissionen ermöglicht. Dabei sind Motorraum, Luftansaugung und Auslass durch einen einzigen Luftkanal verbunden. Die besondere Bauweise sorgt dabei im Zusammenspiel mit speziell positionierten Dämmmaterialien für optimale Dämpfung der Betriebsgeräusche.
Dieser von MITSUBISHI mithilfe modernster Technologien entwickelte Common-Rail-Motor bietet eine hohe Leistung und Produktivität bei niedrigerem Kraftstoffverbrauch und großer Umweltfreundlichkeit. Das Common-Rail-System sorgt dafür, dass Kraftstoff mit hohem Druck in die Zylinder eingespritzt wird, wodurch eine noch feinere Zerstäubung und ein verbessertes Luft-Kraftstoff-Gemisch erzielt wird. Außerdem wird die in die Zylinder eingebrachte Kraftstoffmenge elektronisch geregelt, sodass die „richtige Menge" im „richtigen Moment" eingespritzt wird. Zusammen mit dem höheren Frischluftanteil führt dies zu einer außerordentlich hohen Motorleistung bei niedrigerem Kraftstoffverbrauch und einer geringeren Schadstoffemission. Gleichzeitig wird auch der Geräuschpegel erheblich gesenkt.

Typ:	Schaufelradbagger
Baujahr:	1978
Länge:	215.000 Millimeter
Breite:	45.000 Millimeter
Höhe:	96.000 Millimeter
Gewicht:	12.840 Tonnen
Schaufelradmotor:	
Leistung:	4 x 1142 PS
Schaufeln:	18
Raupen:	12
Geschwindigk.:	2–10 m/min

Schaufelradbagger SRs 704/1556, Nr. 288

Die Braunkohle-Schaufelradbagger zählen weltweit zu den Giganten der Mobilbagger im Tagebau. Seit den 30er Jahren werden diese Ungetüme in immer größeren Dimensionen gebaut. Als im Jahr 1978 der von Krupp Industrietechnik gebaute Schaufelradbagger „288" zum Einsatz kam, war er der erste Radbagger, der 240.000 Tonnen Kohle oder Abraum täglich fördern konnte. Der weltweit größte Schafelradbagger arbeitet im Moment im Braunkohletagebau Garzweiler im rheinischen Braunkohlerevier in Nordrhein-Westfalen. Zur gleichen Zeit wurde von der Firma Orenstein & Koppel und der Lübeker Maschinenbau Gesellschaft ein fast baugleicher Riesenbagger, der „289", gebaut, der heute noch im Tagebau Hambach jährlich bis zu 40 Millionen Tonnen Braunkohle fördert.

Die Schaufelradbagger, wie der SRs 704/1556, Nr. 288 (im Bild), wurden für das Kombinat TAKRAF (Tagebau-Ausrüstungen, Krane und Förderanlagen) gebaut. Etwa 155 Schaufelradbagger dieser Größenordnung wurden im Braunkohletagebau in der ehemaligen DDR eingesetzt. Einige dieser Bagger gingen auch in den Export. Obwohl diese Ungetüme deutlich unter den Ausmaßen des „288" liegen, ereichen sie eine theoretische Förderleistung von bis zu 336.000 Kubigmetern täglich. In der Praxis sind jedoch „nur" Tagesleistungen von bis zu 275.000 Kubikmetern erreichbar.

Schaufelradbagger LMG 1530 SRs 1301

Die Gesamtzahl der in der DDR hergestellten und im Tagebau der DDR zum Einsatz gekommenen Schaufelradbagger beläuft sich heute auf etwa 140 Stück. Hinzu kommen noch weitere Exporte in andere Länder des RGW. Der Schaufelradbagger SRs 1301/1530 wird zur Kohleförderung des Tagebaus Welzow-Süd eingesetzt.

Baujahr:	1979
Gewicht:	1645 Tonnen
Schaufeln:	14
Abtragshöhe:	26 Meter
Abraum:	3500 m³/h

Eimerketten-Schwenkbagger „Mad Max“

Heute ist Ferropolis, die „Stadt aus Eisen“, ein technisches Museum in der Nähe von Gräfenhainichen im Osten von Dessau, dass von vielen Künstlern wie „Die Toten Hosen“, „Linkin Park“, „Metallica“, „Die Ärzte“, „Böhse Onkelz“, „Herbert Grönemeyer“, „Udo Lindenberg,“ „Nena“, „Deep Purple“ und „Alice Cooper“ für Konzerte sehr geschätzt wird. Von 1958 bis 1991 versorgten die Bagger des Braunkohlebau „Golpa-Nord“ des Kombinats Bitterfeld vor allem die beiden Kraftwerke Zschornewitz und Vockerrode. Als die beiden Kraftwerke außer Betrieb genommen wurden, kam auch das Aus für den Tagebau. Fünf der Großbagger, darunter der Eimerschwenkbagger „Mad Max“ (im Bild), wurden als Freilandmuseum und Veranstaltungsort „Ferropolis“ für die Zukunft erhalten. Der von der VEB Köthen gebaute 1250 Tonnen schwere Bagger „Mad Max“ erreicht eine Höhe von 276 Meter und eine Länge von 79,2 Metern.

Caterpillar D2

Der Caterpillar D2 ist der Inbegriff der Raupenschlepper und heute ein Kultobjekt. Die Fima Caterpillar selbst entstand aus den beiden Firmen Holt Manufacturing Company (Benjamin Holt) und C. L. Best Tractor Company (Daniel Best), die 1925 der Firma den heutigen Namen „Caterpillar Tractor Company" gaben.

Bereits 1901 hatte Alvin Lombard eine anwendungstaugliche Gleiskette für Dampftraktoren zum Baumstammtransport im amerikanischen Bundesstaat Maine erfunden und patentieren lassen. Der Kalifornier Benjamin Holt folgte dieser Idee am 24. November 1904 ebenfalls mit einem Patent einer Laufkette. Die ersten Caterpillar-Kettenfahrzeuge wurden ausschließlich durch einseitigen Bremseneingriff oder getrennte Drehzahlregelung von zwei Fahrmotoren gelenkt, was zu schlechten Fahreigenschaften und hohem Verschleiß führte. Ein wesentlicher Fortschritt der Lenktechnik wurde durch das sogenannte Doppeldifferenzial erreicht, das von der Firma Cletrac entwickelt wurde.

Die Firma Trackson aus Milwaukee begann im Jahr 1936 mit dem Bau von seilbetätigten Ladeeinrichtungen, die man an einen Caterpillar-Standardkettentraktor der Typenreihe D2, D4, D6 und D7 montieren konnte. Die kleinste „Raupe" hatte einen Schaufelinhalt von 0,57 Kubikmetern. Die Schaufel des größten Caterpillars konnte drei Kubikmeter Abraum fassen. In den folgenden Jahren wurde das Anbauequipment durch eine Vielzahl an Planierschilden und Schaufeln vergrößert.

Ab 1950 wurde die erste hydraulische Ladeeinrichtung von Trackson geliefert. Sie wurde an einem Caterpillar D4 montiert. Die Vorteile waren: eine bessere Sicht, eine leichtere Bedienung und man konnte nun erstmals Druck auf die Schaufel geben.

Typ:	Farm- und Bautraktor
Baujahr:	1938–1957
Gewicht:	3,4–3,9 Tonnen

Motor: wassergekühlter Caterpillar-4-Zylinder-Dieselmotor

Hubraum:	3600 Kubikzentimeter
Leistung:	37 PS bei 1525/min
Getriebe:	5 Vorwärtsgänge, 1 Rückwärtsgang

Tractor Out-pulls Elephant in Tug-of-War

SEVENTY-TWO hundred pounds of elephant came in second best in a tug-of-war recently conducted between Ruth, a 30-year-old elephant, and a small tractor. Four legs proved to have less "pulling power" than the caterpillar treads of the tractor. The elephant is shown bracing herself just as the irresistible pull of the tractor began to carry her backward.

Caterpillar
Cat 963D

Typ:	Kettenlader
Länge:	6941 Millimeter
Breite:	2400 Millimeter
Höhe:	3335 Millimeter
Gewicht:	20,5–21,2 Tonnen

Motor: wassergekühlter Cat-C6.6-6-Zylinder-Turbodieselmotor mit ACERT-Konzept

Hubraum:	6600 Kubikzentimeter
Leistung:	192 PS
Getriebe:	hydrostatischer Fahrantrieb, 2 Axialkolben-Verstellmotoren

Angehobene Motorleistung, beeindruckende Wendigkeit, komfortable Fahrerkabine, geniales Laufwerk SystemOne und neue Arbeitshydraulik zeichnen den Cat 963D aus. Diese Punkte bewirken ein spürbares Produktivitätsplus sowie drastische Einsparungen bei den Betriebskosten. Der leistungsstarke, zuverlässige Sechs-Zylinder-Direkteinspritzermotor sorgt durch die Anordnung im Heck für eine optimale Gewichtsverteilung. Beim C6.6 handelt es sich um einen Cat-Common-Rail-Einspritzmotor mit 6,6 Litern Hubraum, der mittels Elektroniksteuerung, hochpräziser Kraftstoffeinspritzung und optimierter Luftzufuhr für ein herausragendes Leistungsvermögen und niedrige Abgasemissionen sorgt. Ein ergonomischer Innenraum verbindet vorbildlichen Komfort mit praxisgerechten Bedienelementen. Ein im direkten Fahrersichtfeld angeordnetes Kombiinstrument dient der Überwachung aller wichtigen Maschinenfunktionen.

Caterpillar Cat D11T

Die großen Kettendozer von Caterpillar vom Typ D8T, D9T, D10T und D11T wurden für anspruchsvolle Arbeiten konstruiert. Dank ihrer robusten Konstruktion eignen sie sich für härteste Einsätze. Das Deltalaufwerk erhöht die Produktivität, vereinfacht die Wartung, reduziert dank der modularen Bauteile die Stillstandszeit und sorgt dafür, dass die Seitenantriebe und die zugehörigen Antriebsstrangteile vom Arbeitsbereich entfernt angeordnet sind. Cat-Kettendozer erzielen eine hohe Produktivität und zeichnen sich durch ausgezeichnete Zuverlässigkeit und niedrige Betriebskosten aus.

Die robusten, leistungsstarken und wartungsfreundlichen Caterpillar-Motoren verfügen über einen hohen Drehmomentanstieg und unterschreiten die gängigen Abgasemissionsgrenzwerte. Das aus zahlreichen Einzelinnovationen entstandene ACERT-Konzept konzentriert sich auf die Verbesserung der Kraftstoffverbrennung, sodass die strengen Abgasemissionsgrenzwerte der EU-Stufe II unterschritten werden. Das weiterentwickelte Modularkühlsystem AMOCS kombiniert eine effizientere Kühlkapazität mit erhöhter Servicefreundlichkeit und ermöglicht den Einsatz der Maschinen auch unter schwierigsten Klimabedingungen und hohen Umgebungstemperaturen, da das Kühlmittel bei jedem Umlauf zweimal durch die einzelnen Teilblöcke strömt.

Typ: schwerer Kettendozer
Länge: 10.525 Millimeter
Breite: 4379 Millimeter
Höhe: 4808 Millimeter
Gewicht: 104,6 Tonnen

Motor: wassergekühlter Cat-C32-Turbodieselmotor mit ACERT-Konzept
Hubraum: 32.100 Kubikzentimeter
Leistung: 916 PS
Getriebe: 3 Vor-, 3 Rückwärtsgänge

Komfortable und effiziente Fahrerstände mit leicht erreichbaren Bedienelementen, Sitzen aus der Caterpillar-Contour-Serie und einem exzellenten Sichtfeld fördern eine hohe Produktivität. Das Caterpillar-Lastschaltgetriebe verfügt über hochleistungsfähige ölgekühlte Kupplungen mit großem Durchmesser.

Erhöht angeordnete Kettenräder schützen die Radantriebe vor Bodeneinwirkungen. Die Fahrwerkaufhängung vergrößert die Bodenaufstandsfläche, verbessert die Traktion und sorgt für geringeres Rutschen, ein weicheres Fahrverhalten und eine längere Lebensdauer der Maschinen. Die Hauptrahmen der großen Kettendozer sind auf extremste Belastungen ausgelegt. Die Hauptmodule sind so gestaltet, dass eine hohe Servicefreundlichkeit gewährleistet ist.

Caterpillar Cat 973D

Der Cat-Kettenlader 973D sucht in dieser Größenklasse seinesgleichen. Auch hinsichtlich Fahrerkomfort, Leistung und Vielseitigkeit nimmt er eine Spitzenposition in der Branche ein. Diese auf hohe Arbeitsleistung ausgelegte Maschine ist hinsichtlich der Effizienz und der Rentabilität bei den unterschiedlichsten Schwereinsätzen wichtig. Die Konstruktion bietet darüber hinaus Stabilität und Langlebigkeit sowie ausgezeichnete Kontrolle und unübertroffene Bedienungsfreundlichkeit. Der Cat C9 ist ein Sechs-Zylinder-Reihenmotor mit 8,8 Litern Hubraum und hydraulisch betätigter, elektronisch gesteuerter Kraftstoffeinspritzung. Der Motor mit 196 kW Nennleistung erfüllt die aktuellsten Schadstoffemissionsnormen weltweit.

Der elektronisch kontrollierte hydrostatische Fahrantrieb bietet ein schnelleres Ansprechverhalten für verkürzte Arbeitstakte und erhöhte Produktivität. Des Weiteren bietet der hydrostatische Fahrantrieb unabhängige Fahrmotoren und eine effiziente, individuelle Steuerung jeder Laufkette bei schneller Beschleunigung und stufenlos regelbaren Fahrgeschwindigkeiten.

Das Fahrerhaus der Serie D bietet Fahrerkomfort, bequeme Bedienung und eine ausgezeichnete Sicht auf die Schaufel, Laufketten und den Aufreißer. Eine Besonderheit ist, dass der luftgefederte Fahrersitz ergonomisch geformt, voll regulierbar und vibrationsgedämpft ist, um maximalen Fahrer- und Bedienkomfort zu gewährleisten. Die sitzmontierten, elektrohydraulischen Bedienelemente verringern Vibrationen für den Fahrer, und der Sitz sowie die Bedienelemente können aufeinander abgestimmt eingestellt werden.

Das Laufwerk des 973D ist so konzipiert, dass beide Laufrollenrahmen Pendelbewegungen ausführen, was die Bodenstoßbelastungen verringert, die Standsicherheit der Maschine verbessert und dem Fahrer ein ausgeglicheneres und komfortableres Fahrverhalten bietet. Die Kettenglieder sind aus speziell wärmebehandelten Stahlteilen mit unterschiedlichen Härtegraden konstruiert, die in den Stahl eingearbeitet sind.

Der Hauptrahmen und die Hubrahmenkonsole der Serie D bestehen aus einzelnen Längsplatten mit Quereinsatzverstärkung sowie Guss- und Stahlteilen an Punkten, die hoher Belastung ausgesetzt sind. Rahmen und tragende Teile sind so gebaut, dass sie Haltbarkeit und eine verlängerte Betriebslebensdauer bieten, um so mehrfache Grundüberholungen zu ermöglichen.

Die Kombination aus der richtigen Schaufel mit der richtigen Maschine führt zur bestmöglichen Leistung in ihrer Anwendung. Die Universalschaufel (GP-Schaufel) besitzt ausgezeichnete Eigenschaften zum einfachen Beladen und bietet Langlebigkeit bei Anwendungen wie Erd-/Felswandarbeiten, Abbrechen und beim Laden vom Haufwerk. Die Kombischaufel (MP-Schaufel) dient einer großen Bandbreite von Anwendungen wie Beladen, Abbrechen, Räumen, Planieren, Schmutzbeseitigung und Feinplanieren.

Typ:	schwerer Kettenlader	Hubraum:	8800 Kubikzentimeter
Länge:	7305 Millimeter	Leistung:	266 PS
Breite:	2835 Millimeter	Getriebe:	hydrostatischer Fahrantrieb mit stufenloser Maschinenbeschleunigung
Höhe:	3510 Millimeter		
Gewicht:	28,1 Tonnen	Geschwindigk.:	bis 11 km/h
		Schaufel:	3,21 Kubikmeter

Motor: wassergekühlter Cat-C9, 6-Zylinder-Turbodieselmotor mit ACERT-Konzept

Caterpillar Cat D6C

Typ:	Kettendozer
Länge:	3975 Millimeter
Breite:	2369 Millimeter
Höhe:	2121 Millimeter
Gewicht:	bis 10,8 Tonnen

Motor: wassergekühlter Cat-6-Zylinder-Turbodieselmotor

Leistung:	97 PS bei 1800/min
Getriebe:	5 Vorwärts-, 4 Rückwärtsgänge, Planetenlastschaltgetriebe
Geschwindigk.:	bis 12,4 km/h

Vor und auch viele Jahre nach dem Zweiten Weltkrieg setzten Caterpillar-Raupen und -Dozer für viele Jahre die Maßstäbe in diesen Baumaschinenklassen. Sie gehörten weltweit zu den leistungsfähigsten und robustesten Raupen überhaupt. In den 60er-Jahren wurden die Caterpillar-Raupen in europäischen Konstruktionsbüros intensiv in Augenschein genommen. Bei Hanomag wurde eine D6-Raupe sogar bis in alle Einzelheiten zerlegt und zeichnerisch erfasst. Das Resultat war der Hanomag K9. Der Caterpillar D6B wurde mit 75 PS von 1959 bis 1967 gebaut, der D6C bis 1976.

Sinoway SWD7

Auf der Basis von Caterpillar-Technoilogie wird von Sinoway in China der Bulldozer SWD7 in Lizenz gebaut. Der wassergekühlte Motor C6121 des mittleren Dozers leistet mit Turboaufladung 169 kW bei 2100 Umdrehungen in der Minute. Das Räumschild hat eine Breite von 3500 Millimetern und eine Höhe von 1550 Millimetern. Die Grabtiefe beträgt maximal 500 Millimeter. Die Kapazität des Kraftstofftanks beträgt 450 Liter, des Wassertanks 118 Liter und des Ölbehältnisses 100 Liter.

Typ:	Kettenbulldozer
Länge:	7604 Millimeter
Breite:	3823 Millimeter
Höhe:	3402 Millimeter
Gewicht:	23,8 Tonnen

Motor: wassergekühlter Cat-C6121-Turbodieselmotor

Leistung:	230 PS bei 2100/min
Getriebe:	3 Vorwärts-, 3 Rückwärtsgänge
Geschwindigk.:	bis 13,2 km/h
Schaufel:	8,4 Kubikmeter

Caterpillar Cat 953D

Typ:	Kettenlader
Länge:	6225 Millimeter
Breite:	2280 Millimeter
Höhe:	3105 Millimeter
Gewicht:	15,6 Tonnen

Motor: wassergekühlter Cat-C6.6, 6-Zylinder-Dieselmotor mit ACERT-Konzept

Leistung:	150 PS
Getriebe:	hydrostatischer Fahrantrieb mit stufenloser Geschwindigkeitsregelung
Geschwindigk.:	bis 10 km/h

Schaufel:	1,85 Kubikmeter
Schnittbreite:	2380 Millimeter

Angehobene Motorleistung, beeindruckende Wendigkeit, komfortable Fahrerkabine, geniales Laufwerk SystemOneTM und neue Arbeitshydraulik des 953D bewirken ein spürbares Produktivitätsplus sowie drastische Einsparungen bei den Betriebskosten. Beim C6.6 handelt es sich um einen Sechs-Zylinder-Reihenmotor mit 6,6 Litern Hubraum, Cat-Common-Rail-Einspritzsystem und ACERT-Konzept. Zur Serienausrüstung gehört eine leistungsfähige Klimaautomatik mit Druckbelüftung, Frischluftfilter und insgesamt zehn einstellbaren Luftdüsen. Die vom Fahrer vorgewählte Kabinentemperatur wird bei jeder Witterung konstant gehalten. Mit einem einzigen Hebel lassen sich Fahrtrichtung und Geschwindigkeit der Maschine mühelos steuern.

Caterpillar Cat 426B

Typ:	Baggerlader
Baujahr:	1992–1996
Stückzahl:	ca. 4500 Stück
Länge:	6917 Millimeter
Breite:	2262 Millimeter
Höhe:	3742 Millimeter
Gewicht:	6,7 Tonnen

Motor: wassergekühlter Perkins-4-Zylinder-Dieselmotor

Hubraum:	3900 Kubikzentimeter
Leistung:	71 PS bei 2400/min
Getriebe:	4 Vorwärts-, 4 Rückwärtsgänge
Geschwindigk.:	bis 31,5 km/h

Der Baggerlader Caterpillar Cat 426B wurde 1992 in England als Ersatz für die Caterpillar 426/426 II eingeführt. Die Produktion in den USA begann im Jahr 1994. Der 426B war mit dem Cat-3054-Turbodieselmotor ausgestattet und lieferte 79 PS. In England erhielt er die Seriennummer 5YJ und in den USA die 6KL am Anfang der Seriennummer. Im Laufe seiner Fabrikation wurde der Cat 426B vielen Änderungen unterzogen. In England endete die Produktion im Jahr 1996. Der 426B wurde durch den Caterpillar Cat 426C ersetzt. Bis zu diesem Jahr wurden ca. 4500 Baggerlader des Typs Cat 426B gebaut.

Caterpillar Cat 432E

Typ:	Baggerlader
Länge:	5836 Millimeter
Achsabstand:	2200 Millimeter
Breite:	2368 Millimeter
Höhe:	3863 Millimeter
Gewicht:	10,7 Tonnen
Bodenfreiheit:	358 Millimeter

Motor: wassergekühlter Caterpillar-3054C DIT-4-Zylinder-Dieselmotor

Hubraum:	4400 Kubikzentimeter
Leistung:	88 PS
Getriebe:	5 Vorwärts-, 5 Rückwärtsgänge
Geschwindigk.:	bis 41 km/h

Der besonders produktive Baggerlader Caterpillar 432E basiert auf 20 Jahren Erfahrung in der Baggerlader-Branche. Mit mehr Leistung, Vielseitigkeit und Komfort als alle Vorgänger hat der 432E den im rauen Wettbewerbsumfeld nötigen technischen Vorsprung. Der 432E verfügt über ein problemlos bedienbares Einstellungssystem. Es vereinfacht die Wartung des Stabilisators und der Verschleißplatten des Teleskopstiels. Bei allen Baggerladern 432E gehört die Allradbremsung zur Serienausstattung. Wird im Zweiradantrieb die Bremse betätigt, schaltet sich der Allradantrieb ein. Beim Lösen der Bremse kehrt das Getriebe in den Zweiradantrieb zurück. Das Fahrerhaus des 432E wurde für den modernen Fahrer konzipiert. Das Fahrerhaus der Serie E ist auf maximalen Komfort und einfache Bedienung ausgelegt. Mit seinem modernen Design erfüllt es alle Anforderungen anspruchsvoller Fahrer. Der Cat-Heckausleger nach Art eines Hydraulikbaggers sieht nicht nur toll aus. Ob bei der Lkw-Beladung auf engstem Raum auf einer Straße mit nur einer Fahrbahn oder beim Aushub über Hindernisse wie Mauern hinweg – der Hydraulikbaggerausleger glänzt durch Leistung. Der Ausleger wurde schlank konstruiert und erlaubt beste Sicht auf das Arbeitsgerät.

Caterpillar Cat 825H

Cat-Verdichter werden in der Erdbewegung zum Planieren, Auffüllen und Verdichten eingesetzt. Walzen, Schildkinematik und Schildform gewährleisten einen hohen Verdichtungsgrad und effizienten Materialtransport. Die intelligente Anordnung der Walzen optimiert die Verdichtungsleistung: So sind die Stampffüße der beiden gleichseitigen Walzen für gleichmäßige Verdichtung sinnvoll versetzt, die hinteren Walzen laufen für hohe Effizienz stets in der Spur der vorderen, und der Abstand der Walzen auf jeder Achse ist so gewählt, dass bei der Rückfahrt der Mittelstreifen dazwischen lückenlos verdichtet werden kann.

Der 825H verfügt über einen hochmodernen Cat-Motor mit ACERT-Technologie. Damit übertrifft er aktuelle Abgasvorschriften, ohne bei Leistung, Verbrauch, Lebensdauer und Wartungsaufwand Abstriche zu machen. Die einzigartige Direktlenkung mit Tipptasten im Lenkrad für Getriebe und Fahrtrichtung und die elektrohydraulische Ansteuerung des Schilds über Fingertipptaster reduzieren den Bedienungsaufwand und gestatten ein ermüdungsarmes Arbeiten. Die tägliche Wartung erfolgt bequem über großzügige Klappen sowie gruppierte Schmierstellen vom Boden aus, das elektronische Überwachungssystem beschleunigt die Fehlersuche.

Typ: Bodenverdichter
Länge: 8443 Millimeter
Höhe: 3775 Millimeter
Gewicht: 32,7 Tonnen

Motor: wassergekühlter Cat C15, Dieselmotor mit ACERT-Konzept
Leistung: 359 PS

Getriebe: 3 Vorwärts-, 3 Rückwärtsgänge
Geschwindigk.: bis 10,7 km/h

Schaufelbreite: 4390 Millimeter
Schaufelhöhe: 1034 Millimeter
Grabtiefe: 312 Millimeter

Caterpillar Cat 826H

Seit fast 20 Jahren haben sich die Müllverdichter Cat 836 und der Cat 826 in der Praxis bewährt. Dabei zeichneten sie sich durch maximale Effizienz bei niedrigen Betriebskosten aus. Der Müllverdichter Cat 826H ist nicht nur eine zweckorientierte Maschine mit hoher Verdichtung bei gleichzeitig hohen Produktionsraten, sondern ein Müllverdichter, der in puncto Betriebszeit, Sicherheit, Wartungsfreundlichkeit und nachhaltige Optionen führend ist. Beim Einsatz unter den härtesten Bedingungen verfügt der speziell entwickelte Müllverdichter 826H über besondere Vorrichtungen, um die wichtigsten Bauteile und Systeme vor Schäden, Fremdkörpern, Chemikalien, vorzeitigem Verschleiß und dem Umwickeln von Bauteilen mit anderen Materialien zu schützen. Beim computergestützten Erdbewegungssystem (CAES) handelt es sich um ein technisch ausgereiftes Deponie-Instrument, mit dem Fahrer eine maximale Verdichtung erzielen können. Dank des globalen Navigationssatellitensystems (GNSS = Global Navigation Satellite System), der an der Maschine angebrachten Bauteile, eines Funknetzes sowie der Office-Management-Software stellt dieses System Echtzeitdaten über ein Display direkt in der Fahrerkabine zur Verfügung. Die nächste Generation der abgesetzten Spitzen von Cat weist verbesserte Merkmale zur zuverlässigen Leistung und zum zuverlässigen Betrieb unter schweren Abfallumschlagbedingungen auf. Die einzigartige Pyramidenform der Spitze mit ihren individuellen Stufen und einer Höhe von 178 Millimetern sorgt für eine längere Nutzungsdauer.

Typ: Müllverdichter
Länge: 8332 Millimeter
Höhe: 4193 Millimeter
Gewicht: 37 Tonnen

Motor: wassergekühlter Cat C15, Dieselmotor mit ACERT-Konzept
Leistung: 407 PS
Getriebe: 2 Vorwärts-, 2 Rückwärtsgänge
Geschwindigk.: bis 10,6 km/h

Schaufelbreite: 4311 Millimeter
Schaufelhöhe: 1898 Millimeter
Kapazität: 16,7 Kubikmeter

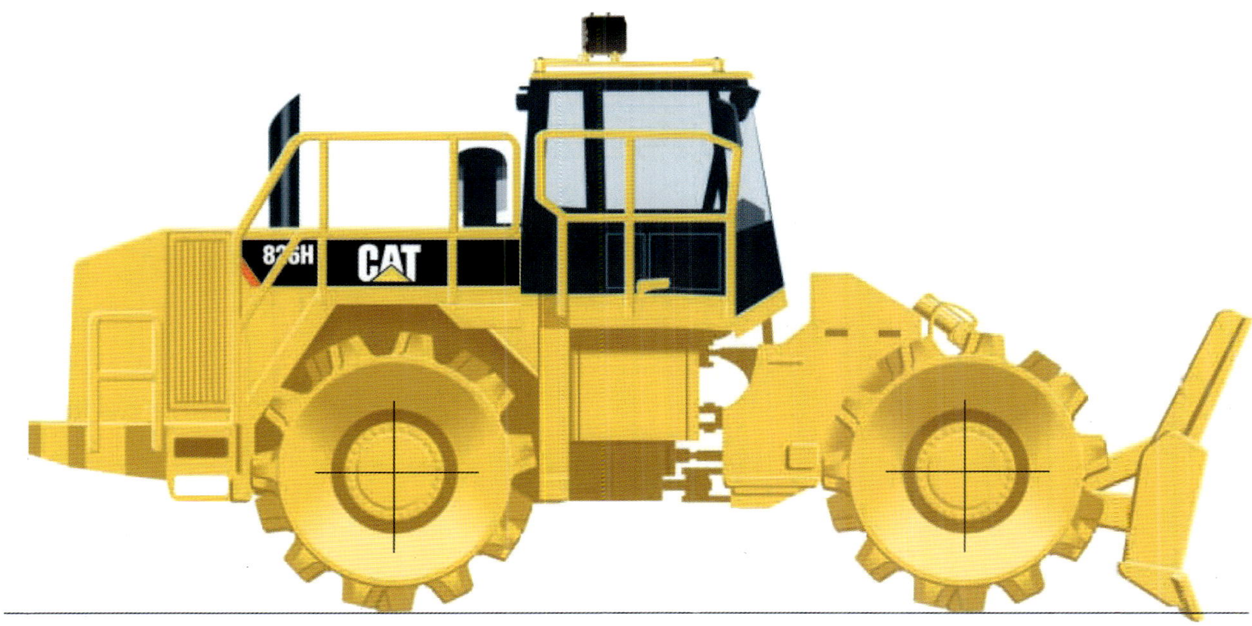

Caterpillar Cat 836H

Typ:	Müllverdichter
Länge:	10.182 Millimeter
Höhe:	4157 Millimeter
Gewicht:	55,6 Tonnen

Motor: wassergekühlter Cat C18, Dieselmotor mit ACERT-Konzept

Leistung:	563 PS
Getriebe:	4 Vorwärts-, 4 Rückwärtsgänge
Geschwindigk.:	bis 11,4 km/h

Schaufelbreite:	5193 Millimeter
Schaufelhöhe:	2236 Millimeter
Kapazität:	19,8 Kubikmeter

Das Volumen von Mülldeponien soll bestmöglich ausgenutzt werden. Außerdem sollen dem Deponiekörper Stabilität und eine gleichmäßige Dichte verliehen werden. Die gleichmäßige Verpressung verringert auch den Austritt von anfallendem Deponiegas aus Methan und Kohlendioxid sowie weitestgehend den Einschluss von Sauerstoff, wodurch auch die Brandgefahr reduziert wird. Der Müllverdichter Caterpillar Cat 836H kam mit einem revolutionären Design, Allradantrieb und mit sogenannten „Stampffüßen" auf den Markt.

Caterpillar Cat 980H

Typ:	Radlader
Radstand:	3700 Millimeter
Höhe:	3765 Millimeter
Gewicht:	bis 31,7 Tonnen

Motor: wassergekühlter Cat C15, Dieselmotor mit ACERT-Konzept

Leistung:	354 PS bei 1400/min
Getriebe:	4 Vorwärts-, 4 Rückwärtsgänge, Planetenlastschaltgetriebe
Geschwindigk.:	bis 41 km/h

Schaufelbreite:	3602 Millimeter
Kapazität:	6,1 Kubikmeter

Der Caterpillar Cat 980H bringt ein beeindruckendes Leistungsvermögen während schwerster Einsätze. Durch die konstante Leistung des großvolumigen Dieselmotors über den gesamten Betriebsdrehzahlbereich kann der Caterpillar Cat 980H produktiv und vielseitig eingesetzt werden. Die Fahrerkabine bietet vorbildlichen Komfort und eine beispielhafte Ergonomie sowie ein sicheres und bequemes Ein- und Aussteigen. Mustergültige Sichtverhältnisse bieten einen sicheren Arbeitsplatz. Wegweisende Elektronik- und Hydrauliksysteme steigern die Produktivität zusätzlich bei reduzierten Vorhalte- und Betriebskosten.

Caterpillar Cat 854K

Der Caterpillar Cat-Rad-Dozer 854K bietet eine hohe Produktivität in Kombination mit Mobilität und Vielseitigkeit. Diese hervorragende Maschine ist für anspruchsvolle Arbeiten ausgelegt und stellt die optimale Wahl bei Einsätzen wie Tagebau, Reinigung, Haldenarbeiten, Straßenwartung, Recycling sowie Aufgaben mit Fahrten zwischen mehreren Standorten dar. Der Raddozer zeichnet sich durch überragende Dauerfestigkeit und geringe Vorhalte- und Betriebskosten aus. Bewährte Komponenten mit hohen Standards in Bezug auf lange Wartungsintervalle und Lebensdauer gewährleisten eine einzigartige Zuverlässigkeit.

Ein ergonomisches Design für die Gesundheit und Produktivität des Bedieners mit Einhebelsteuerung und guter Sicht überzeugen in der vorbildlichen Fahrerkabine. Verschiedene Sicherheitsfunktionen schützen die Angestellten bei der Arbeit auf dem Raddozer und in dessen Umgebung. Unterschiedlichste Schildkonstruktionen in hochfester, gepresster Rippenbauweise mit auswechselbaren Unterschraubmessern und unteren Verschleißplatten bieten hervorragende Verdichtungs- und Abschubeigenschaften.

Typ: Raddozer
Länge: 13.405 Millimeter
Höhe: 5590 Millimeter
Gewicht: 98,1 Tonnen

Motor: wassergekühlter Cat C32, Dieselmotor mit ACERT-Konzept
Leistung: 812 PS

Getriebe: 6 Vorwärts-, 3 Rückwärtsgänge
Geschwindigk.: bis 25.1 km/h

Schaufelbreite: 6321 Millimeter
Schaufelhöhe: 2179 Millimeter
Kapazität: 25,4 Kubikmeter

Caterpillar Cat 992K

Typ: Radlader
Achsabstand: 5890 Millimeter
Höhe: 5678 Millimeter
Gewicht: 97,3 Tonnen

Motor: wassergekühlter Cat C32, Dieselmotor mit ACERT-Konzept
Hubraum: 32.100 Kubikzentimeter
Leistung: 812 PS
Getriebe: 6 Vorwärts-, 6 Rückwärtsgänge
Geschwindigk.: bis 24,8 km/h

Kapazität: 10,7–12,3 Kubikmeter
Ausbrechkraft: 573,3 kN

Der 992K ist so ausgelegt, dass er mehrfach überholt werden kann, da die wichtigsten Komponenten schon von der Konstruktion her dementsprechend geplant sind. Die zum Bau der Cat-Radlader verwendeten Bauteile sind gemäß Caterpillars Qualitätsstandards ausgelegt und gefertigt, damit auch unter härtesten Einsatzbedingungen die Höchstleistung erzielt wird. Der 992K verwendet den Cat-Motor C32, der die Anforderungen von EU-Stufe II erfüllt und moderne elektronische Steuerung, präzise Kraftstoffeinspritzung und eine fein abgestimmte Luftzufuhr besitzt.

Caterpillar Cat 994F

Typ: schwerer Radlader
Länge: bis 19.526 Millimeter
Höhe: bis 6736 Millimeter
Gewicht: bis 195,4 Tonnen

Motor: wassergekühlter Cat 3516B HD EUI, 16-Zylinder-Turbodieselmotor
Hubraum: 78.000 Kubikzentimeter
Leistung: 1485 PS bei 1600/min
Drehmoment: 8465 Nm bei 1100/min
Getriebe: 6 Vorwärts-, 6 Rückwärtsgänge
Geschwindigk.: bis 25,6 km/h

Kapazität: 14–36 Kubikmeter
Nutzlast: bis 35 Tonnen

Die Aufbaukomponenten bi den das Rückgrat der Haltbarkeit des 994F. Der HD-Laderahmen mit Kastenprofil bildet eine haltbare, robuste Maschine. Die soliden Hubarme aus Stahl halten hohen Verdrehkräften stand und garantieren so maximale Haltbarkeit und Zuverlässigkeit. Die leistungsstarke und feinfühlige Cat-Hydraulik sorgt für eine schnelle Materialbewegung. Das fortschrittliche System zeichnet sich durch leichtgängige Bedienung und störungsfreien Betrieb aus. Das einzigartige Filterungssystem verhindert den Schmutzübertritt aus den übrigen Systemen.

GHH LF-4.1

Typ: ferngesteuerter Fahrlader
Länge: 6872 Millimeter
Höhe: 1659 Millimeter
Gewicht: 11,895 Tonnen

Motor: luftgekühlter Deutz-Dieselmotor

Dieser Fahrzeugtyp wurde für den Tunnel- und Bergbau entwickelt. Er ist mit einem quer zur Fahrtrichtung angeordneten Fahrerstand ausgestattet. In Gefahrenbereichen kann das Fahrzeug mit einer 25 Meter langen Kabelfernsteuerung betrieben werden, ohne den Fahrer zu gefährden. Das Fahrzeug wird für den Transport von der Gewinnung auf das Transportfahrzeug eingesetzt. Der luftgekühlte Deutz-Dieselmotor mit 4710 Kubikzentimetern leistet 63 kW. Ein Vier-Gang-Getriebe wird über Gelenkwellen mit der Vorderachse verbunden. Die Höchstgeschwindigkeit beträgt 19,3 km/h.

GHH LF-7.1 E

Typ: Bergbaufahrlader
Länge: 10.495 Millimeter
Breite: 2200 Millimeter
Höhe: 2200 Millimeter
Gewicht: 24,5 Tonnen

Motor: asynchroner Motor, 1000 V, 50 Hz
Leistung: 179 PS
Getriebe: 2-Gang-Volllast-Schaltgetriebe über Gelenkwellen an beiden Achsen
Geschwindigk.: bis 12,1 km/h

max. 180 Meter Schrämmtrosse werden auf der Leitungstrommel am Heck aufgetrommelt

Dieser Fahrzeugtyp ist für den Tunnel- und Bergbau entwickelt worden. Der Fahrer sitzt quer zur Fahrtrichtung, beide Achsen des Fahrzeuges werden angetrieben. Nach dem Probelauf im Werk wird das Fahrzeug für den Schachttransport zerlegt und nach untertage verbracht. Stahlbauteile, die für den Schachttransport zu groß sind, müssen gegebenenfalls in Teile zerlegt werden. Die demontierten Teile müssen untertage wieder zusammengeschweißt werden, bevor die Maschine in den Betrieb gehen kann. Das Fahrzeug wird für den Transport von der Gewinnung auf das Transportfahrzeug oder in Vorratsbunkern untertage eingesetzt.

GHH ITS 40

Typ:	Schlacketransporter
Länge:	9300 Millimeter
Höhe:	3870 Millimeter
Breite:	4000 Millimeter
Gewicht:	40 Tonnen

Motor: luftgekühlter Deutz-Dieselmotor F8L413F

Hubraum:	12.762 Kubikzentimeter
Leistung:	256 PS
Getriebe:	4-Gang-Getriebe über Gelenkwellen an die Vorderachse
Geschwindigk.:	22 km/h
Nutzlast:	40 Tonnen

Der Schlacketransporter ITS 40 dient als Trägerfahrzeug für Schlackekübel mit einer Nutzlast von bis zu 40 Tonnen Schlacke. Das Fahrzeug verfügt über einen hydrostatischen Antr eb über Dieselmotor mit vier Hydromotoren für jede Antriebsachse. Es wird im Stahlwerk Ensidesa in Spanien eingesetzt.

GHH SLP 12

Der neu entwickelte GHH SLP12 ist ein Zwölf-Tonnen-Fahrlader und für Produktivität und Leistung in Lagerstätten mit geringen Mächtigkeiten bis 1900 Millimetern Höhe ausgelegt. Der Fahrerstand ist für lange Arbeitszeiten mit viel Komfort und guten Sichtverhältnissen konstruiert. Der wassergekühlte Deutz-TCD2015V6-COM-III-Dieselmotor bringt eine Leistung von 240 Kilowatt und ist mit einem Rußpartikelfilter ausgestattet. Er verteilt seine Kraft auf ein Stiebel-400-Pumpenverteilergetriebe zum Achsverteilergetriebe Rögelberg 6000. Die Zugkraft liegt dabei bei 338 kN. Der SLP12 besitzt einen Allradantrieb. Die Bremsen liefet die Firma LCB, zusätzlich hat der Fahrlader eine Auspuffklappenbremse.

Typ:	schwerer Fahrlader
Länge:	11.039 Millimeter
Höhe:	1650 Millimeter
Gewicht:	38 Tonnen

Motor: wassergekühlter Deutz TCD2015V6 COM III, Dieselmotor

Leistung:	326 PS

GHH LF-7.1 E „Trolly“

Typ: Bergbaufahrlader
Länge: 10.495 Millimeter
Breite: 2200 Millimeter
Höhe: 2200 Millimeter
Gewicht: 24,5 Tonnen

Motor: asynchroner Motor, 1000 V, 50 Hz
Leistung: 179 PS
Getriebe: 2-Gang-Volllast-Schaltgetriebe über Gelenkwellen an beiden Achsen
Geschwindigk.: bis 12,1 km/h

Bei diesem ebenfalls für den Tunnel- und Bergbau entwickelte Fahrzeug wurde ein Stromabnehmer (Trolley) zur Abnahme der elektrischen Energie aus einer Oberleitung montiert. Damit kann der Fahrlader über größere Distanzen als Elektro-Lader bewegt werden, der Bewegungsradius beschränkt sich aber nur im engen Rahmen um die Oberleitung. Der Fahrer sitzt quer zur Fahrtrichtung, beide Achsen des Fahrzeuges werden angetrieben. Das Fahrzeug wird für den Transport von der Gewinnung auf das Transportfahrzeug oder in Vorratsbunkern untertage eingesetzt.

GHH G-ST8

Typ: Bergbaufahrlader
Länge: 8771 Millimeter
Breite: 2700 Millimeter
Höhe: 1557 Millimeter
Gewicht: 20,7 Tonnen
Nutzlast: 7,7 Tonnen

Motor: luftgekühlter Deutz-Dieselmotor F8L714
Hubraum: 9972 Kubikzentimeter
Leistung: 174 PS
Getriebe: 4 Vorwärtsgänge
Geschwindigk.: bis 33 km/h

Der im Tunnelbau und Bergbau eingesetzte Fahrlader G-ST-8 wurde bis 1975 gebaut. Auch hier sitzt der Fahrer quer zur Fahrtrichtung. Das Fahrzeug wurde nach Wagner-Lizenz von der Gutehoffnungshütte AG mit Sitz in Oberhausen im Ruhrgebiet gefertigt. In dieser Zeit galt die GHH als größter Maschinenbauer Europas. 1982 lag der Gesamtumsatz bei 18,7 Milliarden DM und die GHH beschäftigte rund 80.000 Mitarbeiter

GHH LF-10/11

Die neue Generation von Fahrladern der GHH-Fahrzeuge, der LF-10/11, setzt in Bezug auf Größe, Form, Technologie und Produktivität neue Maßstäbe. Die Fahrzeuge sind mit dem neuen GHH-Antriebskonzept EDS (Efficient Drive System) ausgestattet. Dieses bewährte Konzept wurde für den Betrieb in dem flachsten LHD in der Zwölf-Tonnen-Klasse (SLP12, gesamte Höhe 1650 Millimeter) entwickelt. Der LF-10/11 ist mit einem Gesamtgewicht von 41.000 Kilogramm und einem Schaufelvolumen von 4,5 bis 5,5 Kubikmetern für die rauen Berg- und Tunnelbau-Bedingungen entwickelt worden und bekommt seine Kraft, Zuverlässigkeit und Produktivität von einem Cummins-QSL9-Motor. Dieser Motor hat eine Leistung von 209 KW, ist EPA-Reihe-3/Com-III- Emissionen bescheinigt und stellt hohe Produktivität und Zuverlässigkeit bei einem niedrigen Kraftstoffverbrauch, niedrigen Abgasen und einem niedrigen Geräuschpegel zur Verfügung. Die Kraft des Cummins-Motors wird hydraulisch zu einer Pumpe und einem Achsverteilergetriebe übertragen und dann in mechanische Energie gewandelt und zu Posi-Starrachsen mit Differenzialgetrieben geführt. Der LF-10/11 ist mit einem Can-Bus und Datensammlersystem ausgestattet und sendet Maschinen- und Betriebsdaten über eine drahtlose Verbindung zu einem Überwachungsrechner.

Typ:	schwerer Fahrlader	Hubraum:	8900 Kubikzentimeter
Länge:	9715 Millimeter	Leistung:	284 PS
Höhe:	2465 Millimeter	Drehmoment:	637 Nm
Gewicht:	30 Tonnen	Geschwindigk.:	25 km/h

Motor: wassergekühlter Dieselmotor QSL9 Cummins

Nutzlast: 11 Tonnen

GHH LF-6H

Typ: Bergbaufahrlader
Länge: 8790 Millimeter
Höhe: 1415 Millimeter
Breite: 3316 Millimeter
Gewicht: 21,65 Tonnen

Motor: luftgekühlter Deutz-Dieselmotor F8L413
Leistung: 166 PS
Geschwindigk.: bis 15,4 km/h

Nutzlast: 6 Tonnen

Der Fahrlader LF-6H wurde einmalig im Jahr 1981 gebaut. Dieser Fahrzeugtyp wurde für den Kali-Bergbau bei besonders niedrigen Abbauhöhen entwickelt. Als Antrieb wurde eine Hydrostatik, wirkend auf vier Radmotoren, eingesetzt. Die Fahrersitzposition war für eine optimale Sicht in beide Fahrtrichtungen quer zur Fahrtrichtung angeordnet. Das Antriebskonzept des LF-6H kann heute als Vorläufer für die modernen Entwicklungen betrachtet werden und war zum Einsatzzeitpunkt der weltweit einzige Fahrlader mit einem hydrostatischen Einzelradantrieb. Der Fahrlader wurde eingesetzt, um das geschossene Ladegut an der Ortsbrust aufzunehmen und zwischen 100 bis 400 Meter bis zur Fördereinrichtung zu transportieren und die Schaufel in die Fördereinrichtung zu entleeren.

HFH Centauri FL 170

Typ: Fahrlader
Länge: 11.650 Millimeter
Breite: 3140 Millimeter
Höhe: 2400 Millimeter
Gewicht, leer: 47 Tonnen
Nutzlast: 17 Tonnen

Motor: Deutz Dieselmotor BF 8M 1015 C
Leistung: 435 PS
Getriebe: 4 Vorwärts-, 4 Rückwärtsgänge, Lastschaltgetriebe CLARK Serie 8000
Geschwindigk.: 20 km/h
Steigverm.: 20 %

Schaufelinhalt: 12 Kubikmeter

Sie werden durch ihre geringen Bauhöhen speziell in Bergwerken und im Tunnelbau eingesetzt. Der permanente Allradantrieb, die äußerst robuste Hubführung sowie der optimal ausgelegte Antriebsstrang garantieren auch unter extremen Fahrbahn- und Ladeverhältnissen eine lange Lebensdauer. Sie stehen für Zuverlässigkeit und Wirtschaftlichkeit der Produkte. Die in Braunschweig produzierten Fahrlader von acht bis 17 Tonnen Nutzlast erlauben die Auswahl der Maschine, die wirtschaftlich am günstigsten ist.

JCB 3CX

Typ:	Baggerlader
Länge:	bis 5910 Millimeter
Breite:	bis 2350 Millimeter
Höhe:	bis 2910 Millimeter
Gewicht:	8,4 Tonnen

Motor: wassergekühlter JCB-3CX-Sitemaster, 4-Zylinder-Turbodieselmotor

Hubraum:	4400 Kubikzentimeter
Leistung:	86 PS bei 2200/min
Getriebe:	4 Vorwärts-, 4 Rückwärtsgänge

Geschwindigk.: bis 37,1 km/h

Die JCB-Baggerlader stellten schon immer die ideale Kombination aus Lader- und Baggerleistung dar. Mit den neuen Funktionen EcoDig, EcoRoad und EcoLoad erreicht der JCB 3CX neue Sphären der Effizienz. Das mit drei Pumpen bestückte Hydrauliksystem erreicht bei Baggerarbeiten 15 Prozent Kraftstoffeinsparung. Hinzu kommen geringere Abgasemissionen sowie niedrigere Motordrehzahlen für weniger Geräuschentwicklung.

JCB 4CX

Im Rahmen der JCB-Philosophie Efficient Design nimmt JC Bamford Excavators Ltd. jedes Bauteil seiner Maschinen unter die Lupe und wendet innovative Technologien an, um jeden einzelnen Tropfen Kraftstoff so effizient wie möglich zu nutzen. Dank dieser Sorgfalt im Detail und der entwicklungstechnischen Innovationen ist das Modell 4CX der effizienteste JCB-Baggerlader aller Zeiten. Legt man typische Transport-, Lade-, Bagger- und Leerlaufzyklen zugrunde, ergibt sich unterm Strich eine durchschnittliche Verbrauchsreduzierung um bis zu 16 Prozent.

Typ:	Baggerlader
Länge:	bis 7530 Millimeter
Breite:	bis 2440 Millimeter
Gewicht:	8,9 Tonnen

Motor: wassergekühlter JCB-3CX-Sitemaster, 4-Zylinder-Turbodieselmot.

Liebherr L 556 2plus2

Beim Radlader L 556 2plus2 stehen Wirtschaftlichkeit und Umweltfreundlichkeit im Vordergrund. In der Praxis verbraucht dieser Radlader um bis zu 25 Prozent weniger Kraftstoff als sein Vorgänger. Herzstück des Erfolges ist die „2plus2"-Antriebstechnologie, eine weitere Optimierung des hydrostatischen Fahrantriebes. Die neue Antriebstechnologie basiert auf einem Getriebe mit zwei verschieden großen, direkt angebauten Ölmotoren, die jeweils über eine separate Kupplung verfügen.

Typ:	Radlader
Länge:	8350 Millimeter
Höhe:	3365 Millimeter
Gewicht:	17,3 Tonnen

Motor: wassergekühlter D934L A6, Turbodieselmotor, 190 PS

Liebherr L 586 2plus2 Blockhandling

Typ:	Blockhandling-Radlader
Länge:	8338 mm (ohne Schaufel)
Höhe:	3760 Millimeter
Gewicht:	8,4 Tonnen

Motor: wassergekühlter Liebherr D936L A, 6-Zylinder-Turbodieselmotor mit Ladeluftkühlung

Hubraum:	10.520 Kubikzentimeter
Leistung:	340 PS bei 2000/min
Getriebe:	stufenlose Anpassung der Zug- oder Schubkraft

Geschwindigk.: bis 35 km/h

Der Radlader L 586 2plus2 in Blockhandling-Ausführung wurde speziell für die Gewinnung und den Transport großer Steinblöcke wie beispielsweise Marmor oder Granit entwickelt. Das Blockhandling-Paket von Liebherr umfasst verschiedene, speziell konzipierte Ausrüstungsoptionen. Hierzu gehören beispielsweise unterschiedliche Steingabeln, Schaufeln und ein spezieller Ausreißzahn. Durch diese Ausrüstungsvielfalt kann der Radlader optimal auf die unterschiedlichen Einsatzbedingungen und Ladeaufgaben abgestimmt werden. Hohe Flexibilität gewährleistet dabei die im Blockhandling-Paket serienmäßig enthaltene Schnellwechseleinrichtung.

New Holland LM1445

Typ: Telehandler
Länge: 6100 Millimeter
Breite: 2445 Millimeter
Höhe: 2730 Millimeter
Gewicht: 11,6 Tonnen

Motor: wassergekühlter CNH 4TAA 4.5, 4-Zylinder-Turbodieselmotor mit Ladeluftkühlung
Hubraum: 4500 Kubikzentimeter
Leistung: 120 PS
Getriebe: 4 Vorwärts-, 3 Rückwärtsgänge

Geschwindigk.: bis 35 km/h

Der Telehandler New Holland KM 1445 hat eine Tragfähigkeit von 4500 Kilogramm bei einem Lastschwerpunkt von 500 Kilogramm. Dabei kann er eine Last von 3600 Kilogramm auf eine Höhe von 13,30 Metern bringen. Bei Arbeiten mit Ladeschaufel entwickelt er eine Ausbrechkraft von 77,5 kN. Der starke Turbodieselmotor entwickelt ein Drehmoment von 480 Nm bei 1400 Umdrehungen in der Minute.

New Holland LM732

Typ: Teleskoplader
Länge: 5125 Millimeter
Breite: 2340 Millimeter
Höhe: 2470 Millimeter
Gewicht: 7,2 Tonnen

Motor: wassergekühlter CNH 4TAA 4.5, 4-Zylinder-Turbodieselmotor mit Ladeluftkühlung
Hubraum: 4500 Kubikzentimeter
Leistung: 101 PS
Getriebe: 4 Vorwärts-, 3 Rückwärtsgänge

Geschwindigk.: bis 40 km/h

Bei einer Hubhöhe von maximal 7,13 Metern kann der Teleskoplader LM732 einen Schaufelinhalt von 1,2 Kubikmetern transportieren. Die Tragfähigkeit des Teleskoparms beträgt bei größtmöglicher Hubhöhe zwei Tonnen. Die Hubkraft wird bei maximaler Reichweite bei 900 Kilogramm erreicht.

New Holland W130B (TC)

Typ: Radlader
Länge: 7865 Millimeter
Breite: 2525 Millimeter
Höhe: 3395 Millimeter
Gewicht: bis 12,9 Tonnen

Motor: wassergekühlter CNH 667TA/EDB TIER 3A, 6-Zylinder-Turbodieselmotor mit Ladeluftkühlung
Hubraum: 6700 Kubikzentimeter
Leistung: 165 PS
Getriebe: 4 Vorwärts-, 3 Rückwärtsgänge

Geschwindigk.: bis 38,6 km/h

Der Radlader W130 von New Holland vereint modernste Technik auf kleinem Raum. So bringt dieser Radlader die geforderte Leistung problemlos. Durch den ausgewogenen Schwerpunkt und den Laststabilisator steht der Radlader unter fast allen Arbeitsbedingungen sicher. Der Radlader ist komfortabel und ergonomisch ausgestattet, so ist es für den Fahrer problemlos möglich, eine hohe Leistung zu erbringen. Die alltägliche Wartung des Radladers gestaltet sich einfach. Durch große Wartungsklappen sind fast alle Wartungspunkte schnell und einfach zugänglich.

New Holland W270B

Von der Kraft des New-Holland-Radladers W270B, ist nicht viel zu hören – dank geräuscharmer Bauweise. Mit seinen 239 kW/325 PS und seinem maximalen Einsatzgewicht von 23,2 Tonnen kann er je nach Material in seiner Schaufel 4,4 bis zehn Kubikmeter aufnehmen. Obwohl der W270B kein Zwerg ist, hat er nach Angaben des Herstellers keine Probleme, mit seiner Knicklenkung auch engste Stationen zu befahren. Ausgerüstet ist er bei diesem Einsatz mit einer Standardschaufel und einer Schnellwechseleinrichtung. Mit der Schaufel kann er bei diesem Material 8,5 Kubikmeter aufnehmen und sie mit einem Auskippwinkel von 90 Grad in 4,65 Metern Höhe noch entleeren.

Typ: Radlader
Länge: bis 8955 Millimeter
Breite: 2990 Millimeter
Höhe: 3715 Millimeter
Gewicht: bis 23,5 Tonnen

Motor: wassergekühlter Cummins QSM11-C TIER 3A, 6-Zylinder-Turbodieselmotor mit Ladeluftkühlung
Hubraum: 10.800 Kubikzentimeter
Leistung: 325 PS
Drehmoment: 1450 Nm bei 1000/min
Getriebe: 4 Vorwärts-, 3 Rückwärtsgänge

Geschwindigk.: bis 37 km/h

Schaufelinhalt: 4,4–10 Kubikmeter

Caterpillar Cat 14M

Typ: Motorgrader
Länge: 10.896 Millimeter
Breite: 2791 Millimeter
Höhe: 3535 Millimeter
Gewicht: 21,4 Tonnen

Motor: wassergekühlter Cat C11 VHP, 6-Zylinder-Dieselmotor mit ACERT-Konzept
Hubraum: 11.100 Kubikzentimeter
Leistung: 277 PS bei 1800/min
Getriebe: 8 Vorwärts-, 6 Rückwärtsgänge

Geschwindigk.: bis 49,8 km/h

Scharbreite: 4,2 Meter
Scharhöhe: 0,7 Meter

Im 14M sorgen zahlreiche technologische Innovationen für hohe Produktivität und Verfügbarkeit bei jedem Einsatz. In Bezug auf Bedienbarkeit, Sichtverhältnisse, Servicefreundlichkeit, Qualität und Produktivität setzt der 14M völlig neue Maßstäbe in dieser Maschinenkategorie. Beispielhafter Komfort, vorbildliche Rundumsicht und ergonomische Bedienung ermöglichen dem Fahrer ein ermüdungsarmes, procuktives Arbeiten in der komplett neu entwickelten Kabine. Die robuste Bauweise und einfache Wartung des Hauptrahmens und des Drehkranzantriebs gewährleisten eine präzise Führung der Schar. Integrierte Elektroniksysteme sorgen für stetige Leistung und reduzierte Betriebskosten. Der EU-Stufe-IIIA-konforme Cat-Sechszylinder-Viertakt-Motor mit sparsamem Kraftstoffverbrauch sorgt für niedrige Abgasemissionen.

Caterpillar Cat 16M

Typ: Bergbau-Motorgrader
Länge: 11.672 Millimeter
Breite: 3096 Millimeter
Höhe: 3405 Millimeter
Gewicht: 26,1 Tonnen

Motor: wassergekühlter Cat C13 VHP, 6-Zylinder-Dieselmotor mit ACERT-Konzept
Hubraum: 12.500 Kubikzentimeter
Leistung: 317 PS
Getriebe: 8 Vorwärts-, 6 Rückwärtsgänge
Geschwindigk.: bis 42,6 km/h

Scharbreite: 4,9 Meter
Scharhöhe: 0,8 Meter

In Bezug auf Bedienbarkeit, Sichtverhältnisse, Servicefreundlichkeit, Qualität und Produktivität setzt der Motorgrader 16M völlig neue Maßstäbe in dieser Maschinenkategorie und baut verstärkt den Ruf zuverlässiger Produktqualität weiter aus. Beispielhafter Komfort, vorbildliche Rundumsicht und ergonomische Bedienung des 16M ermöglichen dem Fahrer ein ermüdungsarmes, produktives Arbeiten in der komplett neu entwickelten Kabine.

Caterpillar Cat 120M

Typ: Bergbau-Motorgrader
Länge: 9889 Millimeter
Breite: 2481 Millimeter
Höhe: 3278 Millimeter
Gewicht: 14,1–20,3 Tonnen

Motor: wassergekühlter Cat C6.6 VHP, 6-Zylinder-Dieselmotor mit ACERT-Konzept
Hubraum: 6600 Kubikzentimeter
Leistung: 155 PS
Getriebe: 8 Vorwärts-, 6 Rückwärtsgänge
Geschwindigk.: bis 45 km/h

Scharbreite: 3,7 Meter
Scharhöhe: 0,6 Meter

Beim 120M wurde eine Vielzahl von technologischen Errungenschaften umgesetzt, damit der Käufer von diesen Vorteilen profitieren und sich seine Investition auch wirklich auszahlen kann. Zwei elektrohydraulische Joysticks reduzieren die Hand- und Handgelenkbewegungen gegenüber der früheren Steuerung um bis zu 78 Prozent und verbessern die Leistungsfähigkeit des Fahrers somit außerordentlich. Das logische Schaltschema ermöglicht eine intuitive Bedienung sämtlicher Funktionen und gewährleistet somit die präzise Steuerung der Arbeitsgeräte, die von Caterpillar erwartet wird. Der Vorderwagenrahmen des 120M besteht aus unlegiertem Formstahl. Aufgrund der fortschrittlichen Fertigungstechnologie ließ sich die Anzahl der Schweißnähte deutlich senken und somit konnten die Zug- und Druckspannungen wesentlich gleichmäßiger verteilt werden. Damit ergibt sich eine wahrhaft robuste und langlebige Maschine, die den Ansprüchen der Caterpillar-Kunden gerecht wird. Der 120M vereint in sich einige wichtige technische Neuerungen, die sanfte, kraftvolle Gangwechsel in allen Gängen bewirken. Die elektronische Kupplungsdrucksteuerung (ECPC) optimiert die Kriechfunktion und gewährleistet ruckarme Gang- und Fahrtrichtungswechsel.

Caterpillar Cat RM500

Typ: Bodenstabilisierer
Länge: 9680 Millimeter
Breite: 2980 Millimeter
Höhe: 3480 Millimeter
Gewicht: 26,2–27,4 Tonnen

Motor: wassergekühlter Cat 15, Turbodieselmotor mit ACERT-Konzept
Hubraum: 15.100 Kubikzentimeter
Leistung: 548 PS
Getriebe: permanenter hydrostatischer Allradantrieb

Geschwindigk.: bis 9,2 km/h

Der Bodenstabilisierer RM500 ist eine hochproduktive Maschine mit mustergültiger Servicefreundlichkeit und vorbildlichem Fahrerkomfort. Im RM500 verbinden sich überragende Leistungsfähigkeit und Zuverlässigkeit zu beeindruckender Produktivität bei schwersten Einsätzen. Aufgrund der technischen Merkmale ist die Maschine gleichermaßen für Bodenstabilisierung und Recycling geeignet. Das aus zahlreichen Einzelinnovationen entstandene ACERT-Konzept konzentriert sich auf die Verbesserung der Kraftstoffverbrennung, sodass die Abgasemissionsgrenzwerte der EU-Stufe IIIa unterschritten werden.

Caterpillar Cat 613G

Typ: Selbstladeschürfzug
Länge: 10.419 Millimeter
Breite: 2430 Millimeter
Höhe: 3190 Millimeter
Gewicht: 16,9 Tonnen

Motor: wassergekühlter Cat C6.6 ATAAC, Turbodieselmotor mit ACERT-Konzept
Hubraum: 6600 Kubikzentimeter
Leistung: 184 PS
Getriebe: 6 Vorwärtsgänge, 1 Rückwärtsgang

Geschwindigk.: bis 39,3 km/h

Kübelinhalt: 8,4 Kubikmeter
Nennlast: 11.975 Kilogramm

Der Selbstladeschürfzug ist ein selbstladendes Fördersystem mit der zusätzlichen Fähigkeit, das Material zu vermischen und zu homogenisieren sowie die Feinplanierung vorzunehmen. Laden, Fördern und Verteilen mit wartungsarmer Ausrüstung sind das Hauptaufgabengebiet des Caterpillar Cat 613G. Im mitgeführten Kübel transportiertes Material führt zu einer unabhängigen Arbeitsweise.

Caterpillar Cat 623G

Typ:	Selbstladeschürfzug
Länge:	13.209 Millimeter
Breite:	3130 Millimeter
Höhe:	3423 Millimeter
Gewicht:	37,4 Tonnen

Motor: wassergekühlter Cat C15, Turbodieselmotor mit ACERT-Konzept

Hubraum:	15.200 Kubikzentimeter
Leistung:	400 PS
Getriebe:	8 Vorwärtsgänge, 1 Rückwärtsgang
Geschwindigk.:	bis 51,5 km/h
Kübelinhalt:	17,5 Kubikmeter
Nennlast:	25.000 Kilogramm

Motorschürfzüge wie der Caterpillar Cat 623G bestehen aus zwei Teilen. Der vordere Teil bietet Platz für den Antrieb und das Fahrerhaus. Der hintere Teil ist ein vertikal beweglicher Trichter, der auch „Schürfkübel" genannt wird. Zum Aufnehmen von Bodenmaterial wird der Schürfkübel mittels einer Hydraulik abgesenkt. Für den Bodentransport befindet sich an der Vorderseite des Kübels eine hochklappbare Stirnwand und zum Entladen an der Rückseite des Kübels eine bewegliche Rückwand. Eine Schneickante an der vorderen Unterseite des Schürfkübels bricht das Erdreich auf.

Caterpillar Cat 631G

Typ:	Schürfzug
Länge:	14.565 Millimeter
Breite:	3636 Millimeter
Höhe:	3715 Millimeter
Gewicht:	46,5 Tonnen

Motoren:
Traktor: Cat C18, Dieselmotor mit ACERT-Konzept

Hubraum:	18.100 Kubikzentimeter
Leistung:	507 PS
Getriebe:	8 Vorwärtsgänge, 1 Rückwärtsgang
Geschwindigk.:	bis 53,5 km/h
Kübelinhalt:	26 Kubikmeter
Nennlast:	37.285 Kilogramm

Cat-Schürfzüge haben sich bei großangelegten Infrastrukturprojekten bestens bewährt, so beispielsweise bei Arbeiten auf Flughäfen und an Dämmen sowie beim Bau von Fernstraßen, also bei zeitkritischen Arbeiten mit hoher Materialumsatzrate. Doch auch beim Neuerschließen von Bergwerken, dem Entfernen von Abraum, dem Schürfen von Zwischenschichten sowie bei der Wiedererschließung von Bergwerken werden sie eingesetzt.

Caterpillar Cat 740

Typ:	knickgelenkter Muldenkipper
Länge:	10.889 Millimeter
Breite:	3520 Millimeter
Höhe:	4049 Millimeter
Gewicht:	33,1 Tonnen

Motor: wassergekühlter Cat C15, Dieselmotor mit ACERT-Konzept

Hubraum:	15.200 Kubikzentimeter
Leistung:	465 PS
Getriebe:	7 Vorwärts-, 2 Rückwärtsgänge
Geschwindigk.:	bis 54,7 km/h
Muldeninhalt:	24 Kubikmeter
Nutzlast:	39.500 Kilogramm

Der Cat 740 mit einer Nennnutzlast von 39,5 Tonnen bietet erprobte Zuverlässigkeit und Beständigkeit, hohes Leistungsvermögen und herausragenden Bedienerkomfort bei niedrigeren Betriebskosten. Sowohl die geräumige Zwei-Personen-Fahrerkabine mit einem Beifahrersitz in Fahrtrichtung als auch die vorderen Öl-Stickstoff-Federungszylinder sorgen dafür, dass der Bediener sich den gesamten Arbeitstag über wohl fühlt. Tatsächlich unter Last schaltbare Differenzialsperren, die einfach funktionieren, verkürzen die Arbeitstaktzeiten und steigern das Leistungsvermögen. Starke, langlebige Cat-Motoren mit ACERT-Konzept und elektronisch gesteuerte Getriebe stellen eine hohe Produktivität bei niedrigem Kraftstoffverbrauch sicher.

Caterpillar Cat 770

Typ:	Muldenkipper
Länge:	8740 Millimeter
Breite:	4751 Millimeter
Höhe:	4140 Millimeter
Gewicht:	71,2 Tonnen

Motor: wassergekühlter Cat C15, 6-Zylinder-Dieselmotor mit ACERT-Konzept

Hubraum:	15.200 Kubikzentimeter
Leistung:	483 PS bei 1800/min
Getriebe:	7 Vorwärtsgänge, 1 Rückwärtsgang
Geschwindigk.:	bis 74,8 km/h
Muldeninhalt:	25,1 Kubikmeter
Nutzlast:	36.300 Kilogramm

Eine hohe Transportleistung ist das Merkmal des Caterpillar Cat 770. Der 770 ist von Grund auf für hohe Produktivität und niedrige Kosten pro Tonne in Baustellen-, Tagebau- und Steinbrucheinsätzen ausgelegt. Beeindruckende Zuverlässigkeit, robuste Konstruktion und geringe Wartungsanforderungen schaffen die besten Voraussetzungen für eine hohe Verfügbarkeit im langjährigen Dauereinsatz.

Caterpillar Cat 777F

Typ: Muldenkipper
Länge: 10.528 Millimeter
Breite: 6494 Millimeter
Höhe: 5185 Millimeter
Gewicht: 163,3 Tonnen

Motor: wassergekühlter Cat C32, V12-Zylinder-Dieselmotor mit ACERT-Konzept
Hubraum: 32.000 Kubikzentimeter
Leistung: 952 PS bei 1750/min
Getriebe: 7 Vorwärts-, 2 Rückwärtsgänge

Geschwindigk.: bis 65 km/h

Muldeninhalt: 60,2 Kubikmeter
Nutzlast: 91.000 Kilogramm

Der 777F verfügt über einen Flussstahlrahmen im Kastenprofil, der bereits vom 777D für seine lange Nutzungsdauer und niedrigen Betriebskosten bekannt ist. Guss- und Schmiedestücke in Bereichen mit hoher Belastung verteilen Belastungen gleichmäßig und gewährleisten eine hohe Ermüdungsbeständigkeit. Die ölgekühlten Mehrscheibenbremsen werden hydraulisch gesteuert. Sie sorgen für ausgezeichnetes fadingfreies Bremsen und Verzögern bei maximaler Leistung und Produktivität unter allen Transportwegbedingungen.

Caterpillar Cat 797

Typ: großer Bergbau-Muldenkipper
Länge: 15.080 Millimeter
Breite: 9529 Millimeter
Höhe: 6998 Millimeter
Gewicht: 623,7 Tonnen

Motor: wassergekühlter Cat C175-20, Dieselmotor
Hubraum: 106.000 Kubikzentimeter
Leistung: 4056 PS
Getriebe: 7 Vorwärtsgänge, 1 Rückwärtsgang

Geschwindigk.: bis 67,6 km/h

Muldeninhalt: 267 Kubikmeter
Nutzlast: 363.000 Kilogramm

Der 797F wird in vier MSD-II-Muldenausführungen und in Verbindung mit einem konfigurierbaren Laufbuchsensystem angeboten, um die effizientesten Förderlösungen zu den geringsten Kosten pro Tonne umzusetzen. Der Rahmen des 797F wird in Kastenprofil-Bauweise gefertigt. Er besteht in stark belasteten Bereichen aus zwei Schmiedeteilen und 14 Gussteilen mit durchgehenden, umlaufenden Schweißungen.

GHH MK-V40

Typ:	Muldenkipper
Länge:	10.500 Millimeter
Breite:	3100 Millimeter
Höhe:	2850 Millimeter
Gewicht:	32,8 Tonnen
Nutzlast:	40 Tonnen

Motor: luftgekühlter Deutz-Dieselmotor F12L413F

Hubraum:	19.144 Kubikzentimeter
Leistung:	320 PS
Getriebe:	4-Gang-Getriebe über Gelenkwellen an die Vorderachse

Geschwindigk.: bis 35,6 km/h

Der MK-V40-Muldenkipper wurde mit einem Einrichtungsfahrerstand für den Kali-Bergbau entwickelt. Der Fahrer sitzt in Fahrtrichtung, und die Vorderachse wird angetrieben. Nach dem Probelauf im Werk wird das Fahrzeug für den Schachttransport zerlegt und nach untertage verbracht. Das Fahrzeug wird für den Transport von Kali von der Gewinnung bis zur Abkippstelle eingesetzt.

GHH MTT-420E

Das MTT-420E ist ein knickgelenktes Schiebekastenfahrzeug mit 20 Tonnen Nutzlast und Vorderachsantrieb, das nach Wagner Lizenz und technischer Anpassung auf E-Antrieb von der Gutehoffnungshütte Sterkrade AG hergestellt wurde. Es wurde mit Zweirichtungsfahrerstand für den Bergbau entwickelt, deshalb sitzt der Fahrer immer in Fahrtrichtung. Das Fahrzeug wurde von Bergwerken genutzt, bei denen das Auskippen einer Mulde aus geometrischen Gründen nicht möglich ist. Das Fördergut wird bei Beibehaltung der Fahrzeughöhe nach hinten ausgeschoben. Bei einer Leistung von 130 kW beträgt die Höchstgeschwindigkeit mit und ohne Last 12,8 km/h.

Typ:	Schiebekastenfahrzeug
Länge:	9335 Millimeter
Breite:	3070 Millimeter
Höhe:	2117 Millimeter
Gewicht:	23,8 Tonnen

Motor: asynchroner Drehstrom-E-Motor, 1000 V, 50 Hz

GHH MK-A35

Der Muldenkipper MK-A35 ist die ideale Lösung, wenn überdurchschnittliche Produktivität gefordert ist. Besonders durch die Federung der Vorderachse hat der Muldenkipper einen idealen Bodenkontakt, egal, ob das Fahrzeug leer oder beladen fährt, das ist selbst bei hohen Geschwindigkeiten von mehr als 30 km/h auf schlechten Fahrbahnen gewährleistet. Durch einen Drehsitz wird dem Fahrer die Möglichkeit gegeben, den MK-A 35 in beiden Richtungen schnell zu bewegen, ohne das Fahrzeug auf engem Raum oder in kostenintensiven Ausbuchtungen drehen zu müssen. Damit ist der MK-A35 das ideale Gerät für konventionelle Tunnelvortriebe.

Typ:	Muldenkipper
Länge:	10.574 Millimeter
Breite:	3200 Millimeter
Höhe:	2696–2897 Millimeter
Gewicht:	28,7 Tonnen

Motor: wassergekühlter Deutz-TCD-2015-V06-6-Zylinder-Dieselmotor
Hubraum: 11.910 Kubikzentimeter

Leistung:	408 PS bei 1900/min
Getriebe:	Dana Serie 6.000, Allradantrieb
Geschwindigk.:	über 30 km/h
Muldeninhalt:	21 Kubikmeter
Nutzlast:	30–35 Tonnen

GHH SK-A30

Das Schiebekastenfahrzeug SK-A30 ist die ideale Lösung, wenn überdurchschnittliche Produktivität in flachen Grubenbetrieben gefordert ist. Durch die Federung der Vorderachse hat der Muldenkipper einen idealen Bodenkontakt, egal, ob das Fahrzeug leer oder beladen fährt, das ist selbst auf schlechten Fahrbahnen bei hohen Geschwindigkeiten von mehr als 30 km/h gewährleistet.
Ob die Beladung durch Teilschnittmaschinen oder mit LHDs mit Ausdrückschaufel vorgenommen wird, mit seiner sehr guten Übersicht und Wendigkeit kann eine sichere und schnelle Beladung gewährleistet werden.
Mithilfe von hydraulischen Zylindern und einer „Pushplate“ wird eine schnelle, reibungslose und verschleißarme Entladung auf Kettenkratzförderer bei flachen Übergabepunkten gewährleistet. Damit entfallen aufwändige Streckenaufweitungen an den Übergabestellen.

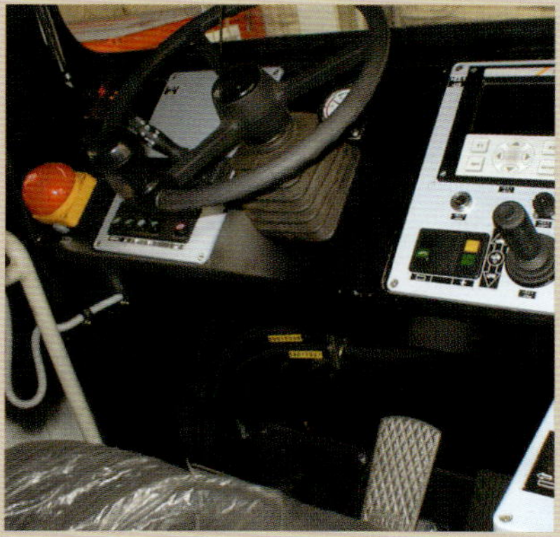

Typ:	Schiebekastenfahrzeug
Länge:	11.035 Millimeter
Breite:	3550 Millimeter
Höhe:	2975–3800 Millimeter
Gewicht:	35,9 Tonnen

Motor: wassergekühlter Deutz-TCD-2015-V06-6-Zylinder-Dieselmotor

Hubraum:	11.910 Kubikzentimeter
Leistung:	408 PS bei 1900/min
Getriebe:	Dana Serie 6.000, Allradantrieb

Geschwindigk.: über 30 km/h

Iveco „Trakker“ 410 T 45 8 x 8

Der „Trakker“ von Iveco ist mit 27 bis 72 Tonnen ein ideales Baustellen- und Offroad-Fahrzeug. Im Design teilt er viele Merkmale, wie auch das Führerhaus, mit dem Iveco „Stralis“. Lediglich der stärkere Rahmen und die höhere Bodenfreiheit lassen ihn auf Anhieb als „Trakker“ erkennen. Optional ist der Muldenkipper auch mit Allradantrieb zu bekommen. Der Vorgänger war der EuroTrakker, der von 1993 bis 2002 gebaut wurde.

Typ:	Muldenkipper
Radstand:	4650 Millimeter
Bodenfreiheit:	370 Millimeter
Gewicht:	16,6 Tonnen

Motor: wassergekühlter Cursor-13-6-Zylinder-Turbodieselmotor

Hubraum:	12.880 Kubikzentimeter
Leistung:	450 PS bei 1800/min
Getriebe:	16S 2220TO

Geschwindigk.: bis 85 km/h

JCB ADT 722

Typ:	Gelenk-Muldenkipper
Motor: wassergekühlter 6-Zylinder-Turbodieselmotor	
Leistung:	264 PS
Drehmoment:	990 kN
Getriebe:	Smoothshift ZF 6WG210, Allradantrieb
Geschwindigk.:	bis 46 km/h
Muldeninhalt:	12 Kubikmeter
Nutzlast:	20.000 Kilogramm

Das Styling der JCB Gelenk-Muldenkipper sagt eine Menge über die Konstruktions- und Entwicklungsprozesse aus, die dahinterstecken. Die diesen Maschinen zugrunde liegenden Faktoren Komfort, Zuverlässigkeit und Leistungsfähigkeit zeugen von einem berechtigten Ruf, der für Stärke und Leistung steht. Die Gelenk-Muldenkipper von JCB können die Leistung, Zuverlässigkeit und Wirtschaftlichkeit bieten, um alle anfallenden Aufgaben im Rahmen aller Einsatzbereiche und Anforderungen schnell, sicher und wirtschaftlich zu erledigen.

Morooka MST2200

Typ:	Raupendumper
Länge:	5970 Millimeter
Breite:	2930 Millimeter
Höhe:	3100 Millimeter
Gewicht:	13,5 Tonnen
Motor: wassergekühlter CAT-3126B-6-Zylinder-Dieselmotor	
Hubraum:	7200 Kubikzentimeter
Leistung:	254 PS bei 2100/min
Getriebe:	2 Fahrstufen
Geschwindigk.:	bis 12 km/h
Muldeninhalt:	9 Kubikmeter
Nutzlast:	10.000 Kilogramm

Morooka-Muldendumper sind Kettendumper, die mit hydrostatischem Antrieb und den speziell ausgeformten Gummiketten allen Anforderungen genügen. Der vollhydraulische Antrieb mit zwei Pumpen und zwei Fahrmotoren erlaubt einen kraftvollen sowie wirtschaftlichen Betrieb des Motors bei sparsamer Energieausnutzung.

Mercedes-Benz Actros

Typ: Muldenkipper
Radstand: 3600 Millimeter
Breite: 2500 Millimeter

Motor: wassergekühlter V8-Zylinder-Dieselmotor
Hubraum: 16.000 Kubikzentimeter
Leistung: 551 PS
Drehmoment: 2600 kN
Getriebe: 12-Gang-Schaltautomatik Mercedes PowerShift offroad

Mit seiner Wirtschaftlichkeit und Zuverlässigkeit ist der „Actros" von Mercedes-Benz seit 1996 nicht nur im Baustelleneinsatz ein idealer Partner im Lastverkehr. In den Jahren 1997, 204 und 2009 wurde er von einer internationalen Fachjury sogar zum „Truck of the Year" gewählt. Auf Baustellen ist der „Actros" besonders gefordert, daher ist er hier mit Allradantrieb, groß dimensionierten Trommelbremsen und einer robusten Rahmenkonstruktion mit Materialstärken von sieben, acht oder 9,5 Millimetern Verstärkung erhältlich. Sparsame, hochmoderne BlueTec-5-Motoren und die Mercedes PowerShift-Schaltautomatik erzielen inzwischen große Laufleistungen von über einer Million Kilometer (Fernverkehr) bei großer Wirtschaftlichkeit. Ob als Kipperfahrzeug, Betonmischer oder mit Pritschenaufbau auf zwei, drei oder vier Achsen ist der „Große" von Mercedes allen Baustellenaufgaben gewachsen.

Mercedes-Benz Axor

Typ: Dreiseitenkipper
Radstand: 4200 Millimeter
Breite: 2490 Millimeter
Höhe: 1510 Millimeter
Gewicht: 18 Tonnen (gesamt)

Motor: wassergekühlter 6-Zylinder-Dieselreihenmotor
Hubraum: 12.000 Kubikzentimeter
Leistung: 326 PS
Drehmoment: 1300 kN
Getriebe: 9-Gang-Direktgetriebe

Beispielhafte Zuverlässigkeit, hohe Nutzlast und niedriger Verbrauch machen den Mercedes-Benz Axor zum idealen Partner. Im Baustelleneinsatz, wo er beweist, dass hohe Belastbarkeit und niedriges Eigengewicht kein Gegensatz sind. Der neue Axor macht es leicht, auch die schweren Herausforderungen im Bauhaupt- und -nebengewerbe erfolgreich zu bewältigen. Für Kipper und Betonmischer stehen dabei bis zu 315 kW Leistung zur Verfügung. Und für Betonmischer ab 265 kW ist auf Wunsch die Schaltautomatik Mercedes PowerShift erhältlich.

Caterpillar Cat CD54

Typ:	Asphaltvibrationswalze
Länge:	4270 Millimeter
Breite:	1873 Millimeter
Höhe:	3042 Millimeter
Gewicht:	9,5 Tonnen

Motor: wassergekühlter Cat-3054-DIT-4-Zylinder-Dieselmotor

Hubraum:	6600 Kubikzentimeter
Leistung:	102 PS bei 2200/min
Getriebe:	2-stufiges Getriebe

Geschwindigk.: 7 km/h

Die Asphaltvibrationswalze mit Bandagenlenkung CD54 besitzt ein flexibles Vibrationssystem, das auf allen Arten von Asphaltmischungen zu guten Ergebnissen führt. Die geteilten Bandagen vorn und hinten, die Versatzfunktion für die Breite, ausgezeichnete Manövriereigenschaften und die zuverlässige Wasserberieselungsanlage bieten eine unübertroffene Leistung bei schwierigen Einsatzbedingungen. Die Zwei-Amplituden-Einstellung deckt ein breites Einsatzspektrum ab. Mit einem Schalter im Fahrerhaus lässt sich die Amplitude einstellen, und die Frequenz wird entsprechend angepasst. Durch den einfachen Aufbau wird das Herumprobieren bei der Auswahl der Vibration unnötig.

Caterpillar Cat CS56

Typ:	Bodenvibrationswalze
Länge:	5860 Millimeter
Breite:	2300 Millimeter
Höhe:	3070 Millimeter
Gewicht:	12,5 Tonnen

Motor: wassergekühlter Cat-C6.6-Dieselmotor mit ACERT-Konzept

Hubraum:	6600 Kubikzentimeter
Leistung:	147 PS
Getriebe:	2-stufiges Getriebe

Geschwindigk.: 11,4 km/h

Produktivität und Zuverlässigkeit vereint der Bodenverdichter Caterpillar Cat CS56 in einer robusten Maschine. Durch das serienmäßige Zwei-Amplituden-System decken die Bodenverdichter ein breites Einsatzspektrum ab. Die große Spanne zwischen höchster und niedrigster Fliehkraft erlaubt eine optimale Anpassung an die jeweiligen Verdichtungsanforderungen. Der elektronisch gesteuerte Cat-Dieselmotor C6.6 mit ACERT-Konzept erbringt eine Leistung von 108 kW und ist für höchste Leistung und Zuverlässigkeit ausgelegt. Dank ihrer robusten Konstruktion zeichnen sich Motor und Bauteile durch hohe Zuverlässigkeit und Langlebigkeit aus und sind zudem äußerst geräuscharm im Betrieb.

Caterpillar Cat CS74

Typ:	Bodenvibrationswalze
Länge:	5970 Millimeter
Breite:	2300 Millimeter
Höhe:	3070 Millimeter
Gewicht:	15,7 Tonnen

Motor: wassergekühlter Cat-C6.6-Dieselmotor mit ACERT-Konzept

Hubraum:	6600 Kubikzentimeter
Leistung:	147 PS
Getriebe:	2-stufiges Getriebe

Geschwindigk.: 11,4 km/h

Die äußerst robuste und zuverlässige Bodenvibrationswalze CS/CP74 zeichnet sich durch hohe Verdichtungsleistung, hohe Geschwindigkeit und ausgezeichnete Steigfähigkeit aus und erbringt damit maximale Produktivität. Die gekapselten Exzentergewichte gewährleisten eine höchste Verdichtungsleistung bei minimalem Serviceaufwand. Infolge der hohen Fliehkräfte genügen bereits wenige Übergänge, um einen hohen Verdichtungsgrad zu erreichen.

JCB VM115

Typ:	Walzenzug
Länge:	5444 Millimeter
Breite:	2250 Millimeter
Höhe:	2935 Millimeter
Gewicht:	11,3 Tonnen

Motor: wassergekühlter Cummins-B3.9-125C-Dieselmotor

Hubraum:	3920 Kubikzentimeter
Leistung:	126 PS bei 2200 U/min
Getriebe:	stufenlos einstellbarer hydrostatischer Direktantrieb

Geschwindigk.: 10,5 km/h

Walzenzüge, wie der JCB VM115-Walzenzug sind moderne Straßenbaumaschinen, die erst in der heutigen Zeit durch eine Spezialisierung der vielen Walzenzug-Varianten die bewährten Straßenwalzen ablösten. Der JCB-Walzenzug ist mit 129 PS ausreichend motorisiert, vielseitig einsetzbar und mit seinen Größenmassen kompakt gebaut. Bei der Tiefenverdichtung im Erd- aber auch Dammbau kommen zwei Amplituden und Frequenzen, die auf die Frequenzbereiche der natürlichen Böden abgestimmt sind, zum Einsatz. Somit kann die Schwingbelastung auf angrenzende bebaute Grundstücke erheblich verringert werden. Alle JCB-Walzenzüge werden vor ihrer Auslieferung auf einem Teststand innerhalb von zwei Stunden auf „Herz und Nieren" geprüft. Die dabei aufgezeichneten Leistungsdaten werden dabei während des gesamten Testlaufs mit den Solldaten verglichen. Erst wenn die Soll- mit den Istdaten übereinstimmen ist der Testlauf bei JCB bestanden. Dieses aufwendige Verfahren garantiert eine zuverlässige Qualitätssicherung.

GHH Hubtransporter ITH 135

Typ:	Hubtransporter
Länge:	11.550 Millimeter
Breite:	4000 Millimeter
Höhe:	3200 Millimeter
Gewicht, leer:	40 Tonnen
Nutzlast:	135 Tonnen

Motor: luftgekühlter Deutz-Dieselmotor F10L413F

Hubraum:	15.953 Kubikzentimeter
Leistung:	280 PS
Drehmoment:	814 Nm
Getriebe:	hydrostatischer Fahrantrieb über 2 drehzahlgesteuerte Verstellpumpen auf 4 Antriebsachsen
Geschwindigk.:	16 km/h (unbeladen) 10 km/h (beladen)

Der Hubtransporter ITH 135 fährt unter die Paletten und hebt diese um ca. 300 Millimeter an. Er wird mit der Hydraulik des Trägerfahrzeugs verbunden und kann dann die auf der Palette montierte Seitenkippmulde betätigen. Das Fahrzeug wird im Stahlwerk Shlobin, Russland, eingesetzt.

GHH Hubtransporter Plattenformhubwagen ITH 120

Typ:	Hubtransporter Plattenformhubwagen
Länge:	11.550 Millimeter
Breite:	3800 Millimeter
Höhe:	1700 Millimeter
Gewicht, leer:	34 Tonnen
Nutzlast:	120 Tonnen

Motor: luftgekühlter Deutz-Dieselmotor F8L413F

Hubraum:	12.763 Kubikzentimeter
Leistung:	256 PS
Drehmoment:	817 Nm
Getriebe:	hydrostatischer Fahrantrieb über 2 drehzahlgesteuerte Verstellpumpen auf 4 Antriebsachsen
Geschwindigk.:	20 km/h (unbeladen) 10 km/h (beladen)

Der Hubtransporter oder Plattenformhubwagen ITH 120 verfügt über eine Unterflurkabine und ist für eine Nutzlast von 120 Tonnen ausgelegt. Er wurde hauptsächlich für den Transport von Paletten mit Blechpaketen oder Schrottkörben entwickelt, die direkt auf der Plattform befestigt werden können. Sein Einsatzgebiet ist das Stahlwerk in Pernik in Bulgarien.

GHH Hilfsfahrzeug für den Personentransport HF4-PE 18

Typ: Personentransportfahrzeug
Länge: 6800 Millimeter
Breite: 2000 Millimeter
Höhe: 2000 Millimeter
Gewicht, leer: 7,1 Tonnen
Nutzlast: 18 Personen

Motor: luftgekühlter Deutz-Dieselmotor F6L413F
Hubraum: 9572 Kubikzentimeter
Leistung: 125 PS
Drehmoment: 487 Nm
Getriebe: aufgelöste Bauweise, Motor mit angeflanschtem Wandler, 4-Gang-Getriebe über Gelenkwellen an die Achsen

Geschwindigk.: 35,6 km/h (unbeladen)
35,2 km/h (beladen)

Das knickgelenkte Hilfsfahrzeug ist für den Personentransport HF4-PE 18 untertage vom Schacht zum Einsatzort und zurück vorgesehen. Es kann auch über Rampen in Bergwerke fahren. Dieses Fahrzeug wird in Somincor in Portugal eingesetzt.

GHH Hubtransporter ITH 135

Typ: Hubtransporter
Länge: 11.550 Millimeter
Breite: 4000 Millimeter
Höhe: 3200 Millimeter
Gewicht, leer: 40 Tonnen
Nutzlast: 135 Tonnen

Motor: luftgekühlter Deutz-Dieselmotor F10L413F
Hubraum: 15.953 Kubikzentimeter
Leistung: 280 PS
Drehmoment: 817 Nm
Getriebe: hydrostatischer Fahrantrieb über 2 drehzahlgesteuerte Verstellpumpen auf 4 Antriebsachsen

Geschwindigk.: 16 km/h (unbeladen)
10 km/h (beladen)

Der Hubtransporter ITH 135 dient als Trägerfahrzeug für Paletten mit sechs Achslinien zu je zwei Achsen je Achslinie. Dazu fährt das Trägerfahrzeug unter die Palette, diese wird hydraulisch an dem Fahrzeug arretiert. Danach wird zur Aufnahme des Schlackenkübels die Bordhydraulik mit der Kipppalette verbunden und das Ganze um circa 300 Millimeter angehoben. Dieses Fahrzeug wird im Stahlwerk Shlobin in der UdSSR eingesetzt.

Förderstrom durch Load-Sensing-Hydraulik an den momentanen Bedarf angepasst: Der Cat Radlader 972H im Modre-Steinbruch Terpetzen bei der Arbeit

CAT
L2

Iveco EuroFire 8/6

Typ:	Löschgruppenfahrzeug (LF 8/6)
Besatzung:	1/8 Personen
Radstand:	3200 Millimeter
Gewicht:	7,5 Tonnen

Motor: wassergekühlter 6-Zylinder-Dieselmotor, Heckantrieb

Hubraum:	3908 Kubikzentimeter
Leistung:	130 PS

Fahrgestell:	Magirus-Deutz-Iveco, Ulm
Fahrgestelltyp:	Eurofire-Chassis
Aufbau:	Magirus-Deutz-Iveco, Ulm
Aufbauart:	600-l-Wassertank, Feuerlöschkreiselpumpe FP 8/8, 8 bar

Das Iveco-Fahrzeug aus der Euro-Fire-Serie hat ein Gesamtgewicht von 7,5 Tonnen und ist mit dem 130 PS starken Sechszylinder-Diesel ausgerüstet. Als Beladung hat das Fahrzeug Pressluftatmer, Atemschutzmasken, Sprechfunk, Blechaufreißer, Druckschläuche, Suchscheinwerfer, eine Werkzeugkiste mit Bordwerkzeug und viele andere Geräte dabei. In einem weiteren Geräteraum ist die TS 8/8 untergebracht.

Iveco HLF 20/16 S

Typ:	Löschfahrzeug (HLF 20/16)
Besatzung:	1/8 Personen
Radstand:	4185 Millimeter
Gewicht:	bis 14 Tonnen

Motor: wassergekühlter 6-Zylinder-Dieselmotor

Hubraum:	5880 Kubikzentimeter
Leistung:	bis 279 PS

Fahrgestell:	Magirus-Deutz-Iveco, Ulm
Fahrgestelltyp:	140 E 25 oder 30 W
Aufbau:	Magirus-Deutz-Iveco, Ulm
Aufbauart:	AluFire-3-Aufbau, bis 3000 l Löschwasser, Schaumzumischanlage, Sonderlöschmittel, Aggregate, Seilwinde

Egal, ob Schnellangriff zur Brandbekämpfung oder Einsatz von hydraulischem Rettungsgerät nach Verkehrsunfällen, ob Anheben von Lasten oder Auspumpen vollgelaufener Keller – der HLF 20/16 S ist der Allrounder für alle Fälle. Das Iveco-Magirus-Feuerwehrfahrgestell mit Ganzstahl-Sicherheitskabine, tiefgezogenem Magirus-AluFire-3-Aufbau und variablem Innenraumausbausystem ist Garant dafür, dass Sie für jeden Einsatz bestens gerüstet sind.

Iveco Rüstwagen TLF 20/40

Typ: Rüstfahrzeug
Besatzung: 3 Personen
Radstand: 3910 Millimeter
Gewicht: bis 14,5 Tonnen

Motor: wassergekühlter 6-Zylinder-Dieselmotor, Allrad
Hubraum: 5880 Kubikzentimeter
Leistung: bis 279 PS

Fahrgestell: Magirus-Deutz-Iveco, Ulm
Fahrgestelltyp: 140 E 25 oder 30 W
Aufbau: Magirus-Deutz-Iveco, Ulm
Aufbauart: AluFire-3-Aufbau, Drehwände, teleskopierbare Auszüge, Containersysteme, große Dachkästen

Der Magirus-AluFire-3-Aufbau ist so konzipiert, dass eine maximale Nutzung des Stauraumvolumens sichergestellt ist. Drehwände, teleskopierbare Auszüge, Containersysteme sowie große Dachkästen gewährleisten, dass weder bei Normbeladung noch bei individuellen Zusatzbeladungen etwas im Wege steht. Der auf das Iveco-Allradfahrgestell ergonomisch abgestimmte Aufbau sorgt für ein ausgezeichnetes Fahrverhalten und eine sehr gute Entnahmehöhe der Ausrüstung.

Iveco TLF 16/25, TLF 16/30, HTLF

Typ:	Tanklöschfahrzeug (TLF 16/25)
Besatzung:	1/8 Personen
Radstand:	3915 Millimeter
Gewicht:	12 Tonnen

Motor: wassergekühlter 6-Zylinder-Dieselmotor, Allrad

Hubraum:	5880 Kubikzentimeter
Leistung:	bis 279 PS

Fahrgestell:	Magirus-Deutz-Iveco, Ulm
Fahrgestelltyp:	Eurofire-Chassis
Aufbau:	Magirus-Deutz-Iveco, Ulm
Aufbauart:	AluFire-3-Aufbau, bis 4000 l Löschmittel

Die Iveco-Magirus-Großserienkabine in Ganzstahltechnologie bietet viel Platz und Komfort. Das große Mittelfenster ermöglicht eine bessere Rundumsicht und sorgt für Helligkeit. Durch optimale Kopfhöhen und gute Beinfreiheit entsteht viel Bewegungsspielraum. Die sicheren und bequemen Atemschutzgerätehalterungen können in oder entgegen der Fahrtrichtung montiert werden.

Krupp AK701

Nicht gerade häufig waren Krupp-Fahrgestelle im Feuerwehrfahrzeugbau zu finden. Das lag hauptsächlich daran, dass Krupp in erster Linie schwere Fahrgestelle baute, die sich für die Standard-Gewichtsklassen im Feuerwehrfahrzeugbau nicht eigneten. Anders verhielt es sich bei den weniger stark an diese Gewichtsvorgaben gebundenen Sonderfahrzeugen. So gab die Berufsfeuerwehr Essen 1963 einen GW 3 bei Metz in Auftrag, der auf einem Krupp-Allradkipperfahrgestell des Typs AK 701 entstehen sollte. Im Zuge einer Ausrüstungserneuerung zu Beginn der 80er-Jahre wurde der AK701 außer Dienst gestellt.

Typ:	Gerätewagen (GW 3)
Besatzung:	1/2 Personen
Radstand:	4250 Millimeter
Gewicht:	13,8 Tonnen

Motor: 4-Zylinder-Dieselmotor mit Roots-Gebläse, 150 PS

Hubraum:	4750 Kubikzentimeter

MAN TGL 12.180-250 4x2

Typ: Tanklöschfahrzeug
Besatzung: bis 7 Personen
Radstand: bis 3900 Millimeter
Gewicht: bis 12 Tonnen

Motor: wassergekühlter MAN-4-Zylinder-Dieselmotor
Hubraum: 4600 Kubikzentimeter
Leistung: bis 220 PS

Fahrgestell: MAN Trucknology, München
Fahrgestelltyp: Eurofire-Chassis
Aufbau: Ziegler, Giengen
Aufbauart: AluFire-3-Aufbau, bis 3000 l Löschmittel

Kompakt in den Abmessungen, groß im Einsatz. Ausgerüstet mit fest eingebauter Pumpe und Schnellangriffseinrichtung und/oder Tragkraftspritze werden die Fahrzeuge zur flexiblen, effektiven Brandbekämpfung eingesetzt. Der MAN TGL bringt dafür die richtige Power und Robustheit mit. Besonders stark: sein geringes Eigengewicht und die hohe Nutzlastreserve. Eine Größe für sich: Die MAN-Doppelkabine bietet komfortabel Platz für bis zu sieben Personen und viel Stauraum für die Ausrüstung.

MAN TL 10.225 LAEC-LF

Typ:	Löschgruppenfahrzeug
Besatzung:	1/2 Personen
Radstand:	3560 Millimeter
Gewicht:	bis 10 Tonnen

Motor: wassergekühlter MAN-6-Zylinder-Turbodieselmotor, Allrad

Hubraum:	6871 Kubikzentimeter
Leistung:	220 PS

Fahrgestell:	MAN Trucknology, München
Fahrgestelltyp:	Eurofire-Chassis
Aufbau:	Ziegler, Giengen

Das Löschgruppenfahrzeug LF 10/6 ist ein Löschfahrzeug mit einer vom Fahrzeugmotor angetriebenen Feuerlöschkreiselpumpe, einer Schnellangriffseinrichtung, einem 600-Liter-Löschwasserbehälter und einer feuerwehrtechnischen Beladung. Es dient der Brandbekämpfung, dem Fördern von Wasser und der Durchführung technischer Hilfeleistungen. Die Besatzung besteht aus einer Gruppe und bildet eine selbstständige taktische Einheit. Es hat Allradantrieb, besitzt einen fest eingebauten LIchtmast und eine Class-A-Foam-Schaumzumischung.

MAN 13.280 HLF 20/16

Ist Feuerwehrrot in Sicht, ist Hilfe im Anmarsch. Die Hilfeleistungs-Löschgruppen-Fahrzeuge der Gewichtsklasse von 7,5 bis 18 Tonnen sind Typen, die durchs Feuer gehen. Mit 600 bis 3000 Litern Löschmittel an Bord und einer fest eingebauten Heckpumpe nehmen es MAN TGL und TGM auch mit großen Bränden erfolgreich auf.

Typ:	Löschgruppenfahrzeug
Radstand:	3950 Millimeter

Motor: wassergekühlter MAN-6-Zylinder-Turbodieselmotor, 280 PS

MAN 14.224 LA-LF

Typ: Löschgruppenfahrzeug
Besatzung: 1/8 Personen
Radstand: 3650 Millimeter
Gewicht: 13,5 Tonnen

Motor: wassergekühlter MAN-6-Zylinder-Turbodieselmotor, Allrad
Hubraum: 6871 Kubikzentimeter
Leistung: 224 PS bei 2400/min

Fahrgestell: MAN Trucknology, München
Fahrgestelltyp: LA-LF-Chassis
Aufbau: Ziegler, Giengen

Bei dem vorgestellten Fahrzeug LF 16/12 handelt es sich um eines der „leichten Baureihe" von MAN. Der Aufbau stammt von der Firma Ziegler und ist als tiefgezogener Mannschafts- und Geräteaufbau ausgeführt. Dadurch können schwere Geräte in einer günstigen Entnahmehöhe gelagert werden. Das Löschgruppenfahrzeug LF 16/12 verfügt über eine Feuerlöschkreiselpumpe FPN 10/2000 mit einer Förderleistung von 2000 Litern in der Minute bei 10 bar.

Mercedes-Benz Atego LF 20

Typ: Löschgruppenfahrzeug
Radstand: 3560 Millimeter
Motor: wassergekühlter 4-Zylinder-Turbodieselmotor, 218 PS

Zu den Klassikern unter den Feuerwehrfahrzeugen gehören die Löschfahrzeuge von Mercedes-Benz. Mit ihrer robusten Technik, den wartungsarmen Motoren und einer langen Lebensdauer bieten sie beste Voraussetzungen, um viele Jahre schnell und zuverlässig Hilfe zu leisten.

Daimler-Benz Unimog 404 S

Typ:	Tanklöschfahrzeug
Besatzung:	1/2 Personen
Länge:	5100 Millimeter
Breite:	2120 Millimeter
Höhe:	2300 Millimeter
Radstand:	2900 Millimeter
Gewicht:	2,6 Tonnen (leer)

Motor: wassergekühlter M130, 6-Zylinder-Motor, Allrad

Hubraum:	2748 Kubikzentimeter
Leistung:	110 PS

Fahrgestell:	Mercedes-Benz 404, Gaggenau

Im Katastrophenschutz sollten die Tanklöschfahrzeuge ab den 50er-Jahren geländegängig und wendig sein. Für diesen Einsatzbereich war der Daimler-Benz Unimog 404 S, der ab 1955 gebaut wurde, bestens geeignet. Endlich stand ein Fahrgestell zur Verfügung, das aufgrund des längeren Radstandes genügend Platz für größere Kofferaufbauten bot. Die Zusammensetzung der Feuerwehrausstattung richtete sich nach den Anforderungen der Feuerwehr, die den Wagen bestellte.
Ab 1956 bis Mitte der 60er-Jahre beschaffte der Bund für die Feuerwehrbereitschaften im Katastrophenschutz etwa 1800 TLF8-Tanklöschfahrzeuge auf der Unimog-S-Basis. Die Aufbauten mit dem 800-Liter-Löschtank fertigten vor allem die Firmen Magirus und Voll. Die FP-8/8-Pumpe mit einer Leistung von 1600 Litern in der Minute kam von der Firma Ziegler. Viele dieser Fahrzeuge wurden nach ihrer Ausmusterung durch den Bund von Städten und Gemeinden, auch im Ausland, übernommen.

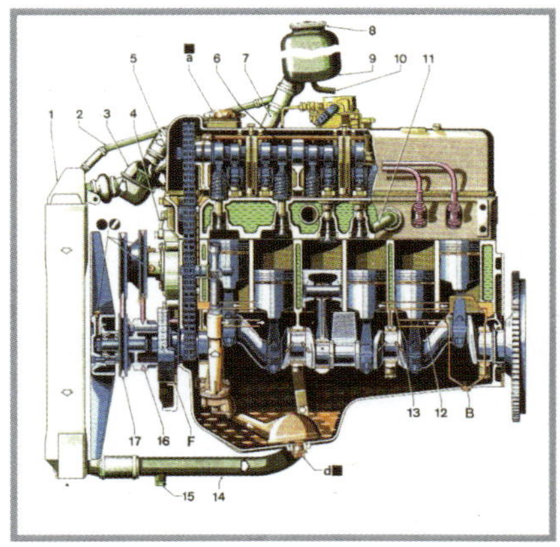

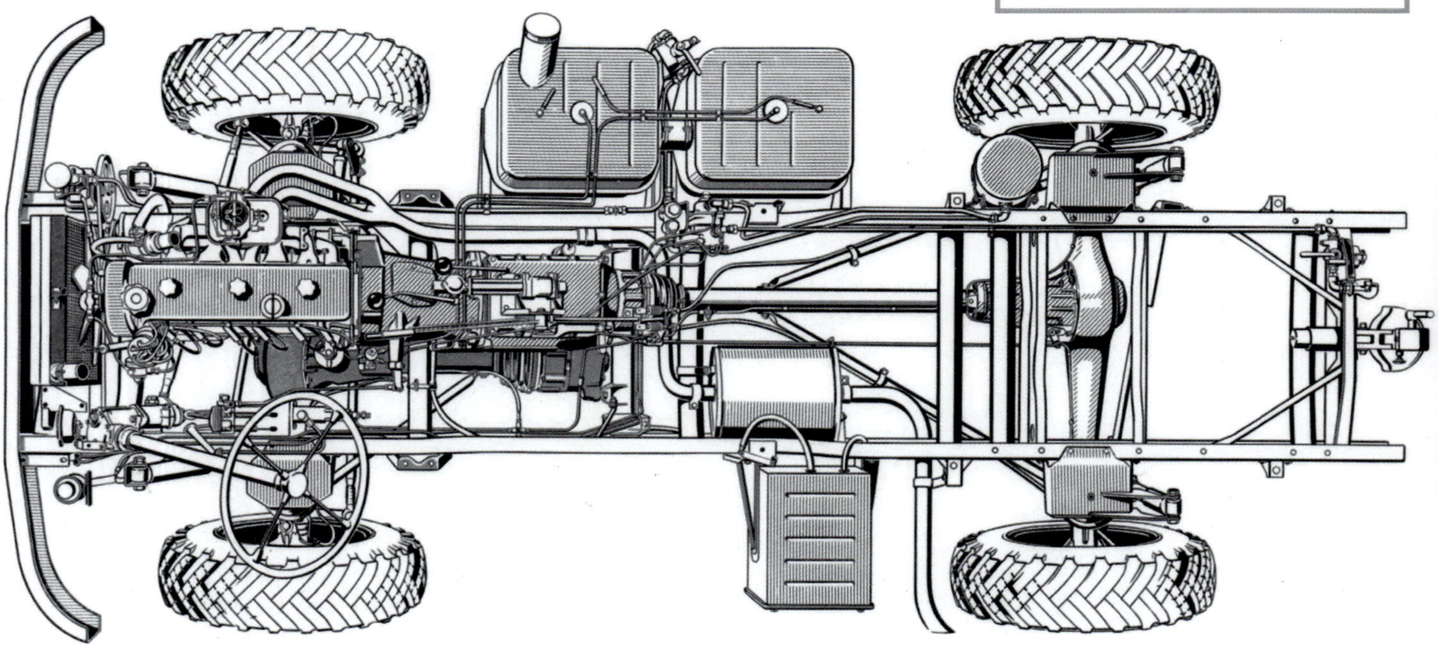

Mercedes-Benz Zetros ZLF 30/90-5

Typ:	Tanklöschfahrzeug
Länge:	10.000 Millimeter
Radstand:	4750 + 1450 Millimeter
Breite:	2500 Millimeter
Höhe:	3300 Millimeter
Gewicht:	25 Tonnen

Motor: wassergekühlter OM 926 LA, 6-Zylinder-Turbodieselmotor mit Ladeluftkühlung, Allrad

Hubraum:	7200 Kubikzentimeter
Leistung:	326 PS

Der Zetros feierte auf der Messe „Interschutz 2010“ seine Premiere als Tanklöschfahrzeug TLF 30/90-5. Der Zetros ist ein Haubenfahrzeug, das Mercedes-Benz für hohe Nutzlast in schwerem Gelände konzipierte, und das dabei gleichzeitig straßentauglich ist. Der Zetros setzt dort an, wo der schwerste Unimog aufhört. Ursprünglich entwickelte Mercedes-Benz den Zetros für das Bau- und Energiewesen als Lastenträger. Weiterhin verfügt das Fahrzeug über eine Schnellangriffseinrichtung mit 50 Metern formstabilem Druckschlauch S 28. Eine Selbstschutzanlage komplettiert die Beladung des TLF 30/90-5. Dazu gehören z.B. Mittel- und Schwerschaumrohr, Schläuche, Werkzeug etc. Das Fahrerhaus des Zetros verfügt über eine Dachluke, über die ein Feuerwehrmann den auf dem Aufbau montierten Dachwerfer erreichen kann. Ein Feuerwehrmann kann die Motorhaube auch begehen, dazu verfügt das Fahrzeug über eine rutschhemmende Beschichtung.

Der Zetros 2733 A – „A“ steht für Allrad – hat drei einzelbereifte, angetriebene Achsen mit Differenzialsperren. Der Antrieb erfolgt durch einen Reihen-Sechszylinder-Turbodiesel (Typ OM 926 LA) mit 240 kW/326 PS und Ladeluftkühlung über das hydraulisch geschaltete Neun-Gang-Getriebe G 131 von Mercedes-Benz. Damit erreicht der Zetros bis zu 89 Kilometer in der Stunde. Ein spezieller Kriechgang erlaubt dabei in schwerem Gelände ein optimales Vorankommen. Der Zetros 6 x 6 fährt bis zu einem maximalen Böschungswinkel von 34 Grad vorne und 32 Grad hinten.

Das Fahrzeug verfügt über eine zulässige Gesamtmasse von 25 Tonnen, technisch sind 27 Tonnen möglich. Der Radstand beträgt 4750 + 1450 Millimeter. Dies führt zu einem Wendekreis von 23.500 Millimetern. Der Standard-Pritschenaufbau erreicht 6200 Millimeter Länge. Die zulässige Achslast für die Vorderachse beträgt 7500 Kilogramm, für jede Hinterachse 9000 Kilogramm.

Mercedes-Benz Unimog U20

Mit seinem kurzen Radstand ist der U 20 besonders wendig. Und mit nur 2,9 Metern Gesamthöhe und einer Fahrzeugbreite von nur 2,15 Metern kommt er fast überall durch. Permanenter Allradantrieb, Portalachsen und Schraubenfedern sorgen für maximale Traktion, herausragende Bodenfreiheit und größtmögliche Stabilität. Der wendige Unimog U 20 eignet sich für den Löschangriff in eng bebauten Altstadtstraßen ebenso hervorragend wie für die Brandbekämpfung abseits befestigter Straßen. Der Unimog U 20 verfügt über alle typischen Unimog-Merkmale und bewältigt damit auch Einsätze auf schwierigem Terrain. Permanenter Allradantrieb sowie Differenzialsperren an der Vorder- und Hinterachse sorgen für maximale Traktion. Durch seine Portalachsen ist der U 20 zum einen sehr schmal gebaut und verfügt zum anderen über eine hohe Bodenfreiheit. Der kurze Radstand von 2,70 Metern und kurze Überhänge sorgen für große Böschungs- und Rampenwinkel, die das Überwinden von Hindernissen, Gräben oder Böschungen ermöglichen. Das Telligent-Schaltgetriebe mit bis zu 16 Vorwärts- und 14 Rückwärtsgängen erhöht zudem seine gute Manövrierfähigkeit selbst mit schweren An- und Aufbaugeräten.

Ein Zusatznutzen des Unimog U 20 ist seine leistungsfähige Hydraulikanlage. Das optionale Hydraulikpaket besteht aus zwei voneinander unabhängigen Hydraulikkreisen mit 24 bzw. 48 l/min Fördervolumen sowie einem Arbeitsdruck von 200 bzw. 240 bar.

Typ:	Tanklöschfahrzeug
Länge:	3600 Millimeter
Radstand:	2700 Millimeter
Breite:	2150 Millimeter
Höhe:	2900 Millimeter
Gewicht:	7,5–10 Tonnen (leer)
Nutzlast:	4,7 Tonnen

Motor: wassergekühlter OM 904 LA, 4-Zylinder-Turbodieselmotor mit Ladeluftkühlung

Hubraum:	4250 Kubikzentimeter
Leistung:	150 PS bei 2200/min
Getriebe:	16 Vorwärts-, 14 Rückwärtsgänge, Allradantrieb

Mercedes-Benz Lo 3750

Typ: Löschfahrzeug
Besatzung: 1/2 Personen
Gewicht: 10 Tonnen
Nutzlast: 4,5 Tonnen

Motor: wassergekühlter Daimler-Benz, 6-Zylinder-Dieselmotor
Hubraum: 7274 Kubikzentimeter
Leistung: 101 PS

Fahrgestell: Mercedes-Benz LS 3750

1938 erließ das Innenministerium das Reichsfeuerlöschgesetz mit der Zielsetzung einer weiteren Vereinfachung der Feuerwehrfahrzeuge. Auf die Begrenzung der Nutzfahrzeugtypen nach dem sogenannten Schell-Plan im März 1939 folgte ein Jahr später ein Erlass des Reichsinnenministers zur „Typenbegrenzung im Feuerlöschfahrzeugbau". Insgesamt 23 Fahrzeugtypen, unterteilt in drei Nutzlastklassen von 1,5, 3 und 4,5 Tonnen, waren in dem Erlass aufgeführt. Bei der Entwicklung der Fahrzeuge waren nun führende Unternehmen wie Daimler-Benz, Magirus-Deutz und Metz zur Zusammenarbeit gezwungen. Einige Fahrzeuge gelangten auch in das „befreundete" Ausland.

Mercedes-Benz L 1500 S

Typ: Löschgruppenfahrzeug
Besatzung: 1/8 Personen
Radstand: 3200 Millimeter
Nutzlast: 2,2 Tonnen

Motor: wassergekühlter Daimler-Benz Typ M 159, 6-Zylinder-Ottomotor, Hinterradantrieb
Hubraum: 2594 Kubikzentimeter
Leistung: 60 PS

Fahrgestell: Mercedes-Benz L 1500

In großen Stückzahlen wurde das leichte Löschgruppenfahrzeug (LLG) der 1,5-t-Gewichtsklasse vorzugsweise auf das L1500-Fahrgestell gebaut. Es war vor allem für die Wehren kleinerer Gemeinden vorgesehen. Dieses Löschfahrzeug war für eine aus neun Mann bestehende Löschgruppe aufgebaut. Die zuverlässigen Fahrzeuge waren auch bis weit nach dem letzten Krieg im aktiven Dienst. Die Kosten für so ein Fahrzeug beliefen sich einschließlich der Bereifung und der feuerwehrtechnischen Ausrüstung auf rund 11.500 Reichsmark.

Saurer 2 DM

Typ: Tanklöschfahrzeug
Besatzung: 1/8 Personen
Länge: 7420 Millimeter
Gewicht: 12 Tonnen

Motor: wassergekühlter Saurer Typ CT 3 D, 6-Zylinder-Dieselmotor, Allradantrieb
Hubraum: 8100 Kubikzentimeter
Leistung: 135 PS bei 2200/min

Fahrgestell: Saurer-2-DM-Chassis

In der Schweiz waren aufgrund der teils schwierigen Verkehrswege Allradfahrzeuge sehr beliebt. Daher hatte auch diese Saurer-2-DM-Feuerwehr einen permanenten Allradantrieb mit servopneumatisch unterstütztem Vier-Gang-Getriebe, das für Geländefahrten nochmals untersetzt war. Hydraulisch zuschaltbare Differenzialsperren vorn und hinten erhöhten die Geländetauglichkeit zusätzlich. Zu den groß dimensionierten Trommelbremsen konnte eine Staudruckmotorbremse die Geschwindigkeit rasch reduzieren. Die Höchstgeschwindigkeit lag zwischen 82 und 86 Stundenkilometern, der Verbrauch belief sich auf 35 Liter Diesel auf 100 Kilometer.

Steyr 380

Typ: Tanklöschfahrzeug
Besatzung: 1/8 Personen
Radstand: 4200 Millimeter
Nutzlast: 4,5 Tonnen

Motor: wassergekühlter Steyr-WD-413-4-Zylinder-Dieselmotor
Hubraum: 5322 Kubikzentimeter
Leistung: 88 PS

Fahrgestell: Steyr-380-Chassis

Mit dem Beginn der inländischen Fertigung von Einspritzpumpen bei Friedmann & Maier in Hallein (nach Patenten von Prof. Pischinger) im Jahr 1947 konnten bei Steyr die ersten Dieselmotoren gebaut werden. Allerdings zunächst nur der Motor Typ WD 213, der 2-Zylinder für den ebenso dringend benötigten Traktor Steyr 180. Erst 1948 konnten genügend Einspritzpumpen gebaut werden, um auch den 4-Zylinder WD 413 für den Lkw in Serie gehen zu lassen. Dieser Motor kam auch beim Steyr 380 zum Einbau.

Steyr Puch Pinzgauer 710 K

Typ: Tanklöschfahrzeug
Besatzung: 1/8 Personen
Länge: 4175 Millimeter
Radstand: 4200 Millimeter
Breite: 1760 Millimeter
Höhe: 2045 Millimeter
Gewicht: 1,95–2,1 Tonnen

Motor: luftgekühlter Steyr-4-Zylinder-Motor
Hubraum: 2499 Kubikzentimeter
Leistung: 87 PS bei 4000/min
Getriebe: 5 Vorwärtsgänge, 1 Rückwärtsgang

Geschwindigk.: 110 km/h

Nachdem der „Haflinger" beim österreichischen Bundesheer schon einige Zeit seinen Dienst versah, wurde nach einer Nachfolge für den Dodge gesucht. Daher entwickelte ÖAF den „Husar" und Steyr Daimler Puch im Jahr 1971 den neuen, mit einem luftgekühlten Vier-Zylinder-Benzinmotor versehenen Eintonner „Pinzgauer". Im Februar 2000 endete die Fertigung des „Pinzgauers" und damit eine fast 30 Jahre dauernde Erfolgsgeschichte.

Unic ZU 66 A/N

Typ: Tanklöschfahrzeug
Besatzung: 1/5 Personen
Länge: 7250 Millimeter
Gewicht: 12 Tonnen

Motor: wassergekühlter 4-Zylinder-Dieselmotor
Hubraum: 6560 Kubikzentimeter
Leistung: 110 PS

Aufbau: Metz, Karlsruhe

Die Unic-Fahrzeuge waren im Jahr 1957, als das Saarland an die Bundesrepublik Deutschland rückgegliedert wurde, bei den damaligen Stützpunktfeuerwehren geblieben. Im südlichen Teil des ehemaligen Landkreises Homburg wurde eines dieser Fahrzeuge in Breitfurt stationiert. Die Geschichte von Unic begann 1892. Ein gewisser Georges Richard begann neben der Fabrikation von Fahrrädern auch Automobile herzustellen. 1904 führte er den Markennamen Unic ein. Ab den 20er-Jahren folgte dann die Produktion von Lkws mit drei Tonnen Nutzlast.

E-One Cyclone

Typ:	Drehleiter
Besatzung:	7 Personen
Radstand:	5600 Millimeter
Gewicht:	22,6 Tonnen

Motor: wassergekühlter Detroit-V6-Zylinder-Dieselmotor

Hubraum:	7740 Kubikzentimeter
Leistung:	348 PS bei 2100/min
Fahrgestell:	Steyr-380-Chassis

Zum Ende der 30er-Jahre begannen die Feuerwehren in den USA, ihre Fahrzeuge für verschiedene Verwendungszwecke auszurüsten. So entstanden Löschfahrzeuge, die außer als Drehleiter (oder Gelenkmast) mit einer fest eingebauten Pumpe, Schlauchvorrat, Wassertank und tragbaren Leitern bestückt waren. Des fünffachen Verwendungszweckes wegen wurden diese Fahrzeuge als „Quintuples" oder kurz „Quints" bezeichnet. Eines dieser Fahrzeuge ist das E-One-Feuerwehrfahrzeug aus dem Jahr 1996.

Magirus Typ 3C

Typ:	Automobilspritze
Besatzung:	1/11 Personen
Gewicht:	6,5 Tonnen

Motor: wassergekühlter Magirus-4-Zylinder-Ottomotor

Hubraum:	10.306 Kubikzentimeter
Leistung:	70 PS
Fahrgestell:	3 Tonnen 3 CL
Aufbau:	Feuerlöschpumpe Typ Z III, Pumpenleistung 2000 l/min

Die Magirus-Automobilspritze auf den Drei-Tonnen-3CL- oder -3CS-Fahrgestellen gehörte zu den typischen städtischen Löschzügen der 20er-Jahre. Aber nicht nur die Fahrgestelle kamen von Magirus aus Ulm, sondern auch die kompletten Aufbauten wurden in Ulm gefertigt. Der Fahrersitz, der vollständig geschlossen und in „Torpedo"-Form gehalten war, hatte auf der linken Seite eine Einstiegstür. Dieser auch als „Stadtspritze" bekannte Magirus-Feuerwehrtyp besaß eine Tragkraft zwischen 4500 bis 6500 Kilogramm. Der starke Vierzylinder-Magirus-Motor erreichte eine Leistung von 70 PS. Die im Heck eingebaute dreistufige Magirus-Hochdruck-Zentrifugal-Pumpe vom Typ Z III leistete etwa 2000 Liter in der Minute bei einer gesamtmanometrischen Förderhöhe von 80 Metern.

Magirus M 37

Typ: Kraftfahrdrehleiter
Gewicht: 12 Tonnen

Motor: wassergekühlter 6-Zylinder-Diesel-Reihenmotor Magirus S 105
Hubraum: 7412 Kubikzentimeter
Leistung: 110 PS bei 2000/min
Geschwindigk.: bis 60 km/h

Leiterhöhe: 26 Meter
Fahrgestell: Magirus M 45 oder M 50
Kosten: ca. 47.000 Reichsmark

Schon vor dem Zweiten Weltkrieg nahm die Firma Magirus in Ulm eine Spitzenstellung beim Bau von Brandschutzfahrzeugen ein. Das Fahrzeug mit den neuen, leicht schrägen Kühlerblenden und der abgerundeten Motorhaube wurde ab 1938 gebaut. Für diese schweren Drehleiterfahrzeuge standen die Fahrgestelle M 45 und M 50 zur Verfügung, die bis zu zwölf Tonnen Fahrzeuggewicht tragen konnten.

Magirus DL 30h

Typ: Kraftfahrdrehleiter
Länge: 9300 Millimeter
Radstand: 4800 Millimeter
Höhe: 2950 Millimeter
Gewicht: 8,5 Tonnen (leer)

Motor: Magirus-Deutz-F6L-614-6-Zylinder-Dieselmotor
Leistung: 170 PS

Leiterhöhe: 30 Meter
Fahrgestell: Schwerlastchassis S 6500

Der Zweite Weltkrieg hatte Deutschland in ein Trümmerfeld verwandelt, und so bestand nach dem Krieg auf dem Sektor der Feuerwehrdrehleitern ein großer Nachholbedarf, da der Bau von Leiterfahrzeugen während des Krieges zugunsten von Löschfahrzeugen weitgehendst eingeschränkt war. Lediglich auf überalterte Vorkriegsmodelle konnte bei der Feuerwehr zurückgegriffen werden.
In den ersten Nachkriegsjahren wurden von Magirus und Metz vorwiegend Drehleitern mit einer Höhe von 25 Metern gebaut. Später folgten Drehleitern mit 30 Metern. Obwohl Magirus 1953 eine Leiter mit hydraulischem Antrieb vorstellte, die das Vorkriegsleitergetriebe K 30 ablöste, entschieden sich viele Wehren für den mechanischen Antrieb der Leiter.

Iveco DLK 18-12 CS

Typ: Drehleiter
Besatzung: 1/2 Personen
Gewicht: 14 Tonnen

Motor: DC-gesteuerter wassergekühlter 6-Zylinder-Viertakt-Diesel-Reihenmotor mit Hochdruck-Direkt-Einspritzung (Common Rail)
Leistung: 185 PS
Getriebe: 6-Gang-Schaltgetriebe

Aufbau: AluFire-System
Rettungshöhe: 26 Meter
Arbeitshöhe: 28 Meter

Die-Iveco Drehleiter DLK 18-12 ist ein modernes Hubrettungsgerät. Mit ihrem Korb können zwei Personen aus einer Höhe von bis zu 26 Metern gerettet werden. Zusätzlich ist sie mit einem Wasserwerfer (Monitor) und einer Krankentragenlagerung ausgestattet, die bei Bedarf am Korb angebracht werden können. Alle Bewegungen der Drehleiter werden sofort im Ansatz vom Rechner erkannt und durch vorausberechnete Rechenmodelle in Sekundenbruchteilen durch hydraulisches Gegensteuern gedämpft. Dies gilt auch bei Windböen oder einsatzbedingten Schwankungen (z.B. Person springt in den Korb).

Iveco DLK 23-12 n.B. CS

Typ: Drehleiter
Länge: 10.000 Millimeter
Radstand: 4185 Millimeter
Breite: 2400 Millimeter
Höhe: 2960 Millimeter
Gewicht: 15 Tonnen

Motor: wassergekühlter 6-Zylinder-Diesel-Reihenmotor mit Direkt-Einspritzung, Abgasturbolader und Ladeluftkühlung
Leistung: 202 PS

Fahrgestell: Iveco Magirus 150 E 28

Ob zur Menschenrettung, Brandbekämpfung oder technischen Hilfeleistung – die DLK 23-12 n.B. CS ist nicht nur für die komplette Bandbreite der Einsatzmöglichkeiten von Drehleitern hervorragend geeignet, sondern leistet bei jedem Einsatz überzeugende Arbeit. Der modifizierte Leiterpark eignet sich hervorragend zum Kranbetrieb bis 4000 Kilogramm. Der Rettungskorb ist während des Kranbetriebes in Ruhestellung geklappt.

Iveco DLK 37 CS

Typ:	Drehleiter
Länge:	9700 Millimeter
Radstand:	4315 Millimeter
Breite:	2460 Millimeter
Höhe:	3400 Millimeter
Gewicht:	16 Tonnen

Motor: Iveco Tector, 6-Zylinder
Leistung: 299 PS

Fahrgestell: EuroCargo 160 E 30

Die Berufsfeuerwehr Innsbruck stellte 2003 als erste Feuerwehr weltweit eine Iveco Magirus DLK 37 CS in Dienst. Die auf einem Econic-Fahrgestell mit separat lenkbarer Hinterachse aufgebaute Leiter verfügt über einen fünfteiligen Leitersatz mit einer Rettungshöhe von 37 Metern. Die Leiter ist mit der einzigartigen Magirus-Leitertechnologie „Computer-Stabilisierung" ausgestattet, welche höchste Sicherheit für den Bediener und die zu Rettenden garantiert. Der Drei-Mann-Rettungskorb mit Monitor und Krankentragenhalterung ermöglicht nicht nur effiziente Feuerwehreinsätze vielfältiger Art, sondern natürlich auch eine Fahrt zum Innsbrucker Wahrzeichen – dem „Goldenen Dachl".

Iveco DLK 55 CS

Typ:	Drehleiter
Länge:	12.500 Millimeter
Radstand:	4800/1380 Millimeter
Breite:	2500 Millimeter
Höhe:	3900 Millimeter
Gewicht:	26 Tonnen

Motor: Iveco Cursor 6, 6-Zylinder
Leistung: 360 PS

Fahrgestell: Iveco Trakker AD 260 T 36

Eine Drehleiter mit 55 Metern Arbeitshöhe ist ein Rettungsgerät, das allerhöchsten Anforderungen gerecht werden muss. Für den sicheren Weg nach oben sind sowohl die Abstütztechnologie als auch die Stabilität und Statik des Leitersatzes von größter Bedeutung. Die DLK 55 CS verfügt neben dem Zwei-Personen-Fahrstuhl auch über einen ständig montierten Rettungskorb in Stülpausführung, der für drei Personen zugelassen ist.

IFA DL 25h

Typ: Kraftfahrdrehleiter
Besatzung: 1/2 Personen
Länge: 7700 Millimeter
Breite: 2400 Millimeter
Höhe: 3000 Millimeter
Gewicht: 8,1 Tonnen

Motor: wassergekühlter 4-Zylinder-Dieselmotor
Hubraum: 6024 Kubikzentimeter
Leistung: 90 PS bei 2200/min

Fahrgestell: IFA S4000-1, VEB Kraftfahrzeugwerk „Ernst Grube", Werdau

Nach dem Krieg mussten Drehleitern in der Deutschen Demokratischen Republik völlig neu entwickelt werden, da die deutschen Hersteller Metz und Magirus ihren Sitz in Westdeutschland hatten. Erst ab 1963 konnte das mit dieser Aufgabe betraute VEB Feuerlöschgerätewerk Luckenwalde diese DL 25 mit hydraulischem Antrieb zur Verfügung stellen. Aufgebaut war das Drehleiterfahrzeug auf einem S-4000-1-Chassis. Damit stand ein durchaus solides Fahrzeug für den Ernstfall zum Einsatz bereit.

MAN TGS 26.360

Dafür, dass Einsätze kein Himmelsfahrtskommando werden, sorgen schon die zuverlässigen MAN-Fahrgestelle. Beim Löscheinsatz und beim Retten von Menschen und Gütern stehen sie an vorderster Front. Wenn alle Fluchtwege durch Feuer und Qualm abgeschnitten sind, ist die Drehleiter der rettende Ausweg. Mit einer Rettungshöhe von 50 Metern und mehr reichen sie noch dorthin, wo sonst keine Hilfe in Sicht wäre.

Typ: Drehleiter
Besatzung: 1/2 Personen

Motor: wassergekühlter MAN-D2066-6-Zylinder-Dieselmotor
Hubraum: 10.520 Kubikzentimeter
Leistung: 441 PS bei 1900/min

Mercedes-Benz Econic

Typ: Drehleiter
Radstand: bis 5100 Millimeter
Gewicht: 18 Tonnen

Motor: wassergekühlter 6-Zylinder-Dieselmotor
Hubraum: 7200 Kubikzentimeter
Leistung: 286 PS
Drehmoment: 1120 Nm
Getriebe: 6-Gang-Automatik

Für zügiges Beschleunigen und schnellen Antrieb sorgen im Feuerwehr-Econic zuverlässige, durchzugsstarke Sechszylinder-Motoren, die die Retter mit bis zu 210 kW zum Einsatzort bringen. Dabei sorgt das serienmäßige, einsatzorientierte Automatikgetriebe für eine optimale Kraftübertragung und unterstützt auch im Eifer des Gefechts noch eine sichere, stressfreie Fahrweise. Mit nur rund drei Metern Gesamthöhe bietet der Econic optimale Voraussetzungen dafür, auch bei niedrigen Unterführungen direkt und ohne Zeitverlust zum Einsatzort zu kommen.

Seagrave Marauder II

Typ: Drehleiter
Besatzung: 1/7 Personen

Motor: wassergekühlter 6-Zylinder-Cat-Dieselmotor Typ C13, Hinterradantrieb
Hubraum: 12.500 Kubikzentimeter
Leistung: 525 PS bei 2500/min

Fahrgestell: Seagrave, Clintonville
Aufbau: 30 Meter Leiterpark, Monitor mit einer Leistung von 3785 l/min

Die in Clintonville ansässige amerikanische Firma Seagrave hat eine lange Tradition im Bau von Feuerwehrautos. Die im Bild gezeigte Seagrave Marauder II Ladder 200 wird seit 2008 von der McKinley Fire Company in Abington, Pennsylvania, eingesetzt. Die „Ladder 200" ersetzte die aus dem Jahr 2001 stammende „E-One"-75-Feet-Drehleiter, die nach Wildwood Crest, New York, verkauft wurde.

Mercedes-Benz LPKo 331/46

In der zweiten Hälfte der 30er-Jahre hatten Magirus und Metz zwar sogenannte Rüstkraftwagen mit heckseitig angeordneten, faltbaren 4,5-Tonnen-Krananlagen sowie Pionierwagen entwickelt, ihre Verbreitung blieb aber auf wenige große Berufsfeuerwehren beschränkt. Nach dem Krieg nahmen beide Feuerwehrausrüster den Bau solcher Fahrzeuge wieder auf. Diese technisch optimierten Modelle verfügten über Kräne mit sieben, später zehn Tonnen Tragkraft, deren Ausleger nunmehr um 360 Grad gedreht werden konnten. Auch für die Berufsfeuerwehr Krefeld wurde die Beschaffung eines solchen Spezialfahrzeugs unumgänglich. Der für die Berufsfeuerwehr erstellte RKW 10 entsprach den auf unterschiedlichen Fahrgestellen von Metz gebauten Ausführungen, wobei die Einbauaggregate verbessert worden waren. Die für Krefeld auf einem Frontlenkerfahrgestell gewählte Bauvariante blieb jedoch ein Einzelstück; alle späteren Modelle wurden auf schwere Haubenfahrgestelle gesetzt. Allerdings war in den 70er-Jahren die Leistung der Krananlage bei weiter gestiegenen Lasten an die Grenze ihrer Möglichkeiten gestoßen, sodass der Ersatz des Fahrzeugs durch einen zeitgemäßeren Teleskopkran nötig wurde.

Typ:	Rüstkranwagen
Besatzung:	2 Personen
Radstand:	4600 Millimeter
Gewicht:	15,3 Tonnen

Motor: wassergekühlter 6-Zylinder-Dieselmotor

Hubraum:	10.810 Kubikzentimeter
Leistung:	171 PS bei 2200/min
Fahrgestell:	Mercedes-Benz LPKo 331/46
Aufbau:	Metz, Kalsruhe

Magirus-Deutz KW 12

Typ:	Kranwagen
Besatzung:	1/2 Personen
Radstand:	3760 + 1300 Millimeter
Gewicht:	14 Tonnen

Motor: luftgekühlter V6-Zylinder-Dieselmotor

Hubraum:	9500 Kubikzentimeter
Leistung:	150 PS bei 2300/min

Fahrgestell:	Magirus Saturn 150 L-Chassis
Aufbau:	Kranaufbau mit 12 Tonnen Hubkraft

In den 1950er-Jahren wurden für Bergeeinsätze leistungsfähige Kranwagen dringend benötigt. Als Erster reagierte der Ulmer Hersteller Magirus auf diese von den Feuerwehren gestellten Anforderungen und präsentierte 1957 den Kranwagen KW 15 mit hydraulischem Antrieb aller Kranbewegungen. Später folgte der Kranwagen 16.

Anfang 1962 fasste die Leitung der Magirus-Brandschutztechnik in Ulm den Entschluss, dem Standard-Feuerwehr-Kranwagen eine leichtere Variante zur Seite zu stellen. Als Fahrgestell wählte man das Chassis des hauptsächlich für Betonmischer-Aufbauten verwendeten Magirus-Dreiachsers Saturn 150 L mit zwei angetriebenen Hinterachsen und 150 PS Motorleistung. Unter Verwendung wesentlicher Bauteile des KW 16 wurde die hydraulische Krananlage für eine maximale Hubkraft von zwölf Tonnen bei vierstängiger Seilführung ausgelegt. Mit dem auf 2,7 Meter ausgeschobenen Hilfsausleger betrug die Tragfähigkeit noch sechs Tonnen. Das neue Fahrzeug glich äußerlich – bis auf die Vorbauseilwinde und vor allem die wesentlich kleiner dimensionierte Motorhaube – dem damaligen KW 16. 1964 nahm die Berliner Feuerwehr das Fahrzeug in ihren Bestand auf.

Mercedes-Benz Actros 1831

Seit Mai 1999 befindet sich bei der Berufsfeuerwehr Köln ein neuer Einsatzleitwagen ELW 3 in Sattelschlepper-Bauart im Dienst. Seine Basis bildet ein zweiachsiger, in Niederrahmenkonstruktion ausgeführter Auflieger mit luftgefederter zwangsgelenkter Tandem-Hinterachse. Den Aufbau erstellte die Hamburger Firma ATT, während der Innenausbau von der Firma Binz Ambulance- und Umwelttechnik in Ilmenau/Thüringen vorgenommen wurde. Die besondere Neuheit an diesem Auflieger ist die Möglichkeit, seinen hinteren Teil auf der rechten Seite auf eine Gesamtbreite von 4,50 Metern hydraulisch auszufahren.

Der neue ELW 3 wurde für die Leitung vor Ort insbesondere bei Großschadensereignissen wie Großbränden und Hochwasserlagen – von den Letzteren wird die Stadt Köln in einer ständig wiederkehrenden Regelmäßigkeit heimgesucht – oder bei Großveranstaltungen, bei denen begleitende Maßnahmen der Feuerwehr und des Rettungsdienstes erforderlich sind, beschafft. Darüber hinaus sollten Fahrzeug und Bedienungsmannschaft auch dann eingesetzt werden, wenn koordiniertes städtisches Verwaltungshandeln vor Ort erforderlich ist.

Typ:	Einsatzleitwagen
Besatzung:	18 Personen
Länge:	15.900 Millimeter
Gewicht:	22 Tonnen

Motor: wassergekühlter 6-Zylinder-Dieselmotor mit Direkteinspritzung

Hubraum:	11.700 Kubikzentimeter
Leistung:	313 PS bei 1800/min

Fahrgestell:	Mercedes-Benz Actros 1831
Aufbau:	ATT, Hamburg und Binz, Ilmenau

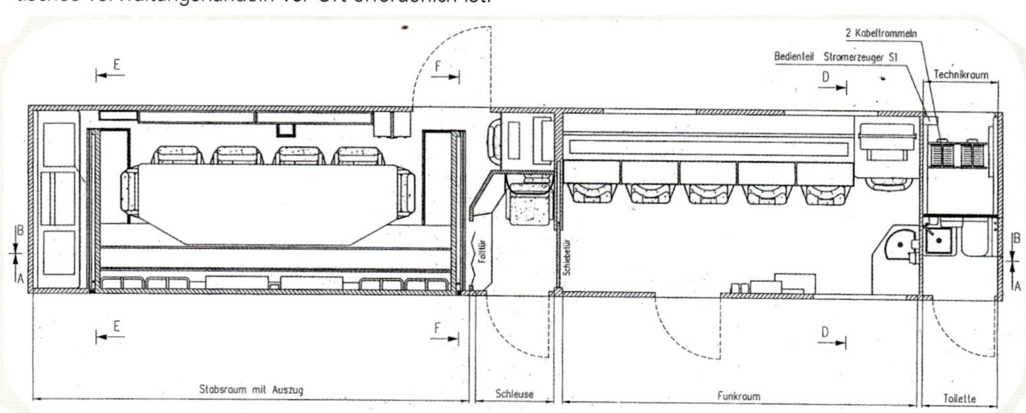

Liebherr LTM 1050-3.1

Typ: Mobilkran
Besatzung: 3 Personen
Länge: 9110 Millimeter
Breite: 2,55 Millimeter
Höhe: 3835 Millimeter
Gewicht: 36 Tonnen

Motor: wassergekühlter 6-Zylinder-Liebherr-Turbodieselmotor
Leistung: 367 PS bei 2000/min
Getriebe: 12-Gang-ZF-Getriebe

Ein langer Teleskopausleger, hohe Tragkräfte, eine außergewöhnliche Mobilität sowie eine umfassende Komfort- und Sicherheitsausstattung kennzeichnen den Mobilkran 1050-3.1 von Liebherr. Der 50-Tonner bietet Spitzentechnologie für mehr Nutzen im praktischen Einsatz. Ein leistungstarker Sechs-Zylinder-Liebherr-Turbodieselmotor sorgt für zügige Fahrweise, die bei einem Feuerwehreinsatz dringend vonnöten ist. Durch ein zweistufiges Verteilergetriebe ist auch im Kriechgang eine beste Manövrierfähigkeit vorhanden. Die Hinterachsen werden abhängig von der Geschwindigkeit und vom Lenkwinkel der Vorderachse elektrohydraulisch aktiv gelenkt.

Mercedes-Benz Sprinter 515 CDI

Typ: mobiler Großventilator
Besatzung: 3 Personen
Länge: 6400 Millimeter
Gewicht: 5 Tonnen

Motor: 4-Zylinder-Turbodieselmotor OM 646 DE22 LA, Allradantrieb
Hubraum: 2148 Kubikzentimeter
Leistung: 150 PS

Fahrgestell: Mercedes-Benz Sprinter 515
Aufbau: Tempest, Bachhagel, Tempest-BGV-Belüfter mit 220.000 m³/h

Als konsequente Weiterentwicklung der TEMPEST-Hochleistungslüfter mit einer Volumenleistung bis ca. 43.000 m³/h wurde für große umschlossene Räume der mobile Großventilator (MGV) entwickelt. Die Entrauchung, Belüftung und Kühlung großvolumiger Räume stellen die Einsatzkräfte der Feuerwehr vor Probleme. Der mobile Großventilator bringt Abhilfe, da er speziell für die Belüftung umschlossener Räume mit vergleichsweise großen Zugangs- und Ausgangsöffnungen wie U-Bahnen, Eisenbahn- und Straßentunnels, Werkhallen, Flughäfen, Großraumflugzeuge, Tiefgaragen, Einkaufszentren, Atrium- und Hochhäuser entwickelt wurde. Die Wirksamkeit der Überdruckbelüftung bei Bränden in zweispurigen Straßentunnels mit Längen von bis zu 5,2 Kilometern wurde bereits unter echten Brandbedingungen erprobt und erwiesen.

202

Das Bild zeigt den Freightliner/Medic-Master der Firedepartment 202 in Alexandria, Virginia in den USA. Das heute noch im Einsatz befindliche Fahrzeug stammt aus dem Jahr 2001.

Caterpillar Cat 816 Series 2

Mit dem Müllverdichter Caterpillar Cat 816 wird der Abfall im sogenannten Dünnschichtverfahren in eine Deponie eingebaut. Mit einem Müllwagen wird dabei zunächst der abzulagernde Müll bis in eine Entfernung von etwa 25 Metern zur Einbaustelle transportiert und gegebenenfalls mit dem Schiebeschild des Kompaktors weitergeschoben. Durch mehrmaliges Überfahren mit den Stampffüßen des Müllverdichters, die ein spezielles Profil mit metallischen Zacken oder Messern aufweisen, wird der Müll zunächst grob zerkleinert. Anschließend wird der Abfall mit dem Schiebeschild in Schichten von ca. 50 Zentimetern Dicke gleichmäßig verteilt. Im letzten Arbeitsschritt, wobei ein 25-maliges Überfahren als optimal betrachtet wird, wird der Müll durch das hohe Eigengewicht der Maschine verpresst. Die Müllschicht ist nach der Bearbeitung noch ca. 20 bis 30 Zentimeter hoch.

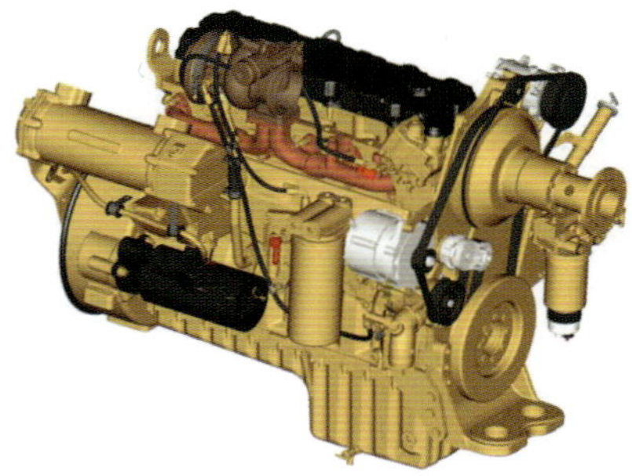

Typ:	Müllverdichter
Länge:	7854 Millimeter
Radstand:	3350 Millimeter
Höhe:	3801 Millimeter
Gewicht:	23,7 Tonnen

Motor: wassergekühlter Cat-C9-Dieselmotor mit ACERT-Konzept

Hubraum:	8800 Kubikzentimeter
Leistung:	238 PS bei 2100/min
Getriebe:	2 Vorwärts-, 2 Rückwärtsgänge
Geschwindigk.:	10,6 km/h

Caterpillar Cat D6N WH

Typ:	Kettendozer, Müllausführung
Länge:	5530 Millimeter
Breite:	2960 Millimeter
Höhe:	3083 Millimeter
Gewicht:	19,3 Tonnen

Motor: wassergekühlter Cat-C6.6-6-Zylinder-Dieselmotor mit ACERT-Konzept

Hubraum:	7200 Kubikzentimeter
Leistung:	175 PS

Der Cat-D6N-WH-Kettendozer in Müllausführung wurde eigens für Deponieeinsätze entwickelt. Eine spezielle Schutzvorrichtung und Kühlsysteme gehören zur serienmäßigen Ausstattung dieser Maschine, damit sie den harten Einsatzbedingungen auf Deponien standhalten kann. Das ausschwenkbare HD-Kühlerschutzgitter schützt das Kühlsystem. Die Kippzylinder-Leitungsschutze bewahren die Hydraulikleitungen vor Schäden, ohne die Flexibilität der Schläuche zu beeinträchtigen. Die Laufwerksschutze verhindern das Eindringen von Schmutz in den Motorraum.

Caterpillar Cat D7E WH

Typ:	Abfallentsorgungsmaschine
Länge (Traktor):	4608 Millimeter
Breite:	2880 Millimeter
Höhe:	3392 Millimeter
Gewicht:	28,8 Tonnen

Motor: wassergekühlter Cat-C9.3-Dieselmotor mit ACERT-Konzept

Hubraum:	9300 Kubikzentimeter
Leistung:	238 PS bei 1700/min

Deponien spielen nicht nur eine wichtige Rolle bei der Reinhaltung der Luft, des Wassers und des Bodens, sondern sie sichern auch unsere Lebensqualität. Der Einsatz eines flurschonenden Kettendozers ist von entscheidendem Vorteil. Mit seinem Diesel-/Elektroantrieb gelangen weniger Schadstoffe in die Atmosphäre und es wird weniger Kraftstoff als bei herkömmlichen Dozern verbraucht. Wie alle übrigen Cat-Kettendozer für den Deponieeinsatz ist der D7E ein Schwerlastgerät, das mit Schutzvorrichtungen speziell für Abfallentsorgungsbetriebe ausgestattet ist

Caterpillar Cat D9T WH

Der Cat-Kettendozer D9T WH in Müllausführung zählt ebenfalls zur Gattung der Spezialfahrzeuge für Deponieeinsätze und verfügt serienmäßig über die entsprechenden Schutzvorrichtungen und Kühlsysteme. Die Frontscheinwerfer wurden von den Kettenabdeckungsöffnungen zur Oberseite der Zylinder verlegt. Deshalb können sie den Bereich vor dem Überlaufgitter beleuchten und sind besser geschützt. Die hinteren, am Tank montierten Scheinwerfer wurden zum Überrollschutz umpositioniert. Dadurch sind sie weniger Verschmutzung ausgesetzt und besser geschützt. Die Kombinationen sind je nach Modell unterschiedlich. Die robust konstruierten HD-Stufen und -Handgriffe widerstehen den rigorosen Einsatzbedingungen auf Deponien. Um das Eindringen von Schmutz in bestimmte Maschinenbereiche zu verhindern, wurden weitere Dichtungen bereitgestellt. Folgende Schlüsselbereiche sind betroffen: Motorraumklappen, Plattformen, Hydrauliktank, Überrollschutzauflager, Batteriekasten, Abstreiferbalkenkasten und hintere Gehäuseöffnung. Der 95-A-Hochleistungsdrehstromgenerator dient der Versorgung des elektrischen Zubehörs, z.B. Zusatzscheinwerfer, Funkgerät und Radio. Die Abdeckung verhindert das Eindringen von Schmutz in den Drehstromgenerator.

Typ:	Abfallentsorgungsmaschine
Länge:	6630 Millimeter
Breite:	4310 Millimeter
Höhe:	3999 Millimeter
Gewicht:	49,6 Tonnen

Motor: wassergekühlter Cat-C18-8-Zylinder-Dieselmotor mit ACERT-Konzept

Hubraum:	18.100 Kubikzentimeter
Leistung:	416 PS

Caterpillar Cat 953D WH

Typ:	Umschlag-Raupen-lader
Länge:	6252 Millimeter
Breite:	2280 Millimeter
Höhe:	3105 Millimeter
Gewicht:	15,6 Tonnen

Motor: wassergekühlter Cat-C6.6-Dieselmotor mit ACERT-Konzept

Hubraum:	7200 Kubikzentimeter
Leistung:	150 PS bei 2000/min
Geschwindigk.:	10 km/h

Durch die mittigen Löcher im Kettenlaufwerk des Caterpillar Cat 953D kann das Kettenrad Schmutz und Fremdkörper herausdrücken, um eine erhöhte Abnutzung des Kettenlaufwerks aufgrund von zu hoher Kettenspannung zu verhindern. Die in Deponieanwendungen nützlichen Abstreifbalken entfernen Müll vom Kettenlaufwerk und verhindern damit Schäden an den Kotflügeln und am Fahrerhaus. Das Müllgitter erhöht die Standardkapazität des Löffels zur Bewegung von Material mit geringer Dichte. Mit den Kombidepon elöffeln kann geladen, geschoben und gegriffen werden.

Caterpillar Cat 973D

Typ:	Umschlag-Raupenlader
Länge:	7305 Millimeter
Breite:	2710 Millimeter
Höhe:	3510 Millimeter
Gewicht:	29,6 Tonnen

Motor: wassergekühlter Cat-C9-Dieselmotor mit ACERT-Konzept

Hubraum:	8800 Kubikzentimeter
Leistung:	266 PS bei 1900/min

Der Cat 973D ist eine zeitgemäße Caterpillar-Maschine mit hoher Produktivität durch fortschrittliche Technik und überragende Vielseitigkeit. Eine große Auswahl an Schaufeln, Schneidwerkzeugen und Sonderausrüstung erlaubt eine weitgehende Abstimmung der Maschinenkonfiguration auf die jeweiligen Einsatzbedingungen. Der hydrostatische Fahrantrieb mit elektronischer Steuerung erlaubt ein präzises und feinfühliges Manövrieren der Maschine, sodass eine hohe Produktivität bei allen Einsätzen erzielbar ist.

JCB 541-70 WasteMaster

Typ:	Umschlag-Teleskoplader
Länge:	4990 Millimeter
Breite:	2230 Millimeter
Höhe:	2490 Millimeter
Gewicht:	7,9 Tonnen

Motor: wassergekühlter JCB-444-4-Zylinder-Dieselmotor

Hubraum:	4400 Kubikzentimeter
Leistung:	101 PS bei 2200/min
Drehmoment:	425 Nm bei 1300/min
Getriebe:	3-Gang-Power-Shift-Getriebe
Geschwindigk.:	32 km/h

Der JCB-541-70-WasteMaster ist ein robuster Teleskoplader für hohe Beanspruchung, der für verschiedenste Anwendungen die geeignete Lösung darstellt. Mit der Heavy-Duty-Konstruktion, 4,1 Tonnen Hubkraft und sieben Metern Hubhöhe ist der JCB-Teleskoplader eine robuste Maschine unter härtesten Bedingungen. So ist er ideal zum Aufschieben von Müllhalden und zum Stapeln von Ballenware.

JCB 456E HT

Typ:	Umschlag-Radlader
Länge:	8520 Millimeter
Breite:	2702 Millimeter
Höhe:	3370 Millimeter
Gewicht:	22,1 Tonnen

Motor: wassergekühlter JCB-6C-8.3C-6-Zylinder-Dieselmotor

Hubraum:	8300 Kubikzentimeter
Leistung:	200 PS bei 2200/min
Drehmoment:	994 Nm bei 1400/min
Getriebe:	4 Vorwärts-, 3 Rückwärtsgänge
Geschwindigk.:	37,4 km/h

Der JCB-456E-HT-WasteMaster ist eine zuverlässige und robuste Maschine. Zusätzlich verstärken umfangreiche Schutzmaßnahmen die widerstandsfägige Konstruktion. Zur Beladung von hochwandigen Sattelaufliegern sind verlängerte Hubgerüste verfügbar. Die Vierzylinder-HT-Geometrie gewährleistet gleichmäßig hohe Rotationsmomente am Anbaugerät und beste Sichtverhältnisse. Mit Ausstattungsmerkmalen wie Joysticksteuerung, niedrigem Kabinengeräuschpegel und dem hochentwickelten elektronischen Überwachungssystem EMS ist der Radlader auf dem modernsten Stand der Technik.

Caterpillar Cat M325D MH/LMH

Typ:	Umschlagbagger
Länge:	12.182 Millimeter
Breite:	2990 Millimeter
Höhe:	3398 Millimeter
Gewicht:	35,3 Tonnen

Motor: wassergekühlter Cat-C7-Dieselmotor mit ACERT-Konzept

Hubraum:	7200 Kubikzentimeter
Leistung:	190 PS
Reichweite:	max. 15,5 Meter
Höhe:	max 16 Meter

Ein großer Innenraum, vorbildliche Sichtverhältnisse und in direkter Reichweite angeordnete Bedienelemente erlauben dem Fahrer ein ermüdungsarmes und produktives Arbeiten in der Caterpillar Cat-M325D-Kabine. Auf dem kompakten Monitor mit grafikfähigem Display werden dem Fahrer wichtige Wartungs-, Diagnose- und Prognoseinformationen in 20 wählbaren Sprachen angezeigt. Hier kann u.a. auch der neue Sparmodus aktiviert werden. Um Blendungen zu vermeiden, lässt sich der Winkel des Monitors verändern.

Liebherr A 316

Typ:	Umschlaggerät
Länge:	8350 Millimeter
Breite:	2630 Millimeter
Höhe:	3145 Millimeter
Gewicht:	20,6–21,6 Tonnen

Motor: wassergekühlter Deutz-TCD2013-L0V4, 4-Zylinder-Turbodieselmotor mit Ladeluftkühlung

Hubraum:	4800 Kubikzentimeter
Leistung:	128 PS bei 1800/min
Getriebe:	2-Gang-Lastschaltgetriebe mit Kriechgang
Geschwindigk.:	bis 20 km/h

Die Mobilbagger mit Einsatzgewichten von neun Tonnen bis 127 Tonnen zeichnen sich durch ein durchgängiges Gerätekonzept nach dem neuesten Stand der Technik aus. Der Mobilbagger A 316 Litronic Umschlag ist das kleinste Gerät von Liebherr für den industriellen Güterumschlag. Aufgrund seiner Leistung, die er aus einem Vierzylinder-Reihenmotor bezieht, zeigt er erstaunliche Umschlagleistungen. Mit seiner kompakten Form ist er wendig und vielseitig einsetzbar. Seine enorme Standfestigkeit garantiert auch hohe Umschlagleistungen.

Liebherr A 954 C HD Litronic

Typ:	Umschlaggerät
Länge:	15.000 Millimeter
Breite:	3970 Millimeter
Höhe:	4530 Millimeter
Gewicht:	75,3–77,4 Tonnen

Motor: wassergekühlter Liebherr D 936 L, 6-Zylinder-Turbodieselmotor mit Ladeluftkühlung

Hubraum:	10.500 Kubikzentimeter
Leistung:	326 PS bei 1800/min
Getriebe:	Axialkolbenölmotor
Geschwindigk.:	bis 10 km/h

Das Umschlaggerät A 954 C HD Litronic ist prädestiniert für schweren Güterumschlag im Schrott- und Holzbereich, aber auch im Hafenumschlag. Die Basis ist ein schwerer Mobilunterwagen mit 90-Tonnen-Baggerachsen, die mit vier Vollreifen bestückt sind. Schnelle Fahrwege, große Ausladungen und hohe Traglasten sind die Vorzüge dieses leistungsstarken und komfortablen Hydraulikbaggers.

Liebherr LHM 120

Typ: Hafenmobilkran

Unterwagen:
Länge: 12.600 Millimeter
Breite: 5400 Millimeter
Höhe: 19.600 Millimeter
Gewicht: 124 Tonnen

Das optimierte Zusammenspiel zwischen kraftvoller, hydrostatischer Antriebstechnik und ausgereifter Liebherr-Elektronik sorgt beim LHM 120 für kurze und produktive Arbeitszyklen im Schüttgutumschlag. Der kürzeste Lastzyklus im Vier-Seil-Greifer-Betrieb wird durch das simultane Ansteuern sowohl der Schließ- und Hubwinde als auch der Dreh- und Wippwerke erreicht. Die selbstüberwachende Schlappseilkontrolle garantiert Betriebssicherheit und erhöht die Lebensdauer der Seile. Durch geschlossene, hydraulische Kreisläufe werden entstehende Bremsenergien in den Arbeitsprozess zurückgeführt und dadurch wird der Treibstoffverbrauch reduziert.

Liebherr LHM 600

Typ: Hafenmobilkran

Unterwagen:
Länge: 25.900 Millimeter
Breite: 6400 Millimeter
Höhe: 25.100 Millimeter
Gewicht: 553 Tonnen

Der Liebherr LHM 600 wurde speziell für den schnellen und effizienten Umschlag von Schwerlasten aller Art, aber auch für Container, Stück- und Massengüter konzipiert. Mit einer maximalen Tragfähigkeit von 208 Tonnen (abhängig von der Windenkonfiguration) und einer Ausladung bis zu 58 Meter stellt der LHM 600 die ideale Umschlaglösung bis zu einer Größe von Superpost-Panamax-Schiffen dar. Einzigartige technische Ausführungen wie beispielsweise das optimierte Unterwagenkonzept oder die im Haus entwickelte Kransteuerung machen die Hafenmobilkräne mit zu den leistungsstärksten Umschlaggeräten weltweit.

MAN TGL 12.180 - 250 4x2 BL

Typ:	Abfallsammelfahrzeug
Radstand:	3050–3300 Millimeter
Gewicht:	11,9 Tonnen

Motor: wassergekühlter MAN D 0836, 6-Zylinder-Turbodiesel-Reihenmotor

Hubraum:	6900 Kubikzentimeter
Leistung:	239 PS
Getriebe:	9-Gang-Getriebe EATON FSO 8309 OD
Geschwindigk.:	89 km/h

Ob Hausmüll oder Gewerbeabfälle, Sperrgut oder Biomüll, Abfälle als Wertstoffe oder Sondermüll: MAN-Lkw erteilen dem Müll die richtige Abfuhr. Für Aufbauten mit einem Behältervolumen von sechs bis 16 Kubikmetern stehen die MAN-Zweiachser zur Verfügung. Die MAN Abfallsammelfahrzeuge (ASF) sind vorbereitet für die problemlose Montage aller Müllsammelaufbauten. Im MAN TGL mit 176 kW/239 PS findet man jetzt das serienmäßige Neun-Gang-Getriebe EATON FSO 8309 OD.

MAN TGM 26.290 - 340 6x2-4 BL

Typ:	Abfallsammelfahrzeug
Radstand:	3875/4425/4725 Millimeter
Gewicht:	26 Tonnen

Motor: wassergekühlter MAN D 0836, 6-Zylinder-Turbodiesel-Reihenmotor

Hubraum:	6900 Kubikzentimeter
Leistung:	239 PS
Getriebe:	MAN TipMatic®
Geschwindigk.:	90 km/h

Für alle Aufgaben in der Abfallwirtschaft bietet MAN die richtigen Fahrzeuge. Trucks, die Innovation mit Zuverlässigkeit kombinieren und damit ein Höchstmaß an Effizienz realisieren. So bieten zum Beispiel die drehmomentstarken Common-Rail-Motoren mehr Kraft bei weniger Kraftstoff. Das MAN TipMatic-Getriebe entlastet den Fahrer, schont den Antriebsstrang, reduziert den Dieselverbrauch. Für mehr Traktion nach Bedarf sorgt der zuschaltbare hydraulische Vorderachsantrieb MAN HydroDrive.

Mercedes-Benz Econic 2629 LL

Typ: Abfallsammelfahrzeug
Radstand: 3900–4200 + 1350 Millimeter
Gewicht: 26 Tonnen

Motor: wassergekühlter Mercedes-Benz-6-Zylinder-Turbodiesel-Reihenmotor mit BlueTec-Technologie
Hubraum: 7200 Kubikzentimeter
Leistung: 286 PS
Getriebe: Allison 6-Gang-Automatik

Geschwindigk.: 90 km/h

Weniger ist manchmal einfach mehr: Das Niederflurkonzept des Mercedes-Benz Economic erlaubt einen bequemen Ein- und Ausstieg in das und aus dem durchgehend ebenen Fahrerhaus. Ergonomisches Arbeiten schont Mannschaft und Material, dadurch steigen die Effizienz und die Motivation. Neben den Ergonomie- und Effizienzvorteilen bietet das Niederflurkonzept aber auch maximale Flexibilität bei den Aufbauten: Diese können sowohl kompakter als auch niedriger sein – und das bei gleichbleibendem Transportvolumen und gleichbleibender Nutzlast.

MAN TGA 26.350 - 6x2-4 LL-LE

Typ: Abfallsammelfahrzeug
Radstand: 3900 + 1350 Millimeter
Gewicht: 26 Tonnen

Motor: wassergekühlter MAN D 2066 LF03, 6-Zylinder-Turbodiesel-Reihenmotor
Hubraum: 10.518 Kubikzentimeter
Leistung: 349 PS
Drehmoment: 1750 Nm
Getriebe: MAN TipMatic mit 12 Fahrstufen

Geschwindigk.: 90 km/h

Das schwere Abfallsammelfahrzeug TGA 26.350 mit den drei Achsen und einem zulässigen Gesamtgewicht von 26 Tonnen hat die ECAS-Luftfederung für alle Achsen. Eine Differenzialsperre, Man BrakeMatic, Antiblockiersystem, ABS und Antriebsschlupfregelung ASR gehören zur Ausstattung. Das Hecklader-Wechselsystem LoTos HL K kommt von der Firma Haller.

Mercedes-Benz Actros 2532

Typ:	Frontlader
Radstand:	3300–6600 Millimeter

Motor: wassergekühlter BlueTech 5 Motor

Hubraum:	11.9500 Kubikzentimeter
Leistung:	360 PS
Drehmoment:	1850 Nm
Getriebe:	Schaltautomatik Mercedes PowerShift 2 mit 12 oder 16 Gängen bzw. Mercedes PowerShift mit 12 Gängen

Geschwindigk.:	90 km/h

Mercedes-Benz bietet mit dem „Actros" auch im kommunalen Bereich der Müllabfuhr verschiedene Entsorgungssysteme an. Unter anderem gibt es die Gruppe der Frontladerfahrzeuge, dessen System eigentlich vor allem in Nordamerika bekannt ist. Bei diesem System wird der Müllcontainer über das Fahrerhaus in den dahinter liegenden Container entleert. Der komplette Aufbau ist sehr variabel und lässt sich auf drei- und vierachsigen Mercedes-Benz Fahrgestellen montieren.

MAN TGS 26.320 - 480 6x2 /4 BL

Typ:	Kanalreinigung
Radstand:	3150/3750/4150 + 1350 Millimeter
Gewicht:	26 Tonnen

Motor: wassergekühlter MAN D 1676, 6-Zylinder-Turbodiesel-Reihenmotor

Hubraum:	12.400 Kubikzentimeter
Leistung:	480 PS
Getriebe:	MAN TipMatic

Geschwindigk.:	90 km/h

Kanalwände abspritzen, Schlamm absaugen, Gruben entleeren: Die MAN-Fahrzeuge für die Kanalreinigung machen alles mit, ob mit Hochdruckspüler, Sauger oder Hochdruckspül- und Saugkombination. Ideal für Fahrzeuge mit hohem Schwerpunkt: die Hochlast-Wankstabilisierung. Durch sie wird die Seitenneigung effektiv reduziert und ein Aufschaukeln von Wank- und Nickbewegungen vermieden. Das bedeutet mehr Fahrsicherheit bei Kurvenfahrten, bei raschen Spurwechseln oder starken Bremsmanövern.

Mercedes-Benz Unimog U300

Typ: Schneeräumdienst
Länge: 5100 Millimeter
Radstand: 3080 Millimeter
Breite: 2300 Millimeter
Gewicht: 23,7 Tonnen

Motor: wassergekühlter 4-Zylinder-Turbodieselmotor mit Direkteinspritzung
Hubraum: 4250 Kubikzentimeter
Leistung: 177 PS bei 2200/min
Getriebe: 8 Vorwärts-, 6 Rückwärtsgänge

Geschwindigk.: 90 km/h

Der Unimog: Wenn es um professionelle Geräteträger geht, gibt es weltweit kaum eine echte Alternative. Denn mit dem Unimog U300 bietet Mercedes-Benz Fahrzeuge, die ganz speziell für den modernen Multifunktionseinsatz konzipiert sind. Individueller ausrüstbar als jedes Großserienfahrzeug. Geländegängiger und mit bis zu 90 km/h Höchstgeschwindigkeit schneller als jeder Traktor. Und deutlich vielseitiger als ein Lkw. Mit modernstem Fahr- und Bedienungskomfort, integrierten und standardisierten Geräteschnittstellen und -antrieben.

MAN TGS 18.360 4x4 BL

Typ: Schneepflug
Radstand: 3600/3900/4500 Millimeter
Breite: 2300 Millimeter
Gewicht: 18 Tonnen

Als wahre Traktionswunder bewähren sich die Zwei- und Dreiachser mit 18 bis 26 Tonnen Gesamtgewicht, ausgerüstet mit zuschaltbarem oder permanentem Allradantrieb und Einzelbereifung. Im Streueinsatz spielen die blatt-luftgefederten Dreiseitenkipper ihre Stärken aus. Durch die Luftfederung bleibt die Ladeflächenhöhe immer gleich, unabhängig von der Beladung.

PistenBully 100

Typ:	Pistenraupe
Länge:	bis 8658 Millimeter
Breite:	3570 Millimeter
Höhe:	2500 Millimeter
Gewicht:	3,7 Tonnen
Bodenfreiheit:	320 Millimeter

Motor: wassergekühlter Mercedes-Benz OM 904 LA, 4-Zylinder-Motor

Hubraum:	4250 Kubikzentimeter
Leistung:	175 PS
Drehmoment:	675 Nm bei 1200/min
Getriebe:	stufenlos
Geschwindigk.:	bis 25 km/h

Der PistenBully 100 ist der Alleskönner unter den PistenBullys. Im Freizeit- oder Wettkampfsport: Das Multitalent ist dank seines Baukastenprinzips mit verschiedenen Fahrzeugbreiten, einer Universalschnittstelle für Anbaugeräte sowie diversem Zubehör für viele Aufgaben und unterschiedliche Einsätze bestens geeignet. Mühelos präpariert er Langlaufloipen, kleinere Pisten, Winterwanderwege, Schlepplift- oder Schlittenspuren und sogar Snowmobil-Trails.

PistenBully 400

Typ:	Pistenraupe
Länge:	bis 9010 Millimeter
Breite:	4206 Millimeter
Höhe:	2830 Millimeter
Gewicht:	7,3 Tonnen
Bodenfreiheit:	350 Millimeter

Motor: wassergekühlter Cummins QSL 9, 6-Zylinder-Motor

Hubraum:	8900 Kubikzentimeter
Leistung:	370 PS
Drehmoment:	1519 Nm bei 1500/min
Getriebe:	stufenlos
Geschwindigk.:	bis 23 km/h

Technische Bestleistungen, höchster Bedienkomfort und absolute Präzision. Der PistenBully 400 vereint alle Eigenschaften, die für das Arbeiten auf den Dächern der Welt unabdingbar sind. Vom komfortablen Cockpit über den starken, sparsamen Motor bis hin zum robusten Fahrwerk – alle Details sind bestens auf die Anforderungen des Fahrers und auf die harten Bedingungen in den Bergen abgestimmt. Der Sechszylinder-Reihenmotor mit Turbolader, 370 PS und einem maximalen Drehmoment von 1519 Nm bei 1500/min bringt pure Kraft auf die Piste.

PistenBully 600

Wer einmal einen PistenBully 600 gefahren ist, weiß, der Fahrerplatz ist mit nichts zu vergleichen. Ergonomie, Fahrkomfort und einfache Bedienung sind unschlagbar. Im geräumigen Fahrerhaus hat der Pilot viel Platz und alles im Blick. Alle Details sind konsequent auf die Bedürfnisse des Fahrers ausgerichtet. Ein Beispiel: der Joystick, der nicht mehr festgehalten werden muss. Stattdessen kann man die Hand von oben auflegen. Die Tastenanordnung ist den natürlichen Bewegungsradien der Finger angepasst. Alle Funktionen sind nur einen Daumen oder Finger weit weg.

Typ:	Pistenraupe
Länge:	bis 9130 Millimeter
Breite:	5500 Millimeter
Höhe:	2880 Millimeter
Gewicht:	8 Tonnen
Bodenfreiheit:	350 Millimeter

Motor: wassergekühlter Mercedes-Benz OM 460 LA, 6-Zylinder-Motor

Hubraum:	12.800 Kubikzentimeter
Leistung:	401 PS
Drehmoment:	1900 Nm bei 1300/min
Getriebe:	stufenlos

Geschwindigk.:	bis 23 km/h

M AN 5211
MAN

GHH AM 500

Seit 1987 werden von der Firma GHH Fahrzeuge GmbH stangenlose Flugplatzschlepper gebaut. Der Flugzeugschlepper AM 500 wurde für Werft- und Intergate-Schlepps von großen Flugzeugen konzipiert. Flugzeuge mit einem MTOW (Höchstabfluggewicht) von bis zu 620 Tonnen werden so sicher und zuverlässig bewegt. Flugzeuge des Typs Airbus wie A300 oder A380, Boeing B747, 767, 777 sowie McDonnell Douglas DC10, MD11 können mit diesem Schlepper problemlos über das Rollfeld transportiert werden.

Typ:	Aircraft-Tractor
Länge:	9295 Millimeter
Breite:	4500 Millimeter
Höhe:	2150 Millimeter
Gewicht:	32,5 Tonnen
Nutzlast:	max. 50 Tonnen

Motor: wassergekühlter Deutz-Dieselmotor TCD2015V08

Hubraum:	15.874 Kubikzentimeter
Leistung:	653 PS
Bremsen:	2-Kreis-LCB-Bremssystem, hydraulisch, hydrostatische Abbremsung
Lenkung:	hydraulische Servolenkung
Geschwindigk.:	30 km/h

GHH Jumbojet

Dieser GHH Jumbojet war als Stangen-Flugplatzschlepper für Großflugzeuge wie der Boing 747 nach einer amerikanischen Lizenz der Firma Unitrac 1969 gebaut worden. Am 9. Februar des Jahres 1969 startete dieses damals größte Passagierflugzeug der Welt zu ihrem Jungfernflug.

GHH AM110

Der Flugzeugschlepper der Baureihe AM110 ist das ideale Fahrzeug für Pushouts von kleineren bis mittleren Flugzeugen. Ein kompaktes Design, kombiniert mit sehr kleinen Wenderadien, macht den AM110 zu einem wendigen und effizient einsetzbaren Flugzeugschlepper. Durch den Allradantrieb werden Flugzeuge mit einem MTOW (Höchstabfluggewicht) von bis zu 130 Tonnen bei allen Vorfeldbedingungen schnell und sicher bewegt.

Typ:	Aircraft-Mover
Länge:	6950 Millimeter
Breite:	2900 Millimeter
Höhe:	1900 Millimeter
Gewicht:	7,8 Tonnen

Motor: Deutz-Dieselmotor, 90 kW

Goldhofer AST-3 F 210 (4x4)

Typ:	Aircraft-Mover
Länge:	6990 Millimeter
Breite:	3000 Millimeter
Höhe:	1650 Millimeter
Flugzeuglast:	max. 220 Tonnen

Motor: Deutz-Dieselmotor

Leistung:	211 PS
Zugkraft:	max. 83 kN
Lenkwinkel:	60 Grad (vorn)
Geschwindigk.:	32 km/h

Mit den stangenlosen Flugzeugschleppern der Baureihe AST-3 können Flugzeugbewegungen bis 220 Tonnen MTOW (z.B. A300, B767) schneller, flexibler und kostengünstiger durchgeführt werden. Der AST-3 F kann für alle Flugzeugbewegungen wie Pushback, Extended Pushback, Inter-Gate-Schlepps und Medium-Speed-Maintenance-Schlepps eingesetzt werden. Alternativ wird als kostengünstige Version der AST-3 L mit niedrigerer Motorenleistung, Zweiradantrieb und geringerer Zugkraft angeboten. Diese ist ausreichend, um Flugzeuge bis zu einem Gesamtgewicht von 160 Tonnen MTOW (Höchstabfluggewicht) zu bewegen.

Goldhofer AST-2 X 490 (4x4)

Typ:	Aircraft-Mover
Länge:	8550 Millimeter
Breite:	3500 Millimeter
Höhe:	2250 Millimeter
Flugzeuglast:	max. 300 Tonnen

Motor: Deutz-Dieselmotor

Leistung:	489 PS

Die stangenlosen Flugzeugschlepper der Baureihe AST-2 ermöglichen das Bewegen von Flugzeugen bis zu 300 Tonnen MTOW (z.B. A340-300). Mit dem AST-2 F/L-Schlepper bietet Goldhofer einen Highspeed-Schlepper an, der die gesamten Einsatzmöglichkeiten wie Pushback, Repositioning, Inter-Gate-Schlepps sowie lange Highspeed-Maintenance-Schlepps abdeckt. Auch hier bietet Goldhofer speziell für die Aufgabenstellung „Ramp Operation" ein Fahrzeug mit niedrigerer Fahrleistung an.

Goldhofer AST-1 X 490 / 680 (4x4)

Typ:	Aircraft-Mover
Länge:	9490 Millimeter
Breite:	4500 Millimeter
Höhe:	1650 Millimeter
Flugzeuglast:	max. 600 Tonnen

Motor: Deutz-Dieselmotor

Leistung:	489 PS/680 PS
Zugkraft:	max. 125 kN
Lenkwinkel:	60 Grad (vorn)
Geschwindigk.:	32 km/h

Die AST-1-X-Baureihe stellt mit Motorleistungen bis 500 kW eine wirtschaftlich günstige Lösung für Flugzeuge bis 600 Tonnen MTOW (A380) dar. Dieser Schlepper wurde als kostengünstige Variante für die Aufgabenstellung „Ramp Operation" für die A380 entwickelt, ohne dabei auf Zugkraft und Tragfähigkeit zu verzichten. Alle anderen Flugzeugbaumuster, die bisher vom AST-1 F abgedeckt wurden, können mit diesem Schlepper ebenfalls in vollem Umfang und mit voller Leistung als Highspeed-Schlepper abgedeckt werden. Beim AST-1 F handelt es sich um den bewährten Highspeed-Schlepper für Flugzeuge bis 425 Tonnen MTOW (B747). Dieser Schlepper ermöglicht alle erdenklichen Schleppeinsätze mit voller Leistung.

Goldhofer AST-1 X 1360 (6x6)

Die stangenlosen Flugzeugschlepper der Baureihe AST 1 X (6x6) wurden entwickelt, um das Bewegen von Flugzeugen bis zu 600 Tonnen MTOW (z.B. A 380) schneller, flexibler und kostengünstiger durchführen zu können. Das fortschrittliche Gesamtkonzept erlaubt Antriebsleistungen bis 1000 kW, die durch den Einbau von zwei Großserien-Dieselmotoren mit je bis zu 500 kW und des hydrostatischen Fahrantriebs ganz besonders wirtschaftlich dargestellt werden können. Durch das gewählte Konzept mit sechs Antriebsrädern konnten die Bodenbelastung und die erforderliche Haftreibung zur Zugkraftübertragung entscheidend reduziert und die Fahrdynamik bei hohen Geschwindigkeiten und großen Flugzeugmassen optimiert werden. Die Flugzeugschlepper AST-1 X (6x6) sind die einzigen Highspeed-Schlepper, die das komplette Dispatch Towing einer vollbesetzten A380 durchführen können.

Typ:	Aircraft-Mover
Länge:	11.250 Millimeter
Breite:	4500 Millimeter
Flugzeuglast:	max. 600 Tonnen

Motor: Deutz-Dieselmotoren

Leistung:	2 x 680 PS
Zugkraft:	max. 240 kN
Lenkwinkel:	60 Grad (vorn)
	30 Grad (hinten)

Kamag TowBear TT 43/22

Typ:	Aircraft-Tractor
Länge:	7105 Millimeter
Breite:	2700 Millimeter
Höhe:	2000 Millimeter
Gewicht:	22–43 Tonnen

Motor: wassergekühlter Deutz-Dieselmotor Typ TCD 2013 L06

Hubraum:	7146 Kubikzentimeter
Leistung:	265 PS
Getriebe:	ZF WG 210/4WD, Allradantrieb
Geschwindigk.:	32 km/h

Die neueste Generation des Aircraft-Tractors Kamag TowBear TT wurde zum Bewegen und Schleppen von großen Passagiermaschinen auf Flugzeugen entwickelt. Das Eigengewicht des Flugzeugschleppers kann mithilfe eines Gabelstaplers geändert werden. Die Gewichte des Traktors liegen auf der Oberseite des Heckaufbaus und können somit den individuellen Anforderungen jederzeit schnell und einfach angepasst werden.

Merlo Panoramic P 120.10 HM

Typ:	Flugzeugschlepper

Motor: 4 Zylinder-Turbodieselmotor

Leistung:	145 PS bei 2300/min
Getriebe:	hydrostatisch
Geschwindigk.:	40 km/h

Merlo entwickelte im Jahr 1987 das System Panoramic, welches die Art, wie Teleskopstapler wahrgenommen wurden, von Grund auf änderte. Die technologische Revolution erwies sich als so tiefgreifend und von derartiger Reichweite (Panoramasicht, Sicherheit, Leistungen, Komfort etc.), dass die anderen Hersteller erst Jahre später ähnliche Konzepte umsetzen konnten. Die Teleskopmaschinen „Panoramic" und „Roto" schlagen Lasten um, heben Personen und Anbaugeräte, ziehen Flugzeuge zum Parkplatz. Diese und zahllose andere Einsätze erfolgen schnell und mit umfassender Sicherheit.

Iveco Magirus Dragon x4 TA

Typ: Löschfahrzeug
Besatzung: 1/3 Personen
Länge: 9280 Millimeter
Radstand: 4830 Millimeter
Breite: 3100 Millimeter
Höhe: 3800 Millimeter
Gewicht: 24 Tonnen

Motor:
Hubraum: 12.880 Kubikzentimeter
Leistung: 540 PS
Getriebe: Automatikgetriebe, Allradantrieb
Geschwindigk.: 115 km/h

Aufbau: 2 Pulver-Schlauchhaspeln 30 m, MD-Löschpumpe: 5000 l/min bei 10 bar, automatischer Schaumzumischer IAFP 480, Wassertank: 5800 l, rostfreier Stahl, Schaumtank: 700 l, rostfreier Stahl, 250-kg-Pulverlöschanlage, Einzelrohr-Monitor IM5 für Wasser/Schaum, elektrisch gesteuert, Monitor IM 1 auf Stoßfänger vorne

Die Ausführung eines Rettungs- und Löschfahrzeuges neuer Generation ist auf einem 4x4-Fahrgestell aufgebaut und mit einem leistungsstarken Motor, Automatikgetriebe und einem separaten Motor für die eigens angetriebene Feuerlöschpumpe mit sehr hoher Löschkraft ausgerüstet. Die ausgereifte Konstruktion und der niedrige Schwerpunkt machen den Dragon x4 zu einem ausgezeichneten Rettungs- und Löschfahrzeug, das sehr schnell und sicher in jedem Gelände operieren kann. Die im Modularsystem ausgeführte Löschtechnik vereinfacht die Wartung und eventuelle Reparaturen.

Iveco Magirus Dragon x6 TA

Typ: Löschfahrzeug
Besatzung: 1/3 Personen
Länge: 10.400 Millimeter
Radstand: 4300 + 1450 Millimeter
Breite: 3100 Millimeter
Höhe: 3800 Millimeter
Gewicht: 35 Tonnen

Motor:
Hubraum: 20.080 Kubikzentimeter
Leistung: 1024 PS
Getriebe: Automatikgetriebe, Allradantrieb
Geschwindigk.: bis 130 km/h

Flugfeldlöschfahrzeuge wie der Dragon x6 gelten als die absolute Königsklasse der Feuerwehrfahrzeuge – müssen sie doch innerhalb kürzester Zeit größtmögliche Löschmittelmengen auf und auch abseits der Flugpiste zum Einsatz bringen können. Leistungsstarke Iveco-Dieselmotoren beschleunigen die Giganten auf über 130 km/h.

Iveco Magirus Super Dragon x8

Typ: Löschfahrzeug
Besatzung: 1/3 Personen
Radstand: 1800 + 3800 + 1450 Millimeter
Gewicht: 44 Tonnen

Motor: Iveco-FVAE-2887-XV8-Zylinder-Dieselmotor
Hubraum: 20.080 Kubikzentimeter
Leistung: 1024 PS
Getriebe: Automatikgetriebe, Allradantrieb
Geschwindigk.: bis 120 km/h
Beschleunigung: 27 sek. (0–80 km/h)

Die mächtigen Fahrzeuge der Dragon-Baureihe sichern im wörtlichen Sinne als „Wasserträger" Flugtechnik, Gebäude und Menschen zuverlässig ab. Einzelbereifung und Allradantrieb machen sie extrem geländegängig, und ihre ausgezeichneten Fahreigenschaften überzeugen auf der Rollbahn wie auf dem Vorfeld. Kürzlich wurde ein Superdragon x8 ARFF 1400 HRET 15 (gemäß ICAO-, NFPA-Richtlinien) an die Feuerwehr des Flughafens Moskau-Vnukovo ausgeliefert.

Iveco Impact x4-6000

Der Iveco Impact x4 6000 mit seinem Fahrgestell FF 190 E 44 4x4 ist für die Kategorie V, ICAO konzipiert und entspricht NFPA 14. Das Fahrzeug basiert auf Serienkomponenten und hat eine Pumpeneinschaltung und gleichmäßige Pumpenleistung bei jeder Fahrgeschwindigkeit. Die Mannschaftskabine mit zwei Atemschutzhalterungen, ein niedriger Schwerpunkt, hohe Kurvengeschwindigkeit und beste Geländeeigenschaften zeichnen die Impact-Serie zusätzlich aus.

Der moderne Alu-Fire-Aufbau mit zwei Komfort-Rollläden beinhaltet Edelstahltanks mit 5700 Litern Wasser, 750 Litern Schaum und eine Pulveranlage mit 250 Kilogramm Trockenpulver. Eine leistungsstarke Feuerlöschkreiselpumpe fördert 5000 Liter bei einem Druck von 10 bar aus dem kombinierten Dachwerfer für Wasser, Schaum und Pulver, um auch starke Feuer unter Kontrolle zu bringen.

Als Zubehör sind ein Lichtmast, ein Generator, eine Seilwinde und weitere Sonderausstattung verfügbar.

Typ:	Löschfahrzeug
Besatzung:	1/2 Personen
Länge:	7000 Millimeter
Radstand:	3820 Millimeter
Breite:	2500 Millimeter
Höhe:	3800 Millimeter
Gewicht:	18,5 Tonnen
Motor:	
Hubraum:	12.880 Kubikzentimeter
Leistung:	420 PS
Getriebe:	Automatikgetriebe, Allradantrieb
Geschwindigk.:	bis 130 km/h

Colet K/R40 „Jaguar“

Typ: Löschfahrzeug
Länge: 13.898 Millimeter
Höhe: 4114 Millimeter

Motor: 92TTA-DDEC4-Detroit-Twin-V8-Turbodieselmotoren
Leistung: 1600 PS bei 2300/min
Getriebe: Automatikgetriebe, Allradantrieb

Beschleunigung: 25 sek. (0–80 km/h)

Der Colet K/R 40 „Jaguar“ ist wohl der stärkste Airport-Feuerlösch-Truck der Welt. Weitere Highlights sind der Revolver-Monitor und die Instatak-Löschanlage. Die beiden Turbodieselmotoren, je einer in Front- und Heckbereich, beschleunigen das Fahrzeug in 25 Sekunden auf eine Geschwindigkeit von über 80 Stundenkilometern.

Jung/IFEX-Löschpanzer

Typ: Löschkettenpanzer
Besatzung: bis 12 Personen

Motor: MTU-MB-838-CA 500, 10-Zylinder-Vielstoffmotor
Hubraum: 37.400 Kubikzentimeter
Leistung: 830 PS

Geschwindigk.: bis 50 km/h

Deutschland hat viel zu viele Panzer. Daher baut Deutschland unter anderem Schützenpanzer der Typen „Marder“ und „Leopard 1“ zu Löschkettenpanzern um. Diese geländegängigen Löschfahrzeuge sind bis zu 50 Kilometer pro Stunde schnell. Da der Motor und die Besatzung über eigenen mitgerführten Sauerstoff verfügen, können die Panzer direkt ins Zentrum der sauerstoffarmen Brandherde fahren. Einsatzorte für diese Löschpanzer sind schwer zugängliche Brandherde in Tunnelanlagen, Tiefgaragen, U-Bahn-Schächten sowie Großfeuer in Industrieanlagen und Flächenbrände. Die Kettenfahrzeuge können den Brand dank einer effizienten Wasserkanone und bis zu 11.600 mitgeführten Litern Wasser erfolgreich bekämpfen. Dabei versprüht eine Pumpturbine während einer Minute bis zu 500 Liter eines feinen, flächendeckenden Sprühnebels. Wenn es gilt, Menschen zu bergen, kann der Wassertank blitzschnell entleert werden, um dann bis zu zehn Personen im großen Wassertank aufzunehmen.

VSA 11000D „Poseidon X6"

Der VSA 11000D „Poseidon x6" ist auf einem MAN-27.603-DFAEG-(6X6)-Fahrgestell mit 600 PS als Flugfeld-Löschfahrzeug für die Rettung und Brandbekämpfung konzipiert. Die Klassifizierung des Fahrzeugs entspricht der europäischen Norm. Bis heute wurden 56 Fahrzeuge ausgeliefert. Den Aufbau fertigt die italienische Firma Bai (Brescia Antincendi International SRL).

Typ:	Löschfahrzeug
Wassertank:	9300 Liter
Schaumtank:	1200 Liter
Motorpumpe:	MB 610

BAI/Oshkosh „Striker E"

Typ:	Löschfahrzeug
Motor:	Caterpillar C-18
Leistung:	710 PS
Wassertank:	9768 Liter
Schaumtank:	1367 Liter
Pulver:	950 Liter

Der Bai „Striker E" ist ein spezialisiertes, großes und leistungsstarkes Löschfahrzeug, das für Einsätze auf Flughäfen und für Flugzeugkastatrophen konzipiert ist. Es bietet eine sehr gute Beschleunigung und ist in der Lage, auch auf unwegsamem Gelände außerhalb von Start- und Landebahnen zu operieren. Ausgestattet mit einer leistungsstarken Hochleistungspumpe für Wasser und Schaum kann das Fahrzeug bereits aus weiter Entfernung Brände wirksam bekämpfen.

Rosenbauer Foamatic 11000

Typ: Flugfeld-Löschfahrzeug
Besatzung: 1/3 Personen
Länge: 10.050 Millimeter
Breite: 2780 Millimeter
Höhe: 3700 Millimeter
Gewicht: 36 Tonnen

Motor: 2 x Deutz-BF8-L413-F-Dieselmotoren
Hubraum: 22.620 Kubikzentimeter
Leistung: 660 PS bei 2500/min

Fahrgestell: Faun LF 36.30x2/45V, 6x6
Löschwasser: 10.000 Liter
Schaummittel: 1000 Liter

Der Flughafen Düsseldorf beschaffte dieses Flugfeldfeuerwehrfahrzeug Foamatic 11000 von der Firma Rosenbauer im Jahr 1980. Es verfügte über zwei Deutz-Dieselmotoren, die zur Anfahrt an die Einsatzstelle das Fahrzeug mit zusammen über 600 PS antrieben. Vor Ort war dann der eine Motor für den Antrieb der Pumpe zuständig, der zweite Motor war weiterhin als Fahrmotor im Einsatz. Der Schaum-/Wassermonitor leitete 4500 Liter in der Minute mit einem Druck von 10 bar.

Rosenbauer Puma 7000

Typ: Flugfeld-Löschfahrzeug
Besatzung: 1/3 Personen
Länge: 8900 Millimeter
Breite: 2840 Millimeter
Höhe: 3500 Millimeter
Gewicht: 20,9 Tonnen

Motor: Mercedes-Benz-OM-404-A-Dieselmotor
Leistung: 499 PS bei 2300/min
Getriebe: Allison-Automatik

Fahrgestell: Oshkosh T 44
Löschwasser: 6000 Liter
Schaummittel: 800 Liter
Pulver: 3 x 50 kg Halon

Das 1982 an den Flugplatz in Berlin-Tempelhof ausgelieferte Feuerlöschfahrzeug war der erste „Puma" der Firma Rosenbauer. Er war noch, wie damals nach amerikanischem Vorbild üblich, gelb lackiert. Die eingebaute Rosenbauer-Pumpe war mit einem speziellen Getriebe, dem „Power Divider", direkt an den Fahrmotor gekoppelt. So konnte die Pumpe auch während der Fahrt mit der Pumpennenndrehzahl eingesetzt werden. 1994 fungierte dieses Exemplar noch als Reservefahrzeug für die Flughäfen Tempelhof und Tegel.

Rosenbauer Simba 8x8 FLF 13000/2000

Der Simba 8x8 FLF 13000/2000 war 1983 eines der ersten Flughafen-Löschfahrzeuge der neuen Generation. Entsprechend den Vorgaben hatte die Firma Rosenbauer ein Fahrzeug entwickelt, das sowohl hinsichtlich des Reparaturaufwands durch Modulbauweise sowie durch einen geringen Personalaufwand während des Einsatzes äußerst effizient eingesetzt werden konnte. Die beiden Werksfeuerwehren der Flughäfen München (ein Fahrzeug) und Frankfurt am Main (fünf Fahrzeuge) waren die ersten Abnehmer des neuen Löschfahrzeugs.

Typ:	Flugfeld-Löschfahrzeug
Besatzung:	1/2 Personen
Gewicht:	44 Tonnen

Motor: MTU-V8-Zylinder-Turbodiesel

Hubraum:	31.600 Kubikzentimeter
Leistung:	1251 PS bei 2100/min
Getriebe:	Renk-ZF-4-Stufen-Automatik

Rosenbauer Puma 10000

Typ:	Flugfeld-Löschfahrzeug
Besatzung:	1/2 Personen
Länge:	11.260 Millimeter
Breite:	2840 Millimeter
Höhe:	3500 Millimeter
Gewicht:	31,3 Tonnen

Motor: Mercedes-Benz-OM-424-V12-Zylinder-Dieselmotor

Leistung:	530 PS bei 2300/min
Getriebe:	Allison-Automatik

Fahrgestell:	Oshkosh T 66
Löschwasser:	9000 Liter
Schaummittel:	1000 Liter

Die dreiachsige „Puma"-Version auf dem 6x6-Oshkosh-Fahrgestell wurde für die Werksfeuerwehr in Düsseldorf im Jahr 1987 angeschafft. Angetrieben wurde das Fahrzeug mit einem 530 PS starken Mercedes-Benz-Dieselmotor mit zwölf Zylindern. Die zweistufige Pumpe leistete 6400 Liter in der Minute und wurde über den „Power Divider" auch schon während der Fahrt angetrieben. Mit dem Dachmonitor konnten 4000 Liter Wasser oder Schaum in der Minute verteilt werden.

Rosenbauer RIV 2800/1000

Typ: Erstangriffsfahrzeug
Besatzung: 1/2 Personen
Länge: 8550 Millimeter
Breite: 2500 Millimeter
Höhe: 3350 Millimeter
Gewicht: 17 Tonnen

Motor: MAN-10-Zylinder-Dieselmotor
Leistung: 460 PS bei 2000/min
Getriebe: Allison-Automatik

Fahrgestell: MAN 16.462
Löschwasser: 2500 Liter
Schaummittel: 370 Liter
Pulver: 1000 Kilogramm

Für den Erstangriff im Ernstfall beschaffte der Flughafen Münster-Osnabrück für die Werksfeuerwehr dieses „Rapid Intervention Vehicle (RIV)". Das Fahrzeug war auf einem MAN-Militärfahrgestell aufgebaut und hatte einen Allradantrieb. Die Löschmittel konnten mit einem Pulverwerfer auf der Fahrerkabine oder mit einem Schaum-/Wasserwerfer an der Frontseite ausgebracht werden. Beide Monitore waren mit einem Joystick elektronisch von der Kabine aus steuerbar. Für den Selbstschutz waren Bodensprühdüsen vor allen vier Rädern angebracht.

Rosenbauer Mamba 10000/1000

Typ: Flugfeld-Löschfahrzeug
Besatzung: 1/2 Personen
Länge: 11.200 Millimeter
Breite: 2900 Millimeter
Höhe: 3400 Millimeter
Gewicht: 36 Tonnen
Leistung: 760 PS bei 2300/min

Das Flugfeld-Löschfahrzeug der Betriebsfeuerwehr des Flughafens Dresden-Klotzsche war das einzige Fahrzeug der Rosenbauer-„Mamaba"-Serie in Deutschland. Das Fahrzeug war auf einem MAN-32.760-Militärfahrgestell aufgebaut und wurde im Jahr 1992 im Zuge einer neuen Generation von Flugfeld-Löschfahrzeugen eingesetzt. Zur Brandbekämpfung konnte es 10.000 Liter Wasser, 1200 Liter Schaummittel und 500 Kilogramm BC-Pulver mit sich führen. Zudem hatte das Fahrzeug als Besonderheit einen pneumatisch ausfahrbahren Lichtmast, der durch einen tragbaren Stromerzeuger gespeist wurde.

Rosenbauer Panther FLF 13500/500

Typ:	Flugfeld-Löschfahrzeug
Besatzung:	1/2 Personen
Länge:	11.650 Millimeter
Breite:	3000 Millimeter
Höhe:	3300 Millimeter
Gewicht:	38 Tonnen

Motor: MAN-V12-Zylinder-Turbodieselmotor mit Ladeluftkühlung

Leistung:	1000 PS bei 2300/min
Getriebe:	Renk-WR-Automatik
Fahrgestell:	MAN 38.1000
Löschwasser:	12.000 Liter
Schaumittel:	1500 Liter
Pulver:	500 Kilogramm

1997 begann der Flugplatz Berlin-Tegel die alten Flugfeld-Löschfahrzeuge gegen neue auszutauschen. Dabei entschied man sich für den „Panther" von Rosenbauer. Die Ausführung FLF 13500/500 konnte 12.0000 Liter Wasser und 1500 Liter Schaummittel mit sich führen. Um die Einsatzstelle genügend zu beleuchten, war ein Lichtmast mit 4 x 1000 Watt montiert, der über einen tragbaren Stromerzeuger mit einer Leistung von 8 kVA versorgt wurde.

Rosenbauer Panther 6x6 PLF 3000

Typ:	Pulverlöschfahrzeug
Besatzung:	1/2 Personen
Länge:	9650 Millimeter
Breite:	3000 Millimeter
Höhe:	3300 Millimeter
Gewicht:	25 Tonnen

Motor: MAN-V10-Zylinder-Turbodieselmotor mit Ladeluftkühlung

Leistung:	551 PS kW bei 2100/min
Getriebe:	Renk-WR-6-Stufen-Automatik
Fahrgestell:	MAN 22.550
Pulver:	3000 kg BC-Pulver

Gerade Pulverlöschfahrzeuge waren auf den deutschen Flughäfen in den 90er Jahren sehr gefragt. Daher bestellte der Flughafen Leipzig/Halle 1993 ein solches Spezialfahrzeug auf „Panther"-Basis. Es war auf einem MAN-22.550-Fahrgestell aufgebaut und wurde von einem 550 PS starken Zehnzylinder-Turbodieselmotor ebenfalls von MAN angetrieben. Die GFK-Kabine war mit einer Klimaanlage ausgestattet, hatte eine Rückfahrkamera und eine Motorschnellstarteinrichtung an allen Türen.

Rosenbauer FLF 4300/250/60

Typ:	Flugfeld-Löschfahrzeug
Besatzung:	1/2 Personen
Länge:	7100 Millimeter
Breite:	2500 Millimeter
Höhe:	3540 Millimeter
Gewicht:	18 Tonnen
Motor: Mercedes-Benz-Dieselmotor	
Leistung:	313 PS bei 2100/min
Getriebe:	Schaltgetriebe
Fahrgestell:	Mercedes-Benz 1831 AK
Löschwasser:	4000 Liter
Schaummittel:	300 Liter
Pulver:	250 Kilogramm

Um auch auf kleinen Flugplätzen oder für den Charterverkehr ein geeignetes Feuerlöschfahrzeug zu haben, bot die Firma Rosenbauer in den 90er Jahren den FLF 4300/250/60 an. Das auf einem Mercedes-Benz-Fahrgestell aufgebaute Fahrzeug hatte Allradantrieb und ein Schaltgetriebe. Der Dieselmotor leistete 310 PS. Die Pumpe wurde von einem eigenen Motor angetrieben, mit dem das Aggregat in der Minute 3000 Liter Wasser bei 10 bar ausbringen konnte.

Rosenbauer PLF 6000

Typ:	Flugfeld-Löschfahrzeug
Besatzung:	1/4 Personen
Länge:	11.250 Millimeter
Breite:	3200 Millimeter
Höhe:	3900 Millimeter
Gewicht:	35 Tonnen
Motor: MWM-TBD-234-V-12-Zylinder	
Leistung:	816 PS bei 2100/min
Hubraum:	21.600 Kubikzentimeter
Getriebe:	Renk HSR 226.20 Automatik
Löschanlage:	Total PLA 6000 HD
Pulver:	6000 Kilogramm
Leistung:	250 l/min
Arbeitsdruck:	30 bar
Wurfweite:	20 Meter

Auf der Basis des Simbas setzte die Flughafenfeuerwehr Köln/Bonn das Pulverlöschfahrzeug PLF 6000 ein. Der Motor hat einen Hubraum von 21.600 Kubikzentimetern bei einer Leistung von 816 PS. Das Fahrzeug verfügt über das Automatikgetriebe HSR 226.20 von Renk. Mit einem Gesamtgewicht von 35 Tonnen erreicht das Fahrzeug eine Höchstgeschwindigkeit von 105 km/h bei einer Beschleun gung von 0 auf 80 km/h in etwa 24 Sekunden. Die Großraumkabine bietet bis zu vier Personen Platz. Als einziges Pulverlöschfahrzeug in Deutschland verfügt es über eine Pulverlöschanlage von Total mit 6000 Kilogramm BC-Pulver Totalit.

Rosenbauer Buffalo RIV 5700/750

Typ:	Schnellangriffsfahrzeug
Besatzung:	1/2 Personen
Länge:	7800 Millimeter
Breite:	3600 Millimeter
Höhe:	2500 Millimeter
Gewicht:	18,1 Tonnen
Motor: Scania-Dieselmotor	
Leistung:	420 PS bei 1900/min
Getriebe:	Allison Automatik HD 4560 P
Fahrgestell:	Scania P124 CB
Löschwasser:	5700 Liter
Schaummittel:	750 Liter
Pulver:	2 x 100 Kilogramm
Geschwindigk.:	max. 120 km/h

Anfang der 80er Jahre erkannte man, dass die Löschriesen zu schwerfällig waren. Um die gesetzlichen Vorgaben für die Eingriffszeiten einzuhalten, wurden deshalb anfangs kleinere RIVs (Rapid Intervention Vehicles) mit hoher Motorleistung und gemäßigter Löschmittelzuladung beschafft. Seit dieser Zeit hat die Firma Rosenbauer den „Buffalo" im Programm. Diese kleinen, schnellen Fahrzeuge sind als Erste vor Ort, um den Löschangriff zu beginnen.

Rosenbauer Simba 8x8 HRET

Typ:	Flugfeld-Löschfahrzeug
Leistung:	1250 PS
Geschwindigk.:	max. 140 km/h
Beschleunigung:	0–80 km/h in 21 Sek.
Fahrgestell:	49.1200/8x8 luftgefedert
Löschwasser:	12.500 Liter
Schaummittel:	2 x 750 Liter
Pulver:	500 Kilogramm

Dieses Großlöschfahrzeug von Rosenbauer wurde speziell für den Flughafen Frankfurt konzipiert. Die Bedienung wurde den bereits vorhandenen Einsatzfahrzeugen angepasst. Das gesamte Fahrgestell und die Löschtechnik sind mit einer modernsten CAN-Bus-Technologie ausgestattet. Um das Zeitlimit für Eingreifzeiten einzuhalten, sind Fahrstabilität und Beschleunigung auf diese Normen abgestimmt. Luftfederung, Scheibenbremsen und ein Dieselmotor mit 1250 PS unterstützen das Chassis bei dieser Aufgabe.

Rosenbauer Panther 6x6 CA-5

Typ: Flugfeld-Löschfahrzeug
Besatzung: 1/2 Personen
Gewicht: 36 Tonnen

Motor: Cat-C18-6-Zylinder-Dieselmotor
Leistung: 705 PS
Antrieb: Allrad

Geschwindigk.: 115 km/h

Fahrgestell: Rosenbauer Motors 36.705 6x6
Löschwasser: bis 10.000 Liter
Schaummittel: bis 1200 Liter
Pulver: bis 500 Kilogramm

Der Rosenbauer Panther 6x6 CA-5 verfügt über ein allradgetriebenes dreiachsiges Fahrgestell. Die Tanks fassen bis zu 12 500 Liter Löschwasser, 1500 Liter Schaummittel und 225 Kilogramm Löschpulver. Wasser oder Schaum werden über einen Dach- oder Frontwerfer abgegeben, das Löschpulver nur über einen Frontwerfer. Als Panther 6x6 CA-5 HRET wird das Fahrzeug auch mit einem Gelenkarm vertrieben, der mit einer Düse für Wasser, Schaum und Löschpulver, einer sogenannten Löschlanze, und einer Wärmebildkamera ausgestattet ist.

Rosenbauer Panther 8x8 MA-5

Typ: Flugfeld-Löschfahrzeug
Besatzung: 1/2 Personen

Motor: MAN D2842 LF 10, 12-Zylinder Euro 3, mit Motorvorwärmung
Leistung: 1000 PS bei 2300/min
Getriebe: Allison 6610

Geschwindigk.: 135 km/h

Fahrgestell: MAN SX 43.1000 8x8
Löschwasser: bis 12.500 Liter
Schaummittel: bis 1500 Liter
Pulver: bis 225 Kilogramm

Der Panther 8x8 MA-5 ist das schwerste Fahrzeug der Produktionsreihe von Rosenbauer. Das rund 40 Tonnen schwere Fahrzeug basiert auf einem allradgetriebenen vierachsigen MAN-SX-43.1000-Fahrgestell. Die Tanks fassen bis zu 13.000 Liter Löschwasser, 1600 Liter Schaummittel und 1000 Kilogramm Löschpulver. Der 8x8-Panther wird von einem rund 1000 PS starken Motor innerhalb von 25 Sekunden von 0 auf 80 km/h beschleunigt und erreicht eine Spitzengeschwindigkeit von 135 km/h. Als Panther 8x8 MA-5 HRET wird auch dieses Fahrzeug mit einem Löscharm vertrieben, welcher eine Arbeitshöhe von bis zu 15 Metern erreicht und neben einer Löschlanze auch über eine Infrarotkamera verfügt. Ausgestattet sind die Fahrzeuge mit einem sechsgängigen Automatikgetriebe.

Rosenbauer Beschäumungsanlage

Die mobile Rosenbauer-Beschäumungsanlage legt einen Schaumteppich auf die Landebahn zur Erleichterung der Landung von Flugzeugen mit Fahrwerksproblemen. Mittels ausklappbaren Düsenbalken wird eine Beschäumungsbreite von 13 Metern erreicht. Zusätzlich kann das Fahrzeug bei einem Einsatz die Versorgung und Wiederbefüllung von Löschfahrzeugen gewährleisten.

Typ:	Beschäumungsanlage
Wassertank:	bis 40.000 Liter
Schaummittel:	bis 5000 Liter
Dachwerfer:	Rosenbauer RM 60E

Mercedes-Benz 814 D Vario

Typ:	Beladefahrzeug
Radstand:	bis 4800 Millimeter
Gewicht:	6 Tonnen (Fahrgestell)

Motor: OM 904 LA BlueTec, 4-Zylinder-Reihendieselmotor

Hubraum:	4249 Kubikzentimeter
Leistung:	136 PS bei 2200/min
Getriebe:	6-Gang-Schaltgetriebe oder Automatikgetriebe

Das Vario-Fahrgestell von Mercedes-Benz bietet viele Möglichkeiten des Aufbaus. Bei der Feuerwehr in Frankfurt am Main dient das Mercedes-Benz Fahrzeug „Florian Frankfurt-Flughafen 89/99-02" zum Transport von Patienten mittels eines ausfahrbaren Krankenraums direkt in das Flugzeug. Aufgebaut ist der „Vario" auf einem 814d-Fahrgestell. Den Aufbau fertigte die Firma Wietmarscher Ambulanzsonderfahrzeuge (WAS).

Trepel E-Cat

Typ:	Cateringfahrzeug
Länge:	6233 Millimeter
Breite:	2460 Millimeter
Höhe:	2260 Millimeter
Kapazität:	3 Tonnen
Arbeitshöhe:	1450–5850 Millimeter

Chassis und Motor:
MAN TGL Diesel

Die vielen unterschiedlichen Flugzeugtypen erfordern ein Versorgungssystem, das unterschiedliche Höhen und Andockbedingungen erfüllen kann. Mit dem E-CAT-Catering-Truck bietet Trepel ein Produkt mit hervorragender Zuverlässigkeit. Das E-Cat-Catering-System basiert auf neuester deutscher Lkw-Technik und wird weltweit mit über 600 Fahrzeugen erfolgreich eingesetzt.

Trepel Champ 350

Typ:	Beladefahrzeug
Länge:	13.100 Millimeter
Breite:	4500 Millimeter
Höhe:	3870 Millimeter
Kapazität:	35 Tonnen
Arbeitshöhe:	490–5600 Millimeter
Ladelänge:	3310 Millimeter

Motor: Deutz TCD 2012 L04 2V, 4-Zylinder-Dieselmotor

Geschwindigk.: 10–13 km/h

Der Trepel Champ 350 ist einer der größten und stärksten Hochlader der Welt. Die kontinuierliche Zunahme des Frachtgewichts von teils übergroßen Ladungen stellt viele Flughäfen vor schwierige Aufgaben. Mit einer Kapazität von 35 Tonnen ist der „Champ" dafür genau der Richtige.

ROYAL AIR FORCE
AIR FORCE
AIR FORCE

STATOIL
STATOIL

Case IH Quadtrac STX 450

Das Herz des Case IH Quadtrac-STX 450-Traktors ist der neue Turbomotor, der eine maximale Leistung bei noch größerer Effizienz liefert. Dieser elektronisch gesteuerte Motor sorgt für größte Überleistung, ohne dabei unnötigerweise mehr Kraftstoff zu verbrauchen. Der wichtigste Faktor beim Lastschaltgetriebe ist nicht die Gesamtzahl der Gänge, die zur Verfügung stehen, sondern die Anzahl der Gänge im Hauptarbeitsbereich. Gerade hier profiliert sich das 16-Gang Full-Powershift-Getriebe mit neun Gängen im Bereich zwischen fünf und 13 km/h.

Typ:	Raupentraktor
Gewicht:	24,2 Tonnen

Motor: Cummins QSX15-Dieselmotor

Hubraum:	14.900 Kubikzentimeter
Leistung:	457 PS bei 2000/min
Drehmoment:	2263 Nm
Getriebe:	16/2 „Powershift"
Tank:	1138 Liter

Case IH Quadtrac STX 480

Typ:	Raupentraktor
Radstand:	3912 Millimeter
Gewicht:	24,5 Tonnen

Motor: Cummins QSX15-Dieselmotor

Hubraum:	14.900 Kubikzentimeter
Leistung:	492 PS bei 2000/min
Drehmoment:	2417 Nm bei 1400/min
Getriebe:	16/2 „Powershift“

Tank:	1136 Liter
Wenderadius:	5,7 Meter

1997 wurde der erste Quadtrac Knicklenker mit vier Raupen vorgestellt. Die neueste Generation der Case „Quadtrac“-Raupenschlepper „schwebt“ beinahe über die Felder. Die Gewichtsverteilung ist der entscheidende Faktor, wenn Leistung auf den Boden gebracht werden soll. Das Ergebnis sind eine bessere Verteilung des Saatguts, ein ungestörter Wurzelbereich, gleichmäßigere Keimung und damit höhere Erträge.

Case IH Quadtrac 600

Typ:	Raupentraktor

Motor: TIER 4-Dieselmotor mit zweistufigem Turbo

In Verbindung mit neuen Emissionsgesetzen, die 2011 wirksam werden, bringt Case IH eine neue Palette an Quadtrac-Modellen auf den Markt. Mit der neuen EfficienPower-Technologie bieten sie einen sparsameren Kraftstoffverbrauch und mehr Leistung. Die Quadtrac-Modelle stellen mit Spitzenleistungen von 670 PS einen neuen Branchenrekord auf.

CASE IH Puma 225 CVX

Typ:	Großschlepper
Länge:	5017 Millimeter
Breite:	2683 Millimeter
Höhe:	2239 Millimeter
Gewicht:	7,2 Tonnen

Motor: Case-IH-6-Zylinder-Turbodieselmotor mit Ladeluftkühlung

Hubraum:	6750 Kubikzentimeter
Leistung:	224 PS bei 2200/min
Drehmoment:	1025 Nm bei 1500/min
Getriebe:	stufenloses CVT-Getriebe, Allradantrieb
Tank:	405 Liter
Wenderadius:	6,1 Meter

Die Traktoren der neuen PUMA CVX-Serie wurden in der europäischen Fertigungszentrale von Case IH im österreichischen St. Valentin entwickelt und erprobt, und dort werden sie auch gebaut. Die PUMA-CVX-Traktoren sind mit einer neuen Generation von stufenlosen Getrieben ausgestattet, die ganz darauf ausgerichtet sind, die maximale Kraft auf den Boden zu übertragen, ob bei der Grundbodenbearbeitung, bei der Pflege, beim Drillen oder bei den verschiedensten Transportarbeiten.

Case IH Magnum 335

Typ:	Großschlepper
Höhe:	3265 Millimeter
Gewicht:	9,7 Tonnen

Motor: Case-IH-6-Zylinder-Turbodieselmotor mit Ladeluftkühlung

Hubraum:	9000 Kubikzentimeter
Leistung:	279 PS bei 2100/min
Drehmoment:	1566 Nm bei 1500/min
Getriebe:	18-Speed, 18 Vorwärts-, 2 Rückwärtsgänge, Allradantrieb
Tank:	682 Liter

Die Case IH Großtraktoren-Serie Magnum wurde 2010 komplett überarbeitet. Sie zeichnet sich durch zahlreiche Weiterentwicklungen und Optimierungen aus und wird durch ein neues Topmodell, den neuen MAGNUM 335, im oberen Leistungsbereich abgerundet. Dieses Spitzenmodell verfügt über 335 PS Nennleistung und 368 PS Maximalleistung bei 1900/min Den Maßstab im Segment über 300 PS setzt der neue MAGNUM 335 auch beim maximalen Drehmoment: Mit eindrucksvollen 1566 Nm bei 1500/min ist das neue Magnum-Flaggschiff der drehmomentstärkste Standardtraktor weltweit.

Case IH Magnum 305

Typ: Großschlepper
Länge: 5740 Millimeter
Radstand: 3005 Millimeter
Höhe: 3265 Millimeter
Gewicht: 9,4 Tonnen

Motor: Case-IH-STX325-6-Zylinder-Turbodieselmotor mit Ladeluftkühlung
Hubraum: 9000 Kubikzentimeter
Leistung: 339 PS bei 2000/min
Getriebe: Power-Shift, 19 Vorwärts-, 4 Rückwärtsgänge, Allradantrieb

Tank: 682 Liter

Für den aktualisierten Magnum 305 stehen drei Getriebeoptionen zur Wahl. Serienmäßig gibt es ein neues Full-Powershift-Getriebe mit 19 Vorwärts- und 4 Rückwärtsgängen. Dieses steht als 50-km/h-Getriebe zur Verfügung, wobei der Traktor seine maximale Fahrgeschwindigkeit bei der Nenndrehzahl erreicht, oder als 40-km/h-Eco Getriebe, bei dem die Motordrehzahl im höchsten Gang elektronisch begrenzt wird, was höchste Wirtschaftlichkeit bei Straßenfahrten gewährleistet.

Case IH Magnum 535

Typ: Großschlepper
Radstand: 3912 Millimeter
Gewicht: 24,5 Tonnen

Motor: Case-IH-6 Zylinder-Turbodieselmotor mit Ladeluftkühlung
Hubraum: 14.900 Kubikzentimeter
Leistung: 548 PS bei 2100/min
Drehmoment: 2563 kN bei 1400/min
Getriebe: Power-Shift, 16 Vorwärts-, 4 Rückwärtsgänge, Allradantrieb

Tank: 1136 Liter
Wenderadius: 5,7 Meter

Das Modell 535 verbindet ansprechende Optik und intelligente Funktionen, mit deren Hilfe der Landwirt Zeit und Arbeit sparen. Eine abgeschrägte Motorhaube, vom Boden aus erreichbare Wartungspunkte und sicherer Kabinenaufstieg ergänzen das smarte Design des Topmodells. Für enorm gute Sicht in Reihenkulturen sorgen die einteilige, gewölbte Windschutzscheibe, die schmale Lenksäule und die taillierte Motorhaube. Durch die Heckscheibe kann der Fahrer Ankopplungsvorgänge und selbst die breitesten Anbaugeräte immer optimal im Auge behalten

Caterpillar D4D

Typ:	Raupenschlepper
Länge:	4420 Millimeter
Breite:	3050 Millimeter
Höhe (o. Dach):	1710 Millimeter
Gewicht:	9,4 Tonnen

Motor: wassergekühlter Caterpillar D 330, 4 -Zylinder-Dieselmotor

Hubraum:	5800 Kubikzentimeter
Leistung:	75 PS bei 2000/min
Drehmoment:	571 Nm bei 1000/min
Getriebe:	3 Vorwärtsgänge, 3 Rückwärtsgänge
Geschwindigk.:	9,3 km/h

Caterpillar entstand 1925 aus einem Zusammenschluss der Holt Manufacturing Company und der C. L. Best Tractor Company und erhielt den Namen Caterpillar Tractor Company. 1999 ging man mit dem deutschen Unternehmen Claas ein Joint Venture zur gegenseitigen Vermarktung landwirtschaftlicher Maschinen ein. Die Caterpillar-Anteile wurden im Jahr 2002 jedoch von Claas aufgekauft, als Caterpillar beschloss, die Produktion von Raupenschleppern für die Landwirtschaft aufzugeben.

Caterpillar D6B

Typ:	Raupenschlepper
Länge:	3975 Millimeter
Breite:	2369 Millimeter
Höhe:	2121 Millimeter
Gewicht:	10,7 Tonnen

Motor: wassergekühlter Caterpillar-6 -Zylinder-Dieselmotor

Hubraum:	10.500 Kubikzentimeter
Leistung:	141 PS bei 1800/min
Getriebe:	5 Vorwärtsgänge, 1 Rückwärtsgang
Geschwindigk.:	12,4 km/h

Der Fahrerstand des D6B war für eine einfache und bequeme Bedienung ausgelegt. Da in der Landwirtschaft während der Einsätze auf den Feldern häufige Gang- und Richtungswechsel erforderlich sind, ist das Caterpillar-Wechselgetriebe mit Ölkupplung für diese hohen Ansprüche bestens geeignet. Durch die Ölkühlung besitzen die Hauptkupplungen eine sehr lange Lebensdauer, sodass ein Nachjustieren meist erst nach 2000 Betriebsstunden notwendig wird.

Claas Xerion 3800/3300 Trac

Typ:	Systemträger
Länge:	6630 Millimeter
Radstand:	3300 Millimeter
Breite:	2490 Millimeter
Höhe:	3720 Millimeter
Gewicht:	10,2 Tonnen

Motor: Caterpillar C9, 6-Zylinder-Turbodieselmotor mit Ladeluftkühlung

Hubraum:	8804 Kubikzentimeter
Leistung (3800):	344 PS bei 2100/min
Leistung (3300):	305 PS bei 2100/min
Drehmoment:	1450 Nm bei 1500/min
Getriebe:	ZF Eccom 3.5-Getriebe mit 4 Fahrstufen
Geschwindigk.:	50 km/h
Wendekreis:	12 Meter
Tank:	620 Liter

Die Herausforderung an die Claas-Ingenieure war so groß wie der Xerion selbst. Es galt, ein Fahrzeug zu konstruieren, welches genau das kann, was 300-PS-Standardschleppern ohne Ballastierung und Zwillingsreifen große Probleme bereitet: die enorme Leistung auf den Boden zu bringen, ohne diesen zu beschädigen. Unter der Haube des Xerion findet sich ein Name, der für kompromisslose Qualität und Leistungsstärke steht: Caterpillar. Der mächtige 8,8-Liter-Sechszylinder mit Ladeluftkühlung kommt dabei in zwei unterschiedlichen PS-Varianten zum Einsatz.

Claas Xerion 3300 Saddle Trac

Typ:	Systemträger
Länge:	6630 Millimeter
Radstand:	3300 Millimeter
Breite:	2490 Millimeter
Höhe:	3930 Millimeter
Gewicht:	10,2 Tonnen

Motor: Caterpillar C9, 6-Zylinder-Turbodieselmotor mit Ladeluftkühlung

Hubraum:	8804 Kubikzentimeter
Leistung:	305 PS bei 2100/min
Drehmoment:	1450 Nm bei 1500/min
Getriebe:	ZF Eccom 3.5-Getriebe mit 4 Fahrstufen
Geschwindigk.:	50 km/h
Wendekreis:	12 Meter
Tank:	620 Liter

Ein zulässiges Gesamtgewicht von 18 Tonnen auf der Straße und bis zu 30 Tonnen auf dem Feld, gleichmäßig verteilt im Verhältnis 53 Prozent vorne und 47 Prozent hinten, ergeben mit vier breiten, gleich großen Reifen ein großartiges Durchzugsvermögen. Je nach Bereifung hat der Xerion 3300 einen Wendekreis von lediglich zwölf bis 13 Metern. Damit erreicht er eine für Großtraktoren einmalige Wendigkeit.

Claas Xerion 3800 Saddle Trac

Typ:	Systemträger
Länge:	6630 Millimeter
Radstand:	3300 Millimeter
Breite:	2490 Millimeter
Höhe:	3930 Millimeter
Gewicht:	10,2 Tonnen

Motor: Caterpillar C9, 6-Zylinder-Turbodieselmotor mit Ladeluftkühlung

Hubraum:	8804 Kubikzentimeter
Leistung:	379 PS bei 2100/min
Drehmoment:	1620 Nm bei 1400/min
Getriebe:	ZF Eccom 3.5-Getriebe,
Geschwindigk.:	50 km/h
Wendekreis:	12 Meter
Tank:	620 Liter

Der Xerion 3800 ist ein ausgesprochen vielseitiges Systemfahrzeug, dass durch seine spezielle Konstruktion zahlreiche Anwendungen im modernen, großflächigen Ackerbau erst möglich macht. Dabei zeichnet sich dieser Systemträger durch seine hervorragende Wendigkeit aus. Dafür sorgt seine intelligente Vierradlenkung, bei der die Hinterachse automatisch mitlenkt. Die vier gleich großen Räder mit einem Durchmesser von bis zu 2 Metern sorgen in Verbindung mit der Vollrahmenbauweise und einer idealen Gewichtsverteilung von 57 % vorn und 43 % hinten für optimale Traktion bei verringertem Bodendruck.

Claas Xerion 5000 Trac

Typ:	Systemträger
Länge:	7500 Millimeter
Breite:	3000 Millimeter
Höhe:	3800 Millimeter
Gewicht:	16 Tonnen

Motor: wassergekühlter Caterpillar C13, 6-Zylinder-Turbodieselmotor mit Ladeluftkühlung

Hubraum:	12.500 Kubikzentimeter
Leistung:	487 PS bei 2000/min
Drehmoment:	2353 Nm bei 1400/min
Getriebe:	ZF Eccom 4.5-Getriebe, stufenlos, Allradantrieb
Geschwindigk.:	50 km/h

Der Xerion 5000 ist ein Großtraktor mit 524 PS Maximalleistung des deutschen Herstellers Claas und der zurzeit größte Traktor Europas. Der Allrad-Systemschlepper in Trac-Bauweise wurde zusammen mit dem fast baugleichen, jedoch etwas leistungsschwächeren Xerion 4500 bei der Agritechnica 2009 vorgestellt und in der Großtraktor-Kategorie als „Maschine des Jahres 2010" ausgezeichnet. Er ist in zwei Versionen erhältlich: als Trac mit starr montierter Kabine und als Trac VC mit drehbarer Kabine.

Dammann-Trac DT 500

Typ: Trägerfahrzeug
Länge: 7100 Millimeter
Breite: 2550 Millimeter
Höhe: 3300 Millimeter
Gewicht: 14,5 Tonnen

Motor: Daimler OM 906, 6-Zylinder-Turbodieselmotor mit Ladeluftkühlung
Leistung: 231 PS

Der Dammann DT 500 wurde für Geräte wie Aufbauspritzen und Düngerstreuer mit einem Schnellwechselrahmen ausgestattet. Hierfür wurde das Fahrgestell des Unimog U 500 verwendet, der für diesen Einsatz in einer speziellen Ausführung angefertigt wurde. Der schaltbare Vierradantrieb mit Differenzialsperre auf beiden Achsen verfügt über eine hundertprozentige Sperrwirkung. Die Kabine des Dammann DT 500 bietet für größere Fahrer und auch für eine zweite mitfahrende Person viel Bewegungsfreiheit. Eine Klimaanlage und ein aktivkohlegefiltertes Belüftungssystem bieten viel Komfort und gehören zur serienmäßigen Ausstattung.

Dammann-Trac DT 2000 H plus

Typ: Trägerfahrzeug
Länge: 7450 Millimeter
Breite: 2550 Millimeter
Höhe: 3750 Millimeter
Gewicht: 13,5 Tonnen

Motor: wassergekühlter Daimler OM 906 LA, 6-Zylinder-Turbodieselmotor mit Ladeluftkühlung
Leistung: 204 PS
Getriebe: hydraulischer Fahrantrieb, Allradantrieb

Geschwindigk.: 40 km/h

Der Dammann-Trac DT 2000 H Plus verfügt über eine hydraulische Spurbreitenverstellung im Bereich von 1800 bis 2250 Millimeter. Die Bedienung erfolgt während der Fahrt über eine hydraulische Achsverriegelung. Abhängig von der Bereifung gelingt es dem Dammann-Trac DT 2000 H Plus durch seine Bodenfreiheit von ca. 1100 Millimetern auch hohe Bestände unbeschadet zu befahren. Außerdem gewährleisten luftgefederte Achsen einen für den Fahrer angenehmen Komfort.

Dammann-Trac DT 2600 H A3 plus

Die Achsen des Dammann-Trac DT 2600 H werden über einen neu entwickelten Hydraulikantrieb auf allen sechs Rädern angetrieben. Die Antriebsmotoren sind elektronisch gesteuert, damit ein Durchdrehen eines einzelnen Antriebsrades verhindert wird. Das Fahrwerk gibt es mit Festspur oder einer stufenlosen Verstellspur. Die Verstellung der Fahrspur erfolgt über eine eigens entwickelte hydraulische Verstellachse. Per Knopfdruck kann während der Fahrt das gewünschte Spurmaß, ohne anzuhalten und ohne zusätzliche Hilfsmittel, von 1960 bis 2250 Millimeter verstellt werden. Das Fahrzeug hat durch die Konstruktion eine Bodenfreiheit bis 1000 Millimeter. Zur höheren Wendigkeit ist das Fahrzeug nach Anforderung mit zwei lenkbaren Achsen lieferbar. Eine weitere besondere Ausstattung ist die pneumatisch lastabhängig gesteuerte Fahrwerkfederung, welche nicht nur einen hohen Fahrkomfort bietet, sondern bei einem gewünschten Gerätewechsel über eine Steuereinheit ermöglicht, das Fahrzeug um ca. 15 Zentimeter abzusenken. Diese Technik sorgt für einen leichten und schnellen Gerätewechsel.

Typ:	Trägerfahrzeug
Länge:	9400 Millimeter
Breite:	2550 Millimeter
Höhe:	3750 Millimeter
Gewicht:	23 Tonnen

Motor: wassergekühlter Daimler OM 906 LA, 6-Zylinder-Turbodieselmotor mit Ladeluftkühlung

Leistung:	258 PS
Getriebe:	hydraulischer Fahrantrieb, Allradantrieb
Geschwindigk.:	40 km/h

John Deere 8320 RT

Typ:	Raupentraktor
Länge:	5890 Millimeter
Breite:	2920 Millimeter
Höhe:	3320 Millimeter
Gewicht:	15,7 Tonnen

Motor: 6-Zylinder-Turbodieselmotor mit Ladeluftkühlung

Hubraum:	9000 Kubikzentimeter
Leistung:	320 PS bei 2100/min
Drehmoment:	1419 Nm bei 1500/min
Getriebe:	Automatic PowrShift 16/5
Geschwindigk.:	bis 40 km/h

Der Raupentraktor John Deere 8320 RT, das „T" steht für „Tracks", leistet mit seinem großvolumigen Sechszylinder-Motor 320 PS bei 2100 Umdrehungen in der Minute. Dabei beträgt der Hub 136 und die Bohrung 118,5 Millimeter pro Zylinder. Das maximale Drehmoment ist bei 1419 Newtonmetern erreicht. Der Automatic PowrShift 16/5 sorgt für Geschwindigkeiten von zwei bis 40 km/h vorwärts und von 1,8 bis 16 km/h rückwärts. Der Kraftstofftank fasst 758 Liter Diesel.

John Deere 9430 T

Typ:	Raupentraktor
Gewicht:	16,1 Tonnen

Motor: 6-Zylinder-Turbodieselmotor mit Ladeluftkühlung

Hubraum:	13.500 Kubikzentimeter
Leistung:	431 PS bei 2100/min
Geschwindigk.:	bis 40 km/h

Die Firma John Deere hat die Großtraktoren-Serie 9430 an das Design seiner kleineren Baureihen angepasst. Es wurden neue stärkere Motoren und zusätzliche Automatikfunktionen installiert. Der 9430 T wurde für schwere gezogene Bodenbearbeitungsgeräte entwickelt und bietet mit seiner Motorleistung und den Raupenketten eine große Flächenleistung bei niedriger Bodenbelastung. Er hat seit seiner Premiere im Jahr 1996 – wie auch die anderen Traktoren aus der Serie 9000 – großen Erfolg auf dem Markt.

John Deere 9330

Typ:	Großschlepper
Radstand:	3500 Millimeter
Gewicht:	15,6 Tonnen

Motor: wassergekühlter 6-Zylinder-Turbodieselmotor mit Ladeluftkühlung

Hubraum:	13.500 Kubikzentimeter
Leistung:	381 PS bei 2100/min
Getriebe:	24/24 PowerSync (18/6 PowerShift Option), Allradantrieb
Geschwindigk.:	40 km/h

Der Großtraktor John Deere 9330 verfügt über einen Sechszylinder-Turbodieselmotor mit Ladeluftkühlung. Er besitzt eine Nennleistung von 382 PS nach ECE-R24. Im 9330 arbeitet ein 18/6-Gang-Powershift-Getriebe, das je nach Arbeitsbedingungen selbstständig auf- oder abschaltet. Die Programmierung durch den Fahrer sorgt bei diesem Knicklenker dafür, dass das Getriebe eigenständig den jeweils besten Gang wählt.

John Deere 9630

Typ:	Großschlepper
Gewicht:	17,7 Tonnen

Motor: wassergekühlter 6-Zylinder-Turbodieselmotor mit Ladeluftkühlung

Hubraum:	13.500 Kubikzentimeter
Leistung:	578 PS
Getriebe:	18 Vor- und 6 Rückwärtsgänge, Automatic-Power-Shift (APS), Allradantrieb
Geschwindigk.:	40 km/h

Bei den Großschleppern lässt John Deere den Betriebsleitern die Wahl: „Rad oder Raupe?" Die 9030er-Serie gibt es nämlich sowohl als knickgelenkten Radschlepper als auch mit Raupenlaufwerk. Seine Power bezieht der 9630 aus dem neuen 13,5-Liter-Motor mit Vierventiltechnik, Pumpe-Düse-Einspritzung, variablem Turbo und Kühlerlüfter sowie Abgasrückführung. Er sitzt unter der mächtigen, einteiligen Motorhaube, deren Kühlergitter von Graepel im niedersächsischen Löningen gefertigt wird.

Deutz-Fahr Agrokid 230

Typ: Kleintraktor
Gewicht: 15,7 Tonnen

Motor: wassergekühlter Mitsubishi S4L-T, 4-Zylinder-Turbomotor
Hubraum: 1758 Kubikzentimeter
Leistung: 48 PS bei 3000/min
Drehmoment: 88 Nm bei 2000/min
Getriebe: 4 Vorwärts-, 3 Rückwärtsgänge

Geschwindigk.: bis 30 km/h
Tankinhalt: 40 Liter

Der Deutz-Fahr Agrokid 230 mit Allradantrieb erreicht eine Höchstgeschwindigkeit von 30 km/h. Die stabilen 3-Punkt-Kupplungen gewährleisten einen leichten Anbau der Geräte. Mit 700 mm Hubweg verfügt der Agrokid über einen weiten Hubbereich. Seine Vielseitigkeit im Einsatz wie beispielsweise als Schneepflug mit Streuer, als Front- oder Zwischenachsmäher, Heckbagger für Aushubarbeiten, Kehrbesen und -maschine oder als Frontlader in Grünanlagen, Gewächshäusern, in Baumschulen sowie im kommunalen Dienst machen ihn zu einem unverzichtbaren Helfer.

Deutz-Fahr Agrolux 320

Typ: Kompakttraktor
Länge: 3351 Millimeter
Breite: 2285 Millimeter
Höhe: 2340 Millimeter
Gewicht: 4,8 Tonnen

Motor: wassergekühlter SDF-1.000.3 WT Intercooler, 3-Zylinder-Turbomotor
Hubraum: 3000 Kubikzentimeter
Leistung: 72 PS bei 2000/min
Drehmoment: 265 Nm bei 1600/min
Getriebe: vollsynchronisiertes 5-Gang-Getriebe mit 3 Gruppen

Geschwindigk.: bis 40 km/h
Tankinhalt: 70 Liter

Mit dem Agrolux setzt Deutz-Fahr ein überzeugendes Konzept in idealer Weise um: Bewährte Technik, eine auf den Einsatzbereich des Agrolux optimal abgestimmte Ausstattung und ein zweckmäßiges, modernes Design wurden zu einem modernen Kompakttraktor kombiniert, der seinesgleichen sucht. Als Plattformschlepper bietet er alle Vorzüge eines vielseitigen und wendigen Schleppers für Hof, Stall und leichte Feldarbeiten. Die vollwertige Ausstattung bis hin zur leistungsfähigen Hydraulik weist ihn als vielseitigen und zuverlässigen Partner für alle Einsatzbedingungen aus.

Deutz-Fahr Agroplus 420

Typ:	Kompaktschlepper
Länge:	3995 Millimeter
Radstand:	2230 Millimeter
Höhe:	2460 Millimeter
Gewicht:	5,2 Tonnen

Motor: wassergekühlter 1000.4-WTI2E3-3-Zylinder-Turbodieselmotor mit Ladeluftkühlung

Hubraum:	4000 Kubikzentimeter
Leistung:	95 PS bei 2200/min
Getriebe:	Powershift-45/45 Gänge mit ECO-Speed, Allradantrieb
Geschwindigk.:	40 km/h

Der Agroplus beweist: Auch kompakte Traktoren können komfortabel sein. Die geräumige Deluxe-Vollkabine mit ebenem Kabinenboden und weit öffnenden Kabinentüren bietet viel Platz für Fahrer und Beifahrer. Die Sicht auf die Arbeitsräume wird dank der am A-Holm geführten Auspuffanlage nicht behindert. Für den Einsatz mit Deutz-Fahr-Frontladern ist ein aufstellbares Glasdach lieferbar, das optimale Sicht auf den Frontlader bietet.

Deutz-Fahr Agrofarm 430

Typ:	Universalschlepper
Länge:	4160 Millimeter
Radstand:	2340 Millimeter
Höhe:	2808 Millimeter
Gewicht:	7,2 Tonnen

Motor: wassergekühlter Deutz-TCD-2012-L-04-4-Zylinder-Turbodiesel-motor mit Ladeluftkühlung

Hubraum:	4000 Kubikzentimeter
Leistung:	95 PS bei 2200/min
Getriebe:	Powershift-45/45 Gänge mit ECO-Speed, Allradantrieb
Geschwindigk.:	40 km/h

Der Agrofarm ist ein Stück vernünftiger Technik mit der reichen Erfahrung aus über 80 Jahren maßgeblicher Technologieführerschaft in der Landmaschinenindustrie. Die neue Agrofarm-Baureihe ist speziell für Grünland-, Pflege- und Hofeinsätze konzipiert und bietet besondere Pluspunkte in der kompakten Mittelklasse: große Flexibilität, einen niedrigen Schwerpunkt und große Wendigkeit, Übersichtlichkeit, Handlichkeit sowie höchste Wirtschaftlichkeit und Produktivität zu einem attraktiven Preis-Leistungs-Verhältnis mit praxisgerechter Ausstattung.

Deutz-Fahr Agroton X 720

Der Agrotron X 720 verfügt über den wassergekühlten Deutz-Common-Rail-Turbodiesel-Motor TCD 2013 L06 4V mit DCR-Einspritzung. Das Getriebe mit 40 Vorwärts- und 40 Rückwärtsgängen liefert die Firma ZF Friedrichshafen. Es besitzt einen zuschaltbaren Allradantrieb sowie das Powershuttle-Wendegetriebe 7300. Mit dieser Wendeschaltung kann der Fahrer ohne Betätigung des Kupplungspedals aus dem Stand anfahren oder die Fahrtrichtung (rückwärts/vorwärts) ändern. Mittels des PowerComS-Bedienhebel angesteuert, funktioniert die Fahrtrichtungsumkehr bei einer Geschwindigkeit von bis zu 12,5 km/h, wobei der Traktor sanft abbremst und anschließend bei sehr niedriger Geschwindigkeit in die andere Fahrtrichtung schaltet.

Typ:	Großtraktor
Länge:	5399 Millimeter
Breite:	3095 Millimeter
Höhe:	3270 Millimeter
Gewicht:	10,4 Tonnen

Motor: wassergekühlter Deutz TCD 2013 L06 4V, 6-Zylinder-Turbodieselmotor

Hubraum:	7146 Kubikzentimeter
Leistung:	262 PS bei 2350/min
Drehmoment:	1052 Nm bei 1650/min
Getriebe:	ZF 7300-Getriebe, 40 Vorwärts-, 40 Rückwärtsgänge
Geschwindigk.:	bis 50 km/h
Tankinhalt:	585 Liter

Fendt 820 Vario

Typ:	Großschlepper
Länge:	4753 Millimeter
Radstand:	2720 Millimeter
Breite:	2570 Millimeter
Höhe:	3025 Millimeter
Gewicht:	12,5 Tonnen

Motor: wassergekühlter 6-Zylinder-Turbodieselmotor mit Ladeluftkühlung

Hubraum:	6057 Kubikzentimeter
Leistung:	190 PS bei 2100/min
Getriebe:	stufenloses Vario-Getriebe, Allradantrieb
Geschwindigk.:	50 km/h

Der im Herbst 2006 eingeführte 820 Vario kostete seinerzeit in der Grundausstattung knapp 150.000 Euro. Sein mittels Turobolader zwangsbeatmeter, wassergekühlter Sechszylinder sorgt mit seinen 190 PS dafür, dass der Hightech-Traktor des Marktoberdorfer Traditionsunternehmens mit einem Einsatzgewicht von über 7 Tonnen genug Leistung bietet, um auch große Anhänger wie Silage-Trailer zu ziehen.

Fendt 924 Vario

Typ:	Großschlepper
Länge:	5655 Millimeter
Radstand:	3050 Millimeter
Breite:	2750 Millimeter
Höhe:	3322 Millimeter
Gewicht:	10,7 Tonnen

Motor: wassergekühlter 6-Zylinder-Turbodieselmotor mit Ladeluftkühlung

Hubraum:	7755 Kubikzentimeter
Leistung:	240 PS bei 1900/min
Getriebe:	stufenloses Vario-Getriebe, Allradantrieb
Geschwindigk.:	60 km/h

Der Fendt 924 Vario hat die Leistungsfähigkeit von Großtraktoren mit der Wendigkeit und Übersicht eines kompromisslosen Allrounders bei den Mittelklassetraktoren. Ob in den klassischen Einsätzen in der Landwirtschaft oder während Sondereinsätzen im Lohn-, Kommunal- und Forstbereich, der Vario 924 ist auch für so ein breites Einsatzspektrum hochqualifiziert. Durch Einsatz neuester Technologien im Motorenbereich sind Verbrauchsvorteile bis zu zehn Prozent möglich. Gleichzeitig bietet das Modell 924 Vario mit 240 PS Maximalleistung viel Spritzigkeit und Durchzugskraft.

Fendt 936 Vario

Typ:	Großschlepper
Länge:	5655 Millimeter
Radstand:	3050 Millimeter
Breite:	2570 Millimeter
Höhe:	3372 Millimeter
Gewicht:	18 Tonnen

Motor: wassergekühlter 6-Zylinder-Turbodieselmotor mit Ladeluftkühlung

Hubraum:	7142 Kubikzentimeter
Leistung:	330 PS bei 2200/min
Getriebe:	stufenloses Vario-Getriebe, Allradantrieb
Geschwindigk.:	60 km/h

Die Vario-Baureihe 900 steht seit der Premiere des legendären 926 Vario im Jahr 1995 für wegweisende Innovationskraft im Großtraktorenbau und ist die erfolgreichste Großtraktorenbaureihe Europas. Wachsende Schlaggrößen, überproportional zunehmende Transportwege und steigender Kostendruck beschäftigen heute Landwirte wie Lohnunternehmer. Für die Herausforderungen der Zukunft hat Fendt die Antwort: Der 330 PS starke 936 Vario bewährt sich bestens in neue Großbetrieben.

Fendt „Trisix" Vario

Typ:	Konzeptstudie
Länge:	7610 Millimeter
Breite:	2750 Millimeter
Gewicht:	20 Tonnen

Motor: wassergekühlter MAN D 2676, 6-Zylinder-Turbodieselmotor

Hubraum:	12.419 Kubikzentimeter
Leistung:	544 PS
Getriebe:	2 stufenlose Vario-Getriebe, Allradantrieb
Geschwindigk.:	bis 61 km/h

Mit der Konzeptstudie Trisix Vario hat Fendt auf der Agritechnica 2007 ein Hochleistungsfahrzeug präsentiert. Das Konzept vereint die Vorteile von Raupentraktoren mit denen von Hochleistungsradtraktoren – ohne dabei die jeweiligen Nachteile in Kauf nehmen zu müssen. Drei Achsen bedeuten im Vergleich zu bisherigen Radkonzepten eine erhöhte Kraftübertragung und eine deutlich bessere Traktion. Gleichzeitig sind Fahrzeugaußenbreiten möglich, die einen uneingeschränkten Straßenverkehr erlauben.

JCB Fastrac 2170

Typ:	Großschlepper
Länge:	5182 Millimeter
Radstand:	2720 Millimeter
Breite:	2490 Millimeter
Höhe:	2870 Millimeter
Gewicht:	6,1 Tonnen

Motor: wassergekühlter Cummins QSB 30, 6-Zylinder-Turbodieselmotor mit Ladeluftkühlung

Hubraum:	6700 Kubikzentimeter
Leistung:	231 PS
Getriebe:	54 Vorwärts-, 18 Rückwärtsgänge, Allradantrieb
Geschwindigk.:	über 60 km/h

Bereits im Jahr 1987 experimentierte JCB mit dem „High Mobility Vehicle", dem ersten Hochgeschwindigkeitstraktor weltweit. Dafür gründete das Unternehmen im Jahr 1989 die JCB-Landpower Ltd., da der Traktor in einer eigenen Fabrik in Cheadle in Großbritannien gebaut werden sollte. Der erste Fastrac kam im Jahr 1991 auf den Markt. Er füllte die durch Einstellung der Produktion des MB-Tracs von Mercedes-Benz hinterlassene Marktlücke.

JCB Fastrac 3230 Xtra

Typ:	Großschlepper
Länge:	5200 Millimeter
Radstand:	3060 Millimeter
Breite:	2530 Millimeter
Höhe:	3170 Millimeter
Gewicht:	8 Tonnen

Motor: wassergekühlter Cummins QSB6.7, 6-Zylinder-Turbodieselmotor mit Ladeluftkühlung

Hubraum:	6702 Kubikzentimeter
Leistung:	220 PS bei 2200/min
Getriebe:	Teillastschaltgetriebe mit 24 Vorwärts- u. 9 Rückwärtsgängen oder Powershift-Getriebe mit 54 Vorwärts- und 18 Rückwärtsgängen, Allradantrieb
Geschwindigk.:	66,4 km/h

Die Baureihe 3000 mit den Varianten 3200 und 3230 löste die Baureihe 100 ab. Sie hat ein dreistufiges Lastschaltgetriebe (Powershift), wodurch sich die Zahl der Gänge auf 54 Vorwärts- und 18 Rückwärtsgänge erhöhte. Die drei Lastschaltstufen konnten in jedem Gang ohne Kupplungsbetätigung gewechselt werden. Im Jahr 2000 verwendete JCB in den Fastracs der Baureihen 2000 und 3000 erstmals das sogenannte „Smoothshift"-Getriebe mit Auto-Shuttle-Wendegetriebe und Knopfdruckschaltung.

JCB Fastrac 7230

Typ:	Großschlepper
Länge:	5720 Millimeter
Radstand:	3050 Millimeter
Breite:	2550 Millimeter
Höhe:	3230 Millimeter
Gewicht:	9,2 Tonnen

Motor: wassergekühlter Cummins QSB, 6-Zylinder-Turbodieselmotor mit Ladeluftkühlung

Hubraum:	6702 Kubikzentimeter
Leistung:	223 PS bei 2200/min
Drehmoment:	949 Nm bei 1500/min
Getriebe:	Teillast-Powershift, 24 Vorwärts-, 9 Rückwärtsgänge, Allradantrieb
Geschwindigk.:	70 km/h

Der Fastrac ist ein Traktor, der für hohe Geschwindigkeit bei Transportfahrten auf Straßen entwickelt wurde. Der 7230 verfügt über den 6,7-Liter-Motor von Cummins mit Vierventiltechnik und Luft-Ladeluft-Kühlung. Er ist mit dem P-Tronic JCB Lastschaltgetriebe mit 24 Vorwärts- und 9 Rückwärtsgängen und mit Farb-Touchscreen-Steuerung ausgestattet. Die Kabine erfüllt mit vollautomatischer Klimaautomatik, Luftfederung für Fahrer- und Beifahrersitz, Radio, beheizbaren Scheiben und Spiegeln für Fahrer und Beifahrer höchste Komfortansprüche.

JCB Fastrac 8250

Typ:	Großschlepper
Länge:	5650 Millimeter
Radstand:	3120 Millimeter
Breite:	2550 Millimeter
Höhe:	3390 Millimeter
Gewicht:	10,6 Tonnen

Motor: wassergekühlter Cummins QSC, 6-Zylinder-Turbodieselmotor mit Ladeluftkühlung

Hubraum:	8268 Kubikzentimeter
Leistung:	252 PS bei 2200/min
Drehmoment:	1179 Nm bei 1400/min
Getriebe:	stufenloses CVT-Getriebe mit 2 Fahrbereichen und 6 Betriebsarten, Allradantrieb
Geschwindigk.:	bis 67,1 km/h

Modelle von JCB wie der 8250 verfügen über Smoothshift-Lastschaltgetriebe mit Selectronic und Autoshift. Zum Smoothshift-System gehört eine Mehrscheibennasskupplung im Ölbad. Mit dem Selectronic-Vorwahlgetriebe werden die Getriebeübersetzungen durch Drehen des an der Lenksäule montierten Wahlhebels voreingestellt. Das Einrücken der Gänge geschieht erst, wenn die Kupplung vollständig losgelassen wird.

Massey Ferguson MF 6499 Dyna-6

Typ:	Großschlepper
Länge:	5000 Millimeter
Radstand:	3000 Millimeter
Breite:	2300 Millimeter
Höhe:	3100 Millimeter
Gewicht:	7,8 Tonnen

Motor: wassergekühlter AGCO SISU Power 74.CTA, 6-Zylinder-Turbodieselmotor mit Ladeluftkühlung

Hubraum:	7400 Kubikzentimeter
Leistung:	215 PS bei 2200/min
Getriebe:	Dyna-6 Speed-matching, Allradantrieb
Geschwindigk.:	50 km/h

Die Baureihe MF 6400 verfügt über das 24/24-Gang-Dyna-6-Getriebe. Dabei bestimmt der Fahrer, bei welcher Motordrehzahl der Gangwechsel bzw. auch der Gruppenwechsel automatisiert erfolgen soll. Die extrem leise Kabine mit 70 dB(A) Geräuschpegel sorgt zusammen mit der hervorragenden Ergonomie und Bedienung für eine deutliche Steigerung an Komfort und damit Produktivität.

Massey Ferguson MF 7490 Dyna-VT

Typ:	Großschlepper
Länge:	5230 Millimeter
Radstand:	3000 Millimeter
Breite:	2550 Millimeter
Höhe:	3100 Millimeter
Gewicht:	6,6 Tonnen

Motor: wassergekühlter AGCO SISU Power 66.CTA, 6-Zylinder-Turbodieselmotor mit Ladeluftkühlung

Hubraum:	6600 Kubikzentimeter
Leistung:	175 PS bei 2200/min
Getriebe:	stufenloses Dyna-VT-Getriebe, Allradantrieb
Geschwindigk.:	50 km/h

Der MF 7490 aus der Modellreihe 7400 von Massey Ferguson verfügt über den AGCO SISU Power 66.CTA Motor mit 175 PS bei 2200/min. Seine Kabine ist geräumig und alle häufig verwendeten Bedienelemente sind in die rechte Armlehne integriert und stets griffbereit.

New Holland T8040

Typ:	Großschlepper
Länge:	5829 Millimeter
Radstand:	3078 Millimeter
Breite:	2490 Millimeter
Höhe:	3313 Millimeter
Gewicht:	9,3 Tonnen

Motor: wassergekühlter CNH, 6-Zylinder-Turbodieselmotor mit Ladeluftkühlung

Hubraum:	8300 Kubikzentimeter
Leistung:	309 PS bei 2200/min
Drehmoment:	1367 Nm bei 1500/min
Getriebe:	19 x 4 Ultra Command, Allradantrieb
Geschwindigk.:	bis 50 km/h

Die Traktoren der Serie T8000 sind um den Fahrer herum konstruiert. Bei der Konzeption dieser hervorragenden Traktoren wurde alles auf Komfort und einfache Bedienung ausgelegt – von der mehrstufigen Sitzheizung bis hin zum bequem ablesbaren IntelliViewTM-II-Monitor. Aber auch der Beifahrersitz ist perfekt gestaltet und ausgeführt. Die T8000-Traktoren verfügen über eine noch bessere Leistungs- und Drehmomententfaltung als ihre Vorgängertypen – für Arbeiten, die höchste Leistungsanforderungen stellen.

New Holland T9060

Typ:	Großschlepper
Länge:	7560 Millimeter
Radstand:	3910 Millimeter
Höhe:	3810 Millimeter
Gewicht:	24,5 Tonnen

Motor: wassergekühlter Cummins QSX15, 6-Zylinder-Turbodieselmotor mit Ladeluftkühlung

Hubraum:	15.000 Kubikzentimeter
Leistung:	544 PS bei 2100/min
Drehmoment:	2564 Nm bei 1400/min
Getriebe:	16 Vorwärts-, 2 Rückwärtsgänge, Allradantrieb
Geschwindigk.:	33,8 km/h

Die Serie New Holland T9000 ist die größte Baureihe des englischen Traktorenherstellers. Sie zählt zu den Giganten auf dem Traktorenmarkt und bietet Großtraktoren als Knicklenker-Variante von Steiger mit bis zu 542 PS. Die englischen Giganten werden auch New Holland TJ genannt. Die T9000-Traktoren werden aktuell nicht in Deutschland verkauft. Diese Baureihe findet ihr Einsatzgebiet u.a. in Nordamerika, Asien oder Afrika. Aktuell werden fünf Modelle angeboten.

Valtra T191

Typ:	Großschlepper
Länge:	5148 Millimeter
Gewicht:	4,9 Tonnen

Motor: wassergekühlter AGCO SISU Power 74 CTA-4V, 6-Zylinder-Turbodieselmotor mit Ladeluftkühlung

Hubraum:	6600 Kubikzentimeter
Leistung:	185 PS bei 2200/min
Getriebe:	EcoSpeed, 36 Vorwärts-, 36 Rückwärtsgänge, Allradantrieb
Geschwindigk.:	bis 40 km/h

Die Valtra T-Serie eignet sich ideal für professionelle Landwirte und Lohnunternehmer, die im Kundenbestellsystem Valtra à la carte alle wichtigen Funktionen und Optionen einzeln spezifizieren wollen. Dank Motorentechnologie von AGCO Sisu Power und Load-Sensing-Hydraulik ist die T-Serie in ihrer Leistungsklasse erste Wahl.

Valtra S352

Typ:	Großschlepper
Länge:	4745 Millimeter
Radstand:	3105 Millimeter
Breite:	2550 Millimeter
Höhe:	3380 Millimeter
Gewicht:	10,5 Tonnen

Motor: wassergekühlter AGCO Sisu Power 8.4CTA-4, 6-Zylinder-Turbodieselmotor mit Ladeluftkühlung

Hubraum:	8400 Kubikzentimeter
Leistung:	370 PS
Drehmoment:	1540 Nm
Getriebe:	stufenloses AVT-Getriebe, Allradantrieb
Geschwindigk.:	40 km/h

Mit dem wassergekühlten Sechszylinder-Motor AGCO Sisu Power 8.4CTA-4 erreicht der Valtra S352 eine Leistung von 370 PS bei 8400 Kubikzentimeter. Das stufenlose AGCO-Getriebe AVT bietet dem Traktorfahrer viele Möglichkeiten, seine Arbeit effizienter zu gestalten. Fahrgeschwindigkeit und Motordrehzahl können mit dem Gaspedal, über einen Handhebel oder von einer Automatik gesteuert werden. Die neue SCR-Abgasnachbehandlung der Motoren (Selective Catalytic Reduction) ist umweltfreundlich und äußerst effizient.

Versatile 575

Typ: Großschlepper
Länge: 7630 Millimeter
Radstand: 3930 Millimeter
Höhe: 3940 Millimeter
Gewicht: 20,7 Tonnen

Motor: wassergekühlter Cummins QSX15, Turbodieselmotor mit Ladeluftkühlung
Hubraum: 15.000 Kubikzentimeter
Leistung: 583 PS bei 1800/min
Getriebe: Caterpillar Powershift TA22, Allradantrieb

Geschwindigk.: bis 40 km/h

Versatile wurde 1947 in Toronto (Kanada) gegründet. 1966 wurde der erste Traktor, der D 100, gefertigt. Seit 2000 gehört der kanadische Hersteller mit Sitz in Winnipeg zu Buhler. Vor allem in Nordamerika sieht man die gigantischen Knicklenker wie den Versatile 575 auf den Feldern und Höfen im Einsatz.

Versatile 400

Typ: Großschlepper
Länge: 6750 Millimeter
Höhe: 3720 Millimeter
Gewicht: 14,3 Tonnen

Motor: wassergekühlter Cummins QSX11
Hubraum: 11.000 Kubikzentimeter
Leistung: 405 PS bei 1800/min

Die Versatile-Traktoren wurden vor allem für Großbetriebe in Nordamerika, Russland und auch China entwickelt. Der Einsatz hochwertiger Komponenten, viel Leistung und ein niedriger Schwerpunkt machen den Versatile 400 zu einem zuverlässigen und langlebigen Arbeitsgerät. Der 11-Liter-Reihenmotor mit seinen sechs Zylindern und Turbolader mit Ladeluftkühlung liefert eine überlegene Leistung mithilfe einer modernen Verbrennungstechnik. Dabei sorgt der Turbolader für eine optimale Gasannahme und eine Leistungsausbeute von über 400 PS.

Claas Jaguar 870

Typ:	Feldhäcksler
Länge:	6431 Millimeter
Breite:	bis 3995 Millimeter
Höhe:	3728 Millimeter
Gewicht:	10,8 Tonnen

Motor: Daimler Chrysler OM 502 LA, V8-Zylinder-Dieselmotor

Hubraum:	16.000 Kubikzentimeter
Leistung:	453 PS bei 1800/min
Getriebe:	hydrostatisches 2-Gang-Getriebe, Allradantrieb
Geschwindigk.:	bis 40 km/h
Tank:	1000 Liter

Der Claas Jaguar ist der meistverkaufte Feldhäcksler der Welt. Diesen Status hat er unter anderem seiner enormen Vielseitigkeit zu verdanken. Mais ernten oder pflücken, Ganzpflanzen schneiden, Schwaden aufnehmen, Gras mähen, Getreide und Salix ernten – wo immer herausragende Häckselqualität gefragt ist, ist der Jaguar in seinem Element. In der Provence wird er sogar bei der Lavendelernte eingesetzt.

Claas Jaguar 850

Typ:	Feldhäcksler
Länge:	6431 Millimeter
Breite:	bis 3995 Millimeter
Höhe:	3728 Millimeter
Gewicht:	10,8 Tonnen

Motor: Daimler Chrysler OM 460 LA, 6-Zylinder-Reihendieselmotor

Hubraum:	12.800 Kubikzentimeter
Leistung:	412 PS bei 1800/min
Getriebe:	hydrostatisches 2-Gang-Getriebe, Allradantrieb
Geschwindigk.:	bis 40 km/h
Tank:	1000 Liter

Das revolutionäre Antriebskonzept des Jaguar 450 wurde 1993 von den Claas-Ingenieuren entwickelt und setzt bis heute Maßstäbe. Sein intelligenter Aufbau und die sichere, direkte Kraftübertragung haben sich in der Praxis tausendfach bewährt. Ein ausgezeichneter Grund, alles so zu lassen, wie es ist. Auch bei der 450er-Jaguar-Generation ist Class seinem Konzept treu geblieben, den Motor quer zur Fahrtrichtung einzubauen.

Claas Jaguar 890

Typ:	Feldhäcksler
Länge:	6431 Millimeter
Breite:	bis 3995 Millimeter
Höhe:	3728 Millimeter
Gewicht:	10,8 Tonnen

Motor: Daimler Chrysler OM 460 LA, 6-Zylinder-Reihendieselmotor

Hubraum:	12.800 Kubikzentimeter
Leistung:	412 PS bei 1800/min
Getriebe:	hydrostatisches 2-Gang-Getriebe, Allradantrieb
Geschwindigk.:	bis 40 km/h
Tank:	1000 Liter

90 Tonnen Mais pro Hektar sind normal. Genauso wie Temperaturen bis plus 50 Grad Celsius, enorme Staubentwicklung und bis zu 1800 Betriebsstunden pro Jahr und Maschine. Bei Mike & Danell Bros. in Kalifornien sind 20 Claas Jaguar im Einsatz. Das sagt alles, denn sie sind die größten Lohnunternehmer weltweit mit einer jährlichen Silage von rund 1,5 Millionen Tonnen und Großbauern mit bis zu 10.000 Kühen.

Claas Lexion 670

Typ:	Mähdrescher
Gewicht:	14,8 Tonnen
Korntank:	10.500 Liter

Motor: Caterpillar C13, 6-Zylinder-Reihendieselmotor

Hubraum:	12.500 Kubikzentimeter
Leistung:	390 PS bei 1900/min
Getriebe:	2-Gang-Schaltgetriebe, 4-TRAC-Allradantrieb
Geschwindigk.:	bis 30 km/h
Tank:	800 Liter

Noch großräumiger als sein Vorgängermodell bietet der Claas Lexion der neuen Generation dem Fahrer Bewegungsfreiheit, Übersicht und eine exzellente Rundumsicht. Stets angenehme Klimatisierung, ein besonders niedriger Geräuschpegel und eine dreifach verstellbare Lenksäule schaffen erstklassige Arbeitsbedingungen. Wer im Sitzen Dynamik und Aktivität beweisen muss, erhält hier vollste Unterstützung.

Claas Lexion 770

Typ:	Mähdrescher
Gewicht:	18 Tonnen
Korntank:	12.000 Liter

Motor: Mercedes-Benz OM 502 LA, V8-Zylinder-Dieselmotor

Hubraum:	16.000 Kubikzentimeter
Leistung:	530 PS bei 2000/min
Getriebe:	2-Gang-Schaltgetriebe, 4-TRAC-Allradantrieb
Geschwindigk.:	bis 40 km/h
Tank:	1150 Liter

Alle Lexion-Modelle können mit drei automatischen Lenksystemen ausgestattet werden, die je nach Einsatz wahlweise genutzt werden können. Der satellitengestützte GPS-Pilot nutzt die Signale des Global-Positioning-Systems und führt den Lexion automatisch bis auf zwei Zentimeter an der Schnittkante entlang. Die Darstellung des GPS-Pilot erfolgt über das multifunktionale, farbige Cebis Mobile. Mit der CEMOS-Software ist ein gleichzeitiger Betrieb möglich.

Claas Tucano 450

Typ: Mähdrescher
Gewicht: 12,53 Tonnen
Korntank: 9000 Liter

Motor: Mercedes-Benz OM 926 LA, 6-Zylinder-Reihendieselmotor
Hubraum: 7200 Kubikzentimeter
Leistung: 299 PS bei 2100/min
Getriebe: 4-TRAC-Allradantrieb

Tank: 650 Liter

Der im Jahre 2007 auf der Agritechnica vorgestellte Claas Tucano 450 wurde mit dem Dreschsystem APS und 6 Schüttlern ausgerüstet. Mit einer Arbeitsbreite von bis zu 9,12 Metern erzielt er gute Ernteergebnisse. Die gute Entleerleistung des 9000 Liter umfassenden Korntanks mit bis zu 75 Litern in der Sekunde verkürzt die Erntezeiten. Der Mercedes-Benz Motor OM 926 LA leistet 299 PS bei 2200 Umdrehungen pro Minute. Die Fahrerkabine kann mit Klimaautomatik, Heizung, CD-Radio mit Freisprecheinrichtung ausgestattet werden.

Claas Cougar 1400

Typ: Selbstfahrer
Länge: 11.500 Millimeter
Breite: bis 14.000 Millimeter
Gewicht: 18,5 Tonnen

Motor: Daimler Chrysler OM 457 LA, 6-Zylinder-Reihendieselmotor
Leistung: 476 PS
Hubraum: 12.000 Kubikzentimeter

Jeder Selbstfahrer leistet nur so viel, wie der Fahrer zu leisten imstande ist. Er ist es, der die optimale Leistung aus Maschine und Erntegegebenheiten erzielt. Deshalb hat Claas bei der Entwicklung des Cougar größtmögliche Anstrengungen unternommen, den Arbeitsplatz komfortabel zu gestalten. Vielfach justierbare Lenksäule und Fahrersessel, die logische Anordnung der Schalter, Hebel und Pedale sind nur einige von vielen Dingen, die die Arbeit mit dem Cougar zum Vergnügen machen. Sämtliche arbeitsrelevanten Funktionen sind beim Cougar im ergonomisch geformten Multifunktionshebel untergebracht.

John Deere C670i

Typ:	Mähdrescher
Gewicht:	15,8 Tonnen
Korntank:	10.000 Liter

Motor: John Deere PowerTech Plus, 6-Zylinder-Turbodieselmotor mit Ladeluftkühler

Hubraum:	9000 Kubikzentimeter
Leistung:	407 PS bei 2200/min
Getriebe:	3-Gang-Schaltgetriebe
Tankvolumen:	800 Liter Diesel

John Deere entwickelte das Hybridsystem schon lange vor anderen Herstellern. Die Kombination von Tangentialdrusch und axialer Restkornabscheidung in der C-Serie bietet mehr Durchsatzleistung unter allen Erntebedingungen. Und so funktioniert das System: Durch den Schrägförderer gelangt das Erntegut zur 660 Millimeter großen Dreschtrommel, in der ein Großteil der Kornabscheidung stattfindet. Zwei horizontale, gegenläufige Hochleistungszinkenrotoren durchkämmen anschließend die Gutmatte. Hier findet auf effiziente Weise die Restkornabscheidung statt.

John Deere T670

Typ:	Mähdrescher
Gewicht:	15,8 Tonnen
Korntank:	11.000 Liter

Motor: John Deere PowerTech Plus, 6-Zylinder-Turbodieselmotor mit Ladeluftkühler

Hubraum:	9000 Kubikzentimeter
Leistung:	407 PS bei 2200/min
Getriebe:	3-Gang-Schaltgetriebe oder ProDrive
Tankvolumen:	800 Liter Diesel

Die T-Serie-6-Schüttler-Mähdrescher bieten 3,36 Quadratmeter aktive Abscheidefläche. Selbst die T-Serie-5-Schüttler-Mähdrescher mit ihren 2,80 Quadratmetern übertreffen die Leistung diverser konventioneller 6-Schüttler-Maschinen. Die T-Serie-Mähdrescher trennen das Korn sanft und dennoch sorgfältig vom Stroh. Erreicht wird dies durch einen gleichmäßigen Gutfluss ohne Knick und ohne abrupten Richtungswechsel. Dabei fließt das Erntegut durch die Dreschtrommel mit weitwinklig umschlossenem Dreschkorb, über die Zuführtrommel zur ersten Abscheidetrommel (Zinkenseparator) mit Abscheidekorb. Die zweite Abscheidetrommel sorgt für einen flüssigen Übergang der Gutmatte auf die Schüttler.

John Deere W650

Typ: Mähdrescher
Gewicht: 14,7 Tonnen
Korntank: bis 11.000 Liter

Motor: John Deere PowerTech Plus, 6-Zylinder-Turbodieselmotor mit Ladeluftkühler
Hubraum: 9000 Kubikzentimeter
Leistung: 320 PS bei 2200/min
Getriebe: 3-Gang-Schaltgetriebe

Tankvolumen: 800 Liter Diesel

Das Konzept der Jon-Deere-W-Serie sorgt seit 2007 für eine sichere und ökonomische Getreideernte auf vielen Feldern dieser Erde. Die W-Serie ist eine komplette Neuentwicklung und löste die WTS-Mähdreschertypen ab. In den 6-Schüttler-Maschinen W650 und W660 sorgen ein schonender Ausdrusch und gute Strohqualität unter allen Erntebedingungen für beste Ergebnisse. Für den W650 gibt es optional einen 11.000 Liter fassenden Korntank. In der Serie beläuft sich dieser auf 9000 Liter.

John Deere 1570

Typ: Mähdrescher
Gewicht: 11,6 Tonnen
Korntank: 6800 Liter

Motor: John Deere PowerTech Plus, 6-Zylinder-Turbodieselmotor mit Ladeluftkühler
Hubraum: 6800 Kubikzentimeter
Leistung: 266 PS
Getriebe: 3-Gang-Schaltgetriebe

Tankvolumen: 470 Liter Diesel

Technologie und ein wirtschaftlicher Preis sind die ideale Lösung für Einsteiger und preisbewusste Unternehmer, die nicht auf hohe Leistung und besten Komfort verzichten wollen. Die hohe Durchsatzleistung des neuen Schrägförderers ermöglicht einen gleichmäßigen Materialfluss, auch unter schwierigen Bedingungen. Die große Dreschtrommel mit 61 Zentimetern Durchmesser garantiert hohe Ernteleistungen, und die Schüttler sowie das Reinigungssystem bieten die Grundlage für hervorragende Abscheidung und höchsteffiziente Reinigung.

Deutz-Fahr 5695 HTS

Typ:	Mähdrescher
Gewicht:	12,2 Tonnen
Korntank:	8500 Liter

Motor: wassergekühlter Deutz TCD 2013 L06 4V, 6-Zylinder-Common-Railmotor

Hubraum:	7146 Kubikzentimeter
Leistung:	366 PS
Getriebe:	hydrostatischer Antrieb mit 4-Gang-Getriebe
Geschwindigk.:	bis 30 km/h

Der Deutz-Fahr-Mähdrescher 5695 HTS verfügt über einen 8500 Liter fassenden Korntank, den er mit einer Entladegeschwindigkeit von 85 Litern in der Sekunde entleeren kann. Sein Deutz Common-Railmotor mit sechs Zylindern leistet 366 PS. Ein hydrostatischer Antrieb mit 4-Ganggetriebe, eine hydraulische Pedalbremse sowie eine mechanische Feststellbremse sind serienmäßig vorhanden. Auf Wunsch ist auch ein Allradantrieb erhältlich.

Deutz-Fahr 7545 RTS

Typ:	Mähdrescher
Gewicht:	16 Tonnen
Korntank:	9000 Liter

Motor: Deutz TCD 2015 V6, 6-Zylinder-4-Ventil-Motor

Hubraum:	11.910 Kubikzentimeter
Leistung:	450 PS
Getriebe:	hydrostatischer Fahrantrieb mit 3-Gang-Getriebe, Allradantrieb
Tankvolumen:	900 Liter Diesel
Geschwindigk.:	bis 35 km/h

Der Mähdrescher 7545 RTS ist mit einem der modernsten Deutz V6-Turbodiesel-Motoren ausgestattet. Der TCD 2015 mit Deutz Common-Rail leistet bei 11,9 Litern Hubraum 450 PS. Die Arbeitsbreite seines Vario-Schneidwerks beträgt bis zu 7,20 Meter. Die Kabine ist mit einem übersichtlichen Bedienterminal mit Touchscreen, Klimaanlage und Bordrechner ausgestattet. Der 7545 RTS verfügt serienmäßig über Allradantrieb.

Fendt 5180 E

Typ: Mähdrescher
Länge: 8700 Millimeter
Höhe: 4000 Millimeter
Gewicht: 10,3 Tonnen
Korntank: 5200 Liter

Motor: wassergekühlter Iveco NEF 6-Zylinder-Dieselmotor
Hubraum: 6700 Kubikzentimeter
Leistung: 175 PS
Getriebe: hydrostatisches 3-Gang-Getriebe

Tankvolumen: 450 Liter Diesel

Alle Fendt Mähdrescher sind mit einem FreeFlow-Schneidwerk ausgerüstet, das sich durch höchsten Durchsatz und enorme Langlebigkeit auszeichnet. Die Arbeitsbreite des technisch ausgereiften Schneidwerks reicht von 4,20 bis 7,60 Meter. Eine automatische Schneidwerksregelung gleicht Bodenunebenheiten aus. Der in der Basisversion knapp 140.000 Euro teure Fendt 5180 E kann seinen 5200 Liter fassenden Korntank mit einer Entladegeschwindigkeit von 85 Litern pro Sekunde entleeren.

Fendt 5250 L

Typ: Mähdrescher
Länge: 8700 Millimeter
Höhe: 4000 Millimeter
Gewicht: 11,9 Tonnen
Korntank: 7000 Liter

Motor: wassergekühlter Iveco NEF Dieselmotor
Hubraum: 6700 Kubikzentimeter
Leistung: 243 PS
Gertiebe: hydrostatisches 3-Gang-Getriebe

Tankvolumen: 450 Liter Diesel

Mit einer Hubgeschwindigkeit von 1220 Hüben pro Minute und der Schnittgeschwindigkeit von 1,73 m/s ist beim Fendt 5250 L ein einwandfreier Schnitt garantiert. Für eine hohe Belastbarkeit sind die Messerfinger von oben und unten abgestützt. Dank der selbstreinigenden Messer erzielt man auch bei schwierigen Erntebedingungen eine optimale Schnittqualität. Mithilfe der Auto-Level-Schneidwerksregelung werden Bodenunebenheiten automatisch ausgeglichen.

Fendt 6300 C

Typ:	Mähdrescher
Länge:	8910 Millimeter
Höhe:	4000 Millimeter
Gewicht:	12,8 Tonnen
Korntank:	9000 Liter

Motor: AGCO SISU POWER-Dieselmotor

Hubraum:	8400 Kubikzentimeter
Leistung:	334 PS
Getriebe:	hydrostatisches 4-Gang-Getriebe
Tankvolumen:	600 Liter Diesel

Die C-Serie von Fendt lässt sich wahlweise mit dem FreeFlow- oder dem PowerFlow-Schneidwerk ausstatten. Beide Schneidwerke zeichnen sich durch ihre robuste Bauweise und einen optimalen Einzug des Erntegutes aus. Insbesondere bei großen Schnittbreiten entlasten die Terra-Control-Schnitthöhenautomatik und die Auto-Level-Schneidwerksregelung den Fahrer bei seiner Arbeit. Damit werden selbst unter schwierigen Erntebedingungen ausgezeichnete Ergebnisse erzielt.

Fendt 8400 P AL

Typ:	Mähdrescher
Länge:	8600 Millimeter
Höhe:	3950 Millimeter
Gewicht:	14,6 Tonnen
Korntank:	10.500 Liter

Motor: AGCO-SISU-POWER-Dieselmotor

Leistung:	413 PS
Getriebe:	hydrostatisches 4-Gang-Getriebe
Tankvolumen:	600 Liter Diesel

Der Fendt 8400 P AL ist mit dem Acht-Schüttler-System ausgestattet. Das Korn wird mit einer 1,68 Meter breiten Dreschtrommel mit einem Durchmesser von 600 Millimeter gedroschen. Der Korntank verfügt über 9500 Liter Fassungsvermögen. Serienmäßig bietet die Fahrerkabine eine Klimaanlage und durch die sehr große Frontscheibe hat der Fahrer ungehinderte Sicht auf das ganze Schneidwerkzeug. Außerdem kann dieser in der Basisversion 293.000 Euro teure Mähdrescher aus der P-Serie von Fendt mit einem automatischen Spurführungssystem ausgerüstet werden.

Fendt 9470 X

Typ:	Mähdrescher
Länge:	8600 Millimeter
Höhe:	3950 Millimeter
Gewicht:	16,3 Tonnen
Korntank:	10.500 Liter

Motor: AGCO-SISU-POWER-Dieselmotor

Leistung:	499 PS
Getriebe:	hydrostatisches 4-Gang-Getriebe
Tankvolumen:	750 Liter Diesel
Geschwindigk.:	bis 25 km/h

Die neue Fendt X-Serie mit HyPerforma-Technologie ist die Antwort auf die steigende Nachfrage nach wirtschaftlichen Produkten für die professionelle, kostenbewusste und umweltfreundliche Landwirtschaft. Im HyPerforma-Dresch- und -Abscheidesystem wird die bewährte Dreschtechnologie mit hocheffizienter Rotortechnologie perfekt kombiniert. Der neue Siebenzylinder-Motor mit SCR-Technologie liefert mit 500 PS maximale Leistung satt für den anspruchsvollen Einsatz. Damit steht der neue Fendt 9470 X für überragende Ergebnisse und eine unschlagbare Produktivität.

Fendt 9460 R

Typ:	Mähdrescher
Korntank:	12.300 Liter

Motor: AGCO-SISU-POWER-Dieselmotor

Hubraum:	12.500 Kubikzentimeter
Leistung:	459 PS bei 2100/min
Getriebe:	hydrostatisches 4-Gang-Getriebe
Tankvolumen:	870 Liter Diesel

Der Fendt-Rotormähdrescher 9460 R besitzt einen 12.300 Liter umfassenden Korntank. Seine Entladerate beträgt bis zu 158 Liter in der Sekunde. Der Dreschkorb ist von der Kabine aus verstellbar und hat eine Gesamtfläche von 1,75 Quadratmetern und besteht aus neun austauschbaren, angeschraubten Körben. Die großen, getönten Glasflächen und die gewölbte Frontscheibe ermöglichen eine gute Sicht und auch die Außenkanten des Schneidwerks können eingesehen werden, ohne dass der Fahrer seine bequeme Sitzposition verlassen muss.

Grimme Maxtron 620

Der Zuckerrübenroder Maxtron 620 von Grimme wurde unter den Gesichtspunkten der maximalen Erntegut- und der nachhaltigen Bodenschonung konzipiert. Im Anschluss an die Rodung mittels angetriebener Radrodeschare sind die Rüben bereits von grobem Schmutz befreit und werden über das von der DLG prämierte Walzenreinigungskonzept auf der gesamten Maschinenbreite von anhaftenden Blatt- und Schmutzresten befreit. Offizielle Testergebnisse belegen, dass so Masseverluste während des Ernteprozesses auf ein Minimum reduziert werden. Das Prinzip des Rode- und Reinigungskonzeptes im Maxtron 620 verfolgt konsequent den bekannten Grimme-Leitsatz, der auch wesentlich für die Kartoffelerntetechnik gilt: „So schonend wie möglich, so aggressiv wie nötig". Das Fahrwerk des Maxtron 620 ist unter der Prämisse konstruiert worden, den Ackerboden selbst unter widrigsten Erntebedingungen möglichst nachhaltig zu schonen. Eine maximale Aufstandsfläche der Maschine wird durch das Gurtbandlaufwerk im vorderen und die groß dimensionierten Doppelräder im hinteren Fahrwerksbereich erreicht. Mit einem inneren Wenderadius von nur einem Meter werden Wendezeiten als auch der Bodendruck, der sonst durch Mehrfachüberrollungen am Vorgewende entsteht, minimiert. Ergonomisch optimiert lassen sich alle Maschinenfunktionen vom Fahrerstand aus einfach und leicht verständlich einstellen und kontrollieren.

Typ:	Zuckerrübenvollernter
Länge:	12.000 Millimeter
Breite:	3300 Millimeter
Höhe:	4000 Millimeter
Bunkerinhalt:	22.000 Kilogramm

Motor: Mercedes-Benz-OM460-Dieselmotor

Leistung:	489 PS bei 1800/min
Antrieb:	automotives Fahren durch kraftstoffsparende Drehzahlabsenkung bis auf 1350/min
Tankvolumen:	1400 Liter Diesel

Grimme Rexor 620

Bei der Entwicklung des Rexor 620 standen Wirtschaftlichkeit sowie Effizienz im Mittelpunkt. Er wurde für dieses richtungsweisende Konzept von den führenden europäischen Fachzeitschriften zur „Maschine des Jahres 2010" gewählt. Unter Verwendung modernster Simulations- und Konstruktionstechniken entstand ein extrem leistungsfähiger sechsreihiger selbstfahrender Rübenroder. Der Rexor 620 setzt in puncto Sparsamkeit beim Kraftstoffverbrauch und bei der Verschleißkosten neue Maßstäbe in seiner Klasse. Die kompakte Einheit aus Blatthäcksler und integriertem Nachköpfer wird über sieben Stahlräder exakt in der Höhe geführt. Die mit Stahlschlegeln besetzte Häckslerwelle erfasst zuverlässig das Rübenblatt und eventuelle Verunkrautung und sorgt dank integriertem Gegenschneiden für ein feines Häckselbild.

Typ:	Zuckerrübenvollernter
Länge:	12.500 Millimeter
Breite:	3300 Millimeter
Höhe:	4000 Millimeter
Bunkerinhalt:	22.000 Kilogramm

Motor: Mercedes-Benz-OM460-Dieselmotor

Leistung:	489 PS bei 1800/min
Antrieb:	automotives Fahren durch kraftstoffsparende Drehzahlabsenkung bis auf 1350/min
Tankvolumen:	1100 Liter Diesel
Geschwindigk.:	bis 40 km/h

Grimme SF 3000

Typ:	Überladeelevator
Länge:	12.000 Millimeter
Breite:	3300 Millimeter
Höhe:	4000 Millimeter

Motor: Mercedes-Benz-6-Zylinder-Turbodieselmotor mit Ladeluftkühlung

Hubraum:	7200 Kubikzentimeter
Leistung:	326 PS bei 2200/min
Antrieb:	hydrostatisch, stufenlos verstellbar, Allradantrieb
Tankvolumen:	600 Liter Diesel
Geschwindigk.:	25 km/h

Der selbstfahrende Vierreiher mit Überladeelevator SF 3000 ist für die Ernte von Kartoffeln und Gemüse geeignet. Je nach Ausführung der Aufnahme können gleichzeitig vier Kartoffeldämme oder zwei Beete gerodet werden. Das Gurtbandlaufwerk gewährleistet einen sehr geringen Bodendruck und erlaubt das Ernten auch bei äußerst widrigen Verhältnissen. Das Herzstück des SF 3000 ist der 326 PS starke Mercedes-Benz-Motor. Der SF 3000 ist mit dem Grimme Bordinformationssystem GBT 3000 (ein computergestütztes Steuerungs-, Überwachungs-, Informations- und Diagnosesystem) ausgestattet.

Grimme SF 150/170-60

Typ:	Selbstfahrer
Länge:	11.300 Millimeter
Breite:	3300 Millimeter
Höhe:	4000 Millimeter
Gewicht:	18,9 Tonnen

Motor: Mercedes-Benz-OM 906 LA, 6 Zylinder-Turbodieselmotor mit Ladeluftkühlung

Hubraum:	6370 Kubikzentimeter
Leistung:	279 PS
Antrieb:	hydrostatischer Fahrantrieb
Tankvolumen:	600 Liter Diesel

Der Selbstfahrer Grimme SF 150/170-60 ist mit allen Automatiken und einem Videosystem ausgestattet. Der zweireihige Bunkerroder ist speziell für eine große Flächenleistung an rasch wechselnden Einsatzorten entwickelt worden. Die Kabine verfügt über ein großzügiges Sichtfeld. So kann der Fahrer den Erntebereich sicher einsehen. Die flach ansteigenden Förderbänder gewährleisten eine schonende Erntegutbehandlung in der Maschine.

Grimme Varitron 270

Typ: Kartoffelvollernter
Länge: 11.700 Millimeter
Breite: 3290 Millimeter
Höhe: 3990 Millimeter
Gewicht: 18,6 Tonnen

Motor: Mercedes-Benz OM 906 LA, 6-Zylinder-Turbodieselmotor mit Ladeluftkühlung
Hubraum: 6370 Kubikzentimeter
Leistung: 326 PS
Antrieb: hydrostatischer Fahrantrieb

Tankvolumen: 750 Liter Diesel
Geschwindigk.: bis 30 km/h

Der leistungsstarke Grimme Varitron 270, der mit einem 326 PS starken Mercedes-Benz-Motor ausgerüstet ist, kann variabel den individuellen Kartoffel- oder Gemüseerntebedingungen angepasst werden – für optimale Erträge auf allen Böden. Neben vielen Trenngerätekombinationen (Rollenseparator, VARIO RS, MULTISEP, Doppel-MULTISEP, Feinkrautbänder unten und oben; alleine oder in Kombination) ist zwischen einer groß dimensionierten Bereifung oder dem extrem bodenschonenden Gurtbandlaufwerk auszuwählen, mit dem der Varitron 270 auch bei extrem widrigen und feuchten Bodenbedingungen stets ein zuverlässiger Erntehelfer bleibt.

Grimme Tectron 410

Typ: Selbstfahrer
Länge: 14.200 Millimeter
Breite: 3300 Millimeter
Höhe: 4000 Millimeter
Gewicht: 28 Tonnen

Motor: Mercedes-Benz, OM460LA, 6-Zylinder-Reihendieselmotor
Hubraum: 12.820 Kubikzentimeter
Leistung: 490 PS bei 1650/min
Antrieb: hydrostatisch mit elektronischer Antischlupfregelung

Tankvolumen: 950 Liter Diesel

Die selbstfahrende 4-reihige Kartoffelvollerntemaschine Tectron 415 mit zehn Tonnen Überladebunker ist mit einem Raupenlaufwerk ausgestattet, wodurch auch ein Roden unter widrigen Umständen ermöglicht wird. Bei der Kartoffelaufnahme laufen auf einem Rohr befestigte Räder zwischen den Dämmen in der Furchensohle. Die nur über zwei Kugellager rotierenden Räder übernehmen folgende Funktionen: Tiefensteuerung, Einzug von Krautresten und Verhinderung von Kartoffelverlusten im Bereich zwischen den Scharen. Der Krautschläger ist wahlweise im Inline-Betrieb oder mit Querabfuhrband einsetzbar.

Krone BiG M 400

Typ:	Hochleistungs-Mähaufbereiter
Länge:	8180 Millimeter
Breite:	3000 Millimeter
Höhe:	4000 Millimeter

Motor: Mercedes-Benz OM 460 LA, 6-Zylinder-Reihendieselmotor

Hubraum:	12.800 Kubikzentimeter
Leistung:	381 PS bei 1900/min
Antrieb:	stufenloser Antrieb über Radmotoren, Allradantrieb

Geschwindigk.:	40 km/h

Mit dem BiG M 400 bietet Krone einen vielseitigen Spezialisten für sämtliche Mähaufgaben. Ob Hochleistungsaufbereiter CV oder Rollenconditioner CRi – ob Breitablage oder Schwadzusammenführung –, mit dem Krone-Alleskönner ist man für jeden Einsatzzweck bestens gerüstet. Dank seiner enormen Arbeitsbreite von bis zu 9,70 Metern und seinen beachtlichen Leistungsreserven bei einer gleichmäßigen Gewichtsverteilung erzeugt der BiG M 400 stets hochwertiges sauberes Futter, ohne den Wiederaufwuchs des Bestandes zu schädigen.

Krone BiG M 500

Typ:	Hochleistungs-Mähaufbereiter
Länge:	10.500 Millimeter
Breite:	2995 Millimeter
Höhe:	3995 Millimeter

Motor: 6-Zylinder-Reihendieselmotor

Hubraum:	12.420 Kubikzentimeter
Leistung:	499 PS bei 2000/min
Antrieb:	stufenloser Antrieb über Radmotoren, Allrad-antrieb

Geschwindigk.:	40 km/h

Um dauerhaft Höchstleistungen zu erzielen, muss der Komfort am Arbeitsplatz stimmen. Aus diesem Grund hat Krone die Command-Visio-Cab, eine Großraumkabine, nach neuesten ergonomischen Gesichtspunkten entwickelt. Die Kabine des BiG M 500 ist vollklimatisiert, großzügig geschnitten und absolut funktional eingerichtet. Mit maximal 15 Scheinwerfern wird die Nacht zum Tag.

Krone BiG X 800

Typ: Exakt-Feldhäcksler
Gewicht: 14,7 Tonnen

Motor: 2 MAN 6-Zylinder-Reihen-dieselmotoren
Hubraum: 20.000 Kubikzentimeter
Leistung: 826 PS bei 1800/min
Geschwindigk.: 40 km/h

Landwirtschaft ist eine Zukunftsbranche. Entsprechend rasant entwickelt sich die Landtechnik. Krone ist diesen Entwicklungen immer einen Schritt voraus, wie zum Beispiel mit der innovativen Doppelmotortechnik beim BiG X. Sowohl der BiG X 800 als auch der BiG X 1000 verfügen über zwei synchronisierte Motoren. Für den Antrieb des X 800 sorgt ein 12,8 Liter großer Reihensechszylinder in Kombination mit einem 7,2-Liter-Motor. Wenn beide eingeschaltet und synchronisiert an die Arbeit gehen, entwickeln sie kraftvolle 826 PS. Zwei Motoren für maximale Leistung bei profitabler Effizienz.

Krone BiG X 1100

Typ: Exakt-Feldhäcksler
Länge: bis 9450 Millimeter
Breite: bis 3460 Millimeter
Höhe: 3995 Millimeter
Gewicht: 14,8 Tonnen

Motor: MAN V12 D 2862, 12-Zylinder-Dieselmotor
Hubraum: 24.240 Kubikzentimeter
Leistung: 1078 PS
Antrieb: hydrostatischer stufenloser Fahrantrieb

Tankvolumen: 1290 Liter Diesel
Geschwindigk.: 40 km/h

Im August 2010 präsentierte Krone die neue Baureihe des erfolgreichen Feldhäcksler BiG X mit dem Topmodell X 1100. Angetrieben wird der „stärkste Häcksler der Welt" von einem 1078 PS starken MAN 12-Zylinder-V-Motor. Mit bis zu 40 Messern und einer Schnittgeschwindigkeit von maximal 25.000 Schnitten pro Minute schafft dieser Häcksler 14 Reihen Mais auf einen Schlag.

Massey Ferguson Beta 7270AL

Typ:	Mähdrescher
Gewicht:	14,2 Tonnen
Korntank:	8200 Liter

Motor: AGCO SISU POWER, Dieselmotor

Hubraum:	8400 Kubikzentimeter
Leistung:	334 PS
Getriebe:	hydrostatisches 3-Gang-Getriebe
Tankvolumen:	600 Liter Diesel

Die Beta-Mähdrescherreihe mit Sisu-Motoren der neuesten Generation bietet Topleistung bei allen Anbaupflanzen. Sie eignet sich ideal für mittelgroße bis große Betriebe oder Lohnunternehmen. Ob Getreide, Bohnen, Erbsen, Sonnenblumen, Raps, Grassamen, Mais oder Reis – diese vier Modelle sind überall in ihrem Element. Die Beta-Baureihe wird nach den höchsten Qualitätsstandards gefertigt und ist auf härteste Einsätze unter widrigen Bedingungen ausgelegt.

Massey Ferguson Delta 9280AL

Typ:	Mähdrescher
Gewicht:	18,4 Tonnen
Korntank:	9500 Liter

Motor: AGCO SISU POWER e3 SCR, Dieselmotor

Leistung:	506 PS
Getriebe:	hydrostatisches 4-Gang-Getriebe
Tankvolumen:	750 Liter Diesel
Geschwindigk.:	bis 25 km/h

Der MF Delta 9280 vereint die unvergleichliche Erfahrung von AGCO in der konventionellen Dreschtechnologie mit Dreschtrommel und Dreschkorb. Das Massey-Ferguson-HyPerforma-System ist die optimale Kombination aus fortschrittlichster Ingenieurskunst und bewährter Technologie. Die Dreschtrommel mit hoher Schwungmasse, der leistungsfähige Dreschkorb, der RotorFeeder und die effektiven Abscheiderotoren schaffen eine Symbiose zwischen Erntegut und Mähdrescher.

Massey Ferguson Centora 7282AL

Typ: Mähdrescher
Gewicht: 16,5 Tonnen
Korntank: bis 10.500 Liter

Motor: SISU 8,4, Dieselmotor
Hubraum: 9000 Kubikzentimeter
Leistung: 413 PS

Tankvolumen: 750 Liter Diesel

Die Mähdrescherreihe Centora von Massey Ferguson wurde für Ihre Erntegüter und Ihre Bedingungen konstruiert, um bei minimalen Kosten den Ernteertrag zu maximieren. Der Centora-Mähdrescher bietet eine Lösung für alle Ernteanforderungen. So kann man sicher sein, dass dieses starke Paket auch bei widriger Witterung seinen Aufgaben gewachsen ist. Das 8-Schüttler-System, das es exklusiv von Massey Ferguson gibt, erhöht die Bewegungen der Schüttlerhorden um 33 Prozent im Vergleich zu Systemen mit sechs Schüttlern.

Massey Ferguson Activa 7240

Typ: Mähdrescher
Gewicht: 10,3 Tonnen
Korntank: 5200 Liter

Motor: IVECO-NEF-Dieselmotor
Hubraum: 6700 Kubikzentimeter
Leistung: 176 PS
Getriebe: 3-Gang-Schaltgetriebe, Allradantrieb

Tankvolumen: 450 Liter Diesel

Der MF Activa 7240 ist mit einem Preis von ca. 110.000 Euro als preiswerter Mähdrescher für Betriebe mit kleinen bis mittelgroßen Anbauflächen konzipiert. Das von einem leistungsstarken 176-PS-Sechszylindermotor angetriebene Einsteigermodell eignet sich durch seine kompakten Abmessungen besonders für schmale Straßen und kleine Felder.

New Holland CSX7080

Typ:	Mähdrescher
Länge:	8160 Millimeter
Breite:	3400 Millimeter
Höhe:	3950 Millimeter
Gewicht:	13,2 Tonnen
Korntank:	9000 Liter

Motor: Iveco Cursor 9, Dieselmotor

Leistung:	299 PS bei 2100/min
Getriebe:	hydrostatisches dreistufiges Getriebe
Tankvolumen:	580 Liter Diesel
Geschwindigk.:	bis 20 km/h

Die New Holland-Mähdrescher der CSX7000er-Serie sind optimal mit dem Vier-Trommel-Dreschwerk ausgestattet: Dreschtrommel mit Opti-Thresh-Korb, Wendetrommel, Zentrifugalabscheider und Quattro-Trommel. Das äußerst vielseitige System kann an die verschiedensten Fruchtarten und Erntebedingungen angepasst werden, ohne Kompromisse bei der Korn- und Strohqualität und bei der Durchsatzleistung eingehen zu müssen.

New Holland CX8060

Typ:	Mähdrescher
Länge:	9070 Millimeter
Breite:	3300 Millimeter
Höhe:	3920 Millimeter
Gewicht:	13,3 Tonnen
Korntank:	9000 Liter

Motor: Iveco Cursor 9, Dieselmotor

Leistung:	299 PS bei 2100/min
Getriebe:	hydrostatisches vierstufiges Getriebe
Tankvolumen:	750 Liter Diesel
Geschwindigk.:	bis 30 km/h

Im CX8060 von New Holland arbeitet ein Iveco Cursor 9 Dieselmotor mit einer Common-Rail-Einspritzanlage. Seine Motorleistung beträgt 299 PS bei 2100 Umdrehungen pro Minute. Er verfügt über ein bis zu 9,15 Meter breites Getreideschneidwerk mit einer Schnittgeschwindigkeit von 1050 Schnitten in der Minute. Ein luftgefederter Fahrersitz, Klimaanlage, Kühlbox sowie ein schwenkbarer Monitor bieten dem Fahrer viel Komfort.

New Holland CR9060 Elevation

Typ: Mähdrescher
Länge: 9970 Millimeter
Breite: 3300 Millimeter
Höhe: 3960 Millimeter
Gewicht: 14,5 Tonnen
Korntank: 9000 Liter

Motor: Iveco Cursor 9, Dieselmotor
Leistung: 422 PS bei 2100/min
Getriebe: hydrostatisches vierstufiges Getriebe

Tankvolumen: 750 Liter Diesel
Geschwindigk.: bis 30 km/h

Die Mähdrescher der Typenreihe CR9000 Elevation sind Dank ihres außergewöhnlich großen Korntankvolumens in der Lage, gewaltige Kornmengen aufzunehmen. Die maximale Motorleistung beim CR9060 Elevation beträgt 422 PS. Durch eine mehrfache Umwälzung des Ernteguts sorgt das einzigartige Twin Rotor-System für einen kontinuierlichen Dresch- und Abschneidevorgang. Die Siebfläche von 5,4 Quadratmetern reinigt auch größere Kornmengen (Korntankinhalt CR9060: 9000 Liter) effizient.

New Holland FR9050

Typ: Feldhäcksler
Radstand: 3200 Millimeter
Breite: 2980 Millimeter
Höhe: 3790 Millimeter
Gewicht: 12,5 Tonnen

Motor: Iveco FPT Cursor 13, 6-Zylinder-Reihendieselmotor
Leistung: 466 PS bei 2100/min
Getriebe: elektrische 4-Gang-Schaltung, Allradantrieb

Tankvolumen: 1100 Liter Diesel
Geschwindigk.: bis 40 km/h

Der FR9050 wird im Werk Zedelgem produziert, dem New Holland „Kompetenzzentrum für Erntemaschinen", wo hochmotivierte Spezialisten zu Werke gehen, die wissen, was totale Kundenzufriedenheit im Hinblick auf Leistung und Zuverlässigkeit bedeutet. Zur Bewältigung der größeren Häckselgutmengen von breiteren Pickups und Erntevorsätzen hat die Messertrommel einen um bis zu 15 Prozent größeren Durchmesser und eine um bis zu 30 Prozent größere Breite als vergleichbare Modelle auf dem Markt.

Claas Scorpion 6030 CP

Typ:	Teleskoplader
Länge:	4570 Millimeter
Breite:	2250 Millimeter
Höhe:	2210 Millimeter
Gewicht:	5,6 Tonnen

Motor: Deutz TD 2011 L04, 4-Zylinder-Dieselmotor

Hubraum:	3620 Kubikzentimeter
Leistung:	102 PS bei 2400/min
Drehmoment:	350 Nm bei 1500/min
Getriebe:	Hydrostat/VARIPOWER
Tankvolumen:	120 Liter Diesel
Geschwindigk.:	bis 40 km/h

Teleskoplader sind heute auf vielen Höfen und in vielen Betrieben zu Hause. Dank ihrer kompakten Bauweise, ihrer Wendigkeit und Leistungsstärke ersetzen sie nicht nur den althergebrachten Hofschlepper mit Frontlader. Teleskoplader bieten Großbetrieben und Lohnunternehmern heute die effizienteste Lösung für nahezu alle innerbetrieblichen Umschlags- und Transportarbeiten, speziell wenn es um große Überladehöhen geht.

Deutz-Fahr Agrovector 40.9

Typ:	Teleskoplader
Länge:	5620 Millimeter
Breite:	2380 Millimeter
Höhe:	2450 Millimeter
Gewicht:	9,2 Tonnen

Motor: Deutz-4-Zylinder-Turbodieselmotor

Leistung:	102 PS bei 2200/min
Getriebe:	Powershift (4 / 3) mit Powershuttle 30, Allradantrieb
Tankvolumen:	140 Liter Diesel
Geschwindigk.:	bis 35 km/h

Die beiden großen Agrovector-Modelle 40.8 und 40.9 sind mit einem robusten PowerShift-Getriebe mit 4/3-Gängen ausgerüstet und bieten eine maximale Höchstgeschwindigkeit von 35 km/h. Eine gute Traktion, eine hohe Hubkraft, die leistungsfähige Hydraulikanlage und die gut durchdachte Teleskoparmgeometrie sorgen für schnelle Ladespiele. Dabei beträgt die maximale Hubhöhe neun Meter. Die maximale Hubkraft reicht von 2,9 bis vier Tonnen.

JCB 535-95

Typ:	Teleskoplader
Länge:	4990 Millimeter
Breite:	2290 Millimeter
Höhe:	2490 Millimeter
Gewicht:	18,2 Tonnen

Motor: JCB-444-4-Zylinder-Turbodieselmotor mit Ladeluftkühlung

Hubraum:	4400 Kubikzentimeter
Leistung:	100 PS bei 2200 U/min
Drehmoment:	527 Nm
Getriebe:	JCB 6-Gang-Powershift-Getriebe
Geschwindigk.:	bis 40 km/h

Das Modell Farm Special des JCB-Modells 535-95 ist mit einem 100-PS-Motor ausgerüstet. Der Farm Special Plus 535-95 besitzt einen 121-PS-Motor für höhere Leistung und starkes Drehmoment. Der JCB-Motor im Seitenanbau kombiniert mit JCB-Achsen und -Getriebe stellt eine zuverlässige Antriebsstrangleistung durch bewährte Komponenten sicher. Die unvergleichliche Auswahl zwischen Allrad-, Vorderrad- und Hundeganglenkung zeigt eine große Bedienerfreundlichkeit, während ein enger Wendekreis von nur 3,7 Metern für gute Manövrierfähigkeit sorgt.

Merlo Turbofarmer P 41.7 Top

Typ:	Feldhäcksler
Länge:	4300 Millimeter
Breite:	2230 Millimeter
Höhe:	2475 Millimeter
Gewicht:	6,8 Tonnen

Motor: wassergekühlter Deutz-4-Zylinder-Turbodieselmotor

Leistung:	102 PS bei 2400/min
Getriebe:	hydrostatischer Verstellmotor mit elektronischer Regelung, Allradantrieb
Geschwindigk.:	bis 40 km/h

Die Teleskopmaschinen „Turbofarmer" stehen in einer großen Bandbreite von verschiedenen Ausführungen zur Verfügung, mit Tragfähigkeiten von 3400 bis 4100 Kilogramm und Hubkränen von bis zu 30 Metern. Ein Kontrollsystem überwacht die Standsicherheit der Maschine, indem der Teleskoparm automatisch blockiert wird, wenn die Längsstabilität gefährdet ist. Die Kompaktheit der Maschinen ist das Ergebnis intelligenter Planung der einzelnen Komponenten.

Caterpillar Cat 545C

Typ:	Wheel Skidder
Länge:	8028 Millimeter
Breite:	3398 Millimeter
Höhe:	4302 Millimeter
Gewicht:	19,2 Tonnen

Motor: Caterpillar Cat C7, 6-Zylinder-Dieselmotor, ACERT-Technologie

Hubraum:	7200 Kubikzentimeter
Leistung:	222 PS
Drehmoment:	951 Nm bei 1400/min
Getriebe:	5 Vorwärts-, 3 Rückwärtsgänge, Allradantieb
Geschwindigk.:	27,5 km/h

Der Caterpillar Cat 545C versteht sich als äußerst leistungsstarker Rad-Skidder für mittleres bis starkes Holz. Die einzigartige Geländegängigkeit und seine flexiblen Einsatzmöglichkeiten zeichnen ihn aus. Im normalen Gelände bewegt sich der 545C mit besonderer Wendigkeit durch die vier gelenkten und angetriebenen Räder. Dies gilt auch für besonders steiles und unwegsames Gelände.

Caterpillar Cat 545C

Typ:	Wheel Harvester
Länge:	7600 Millimeter
Breite:	3000 Millimeter
Höhe:	3520 Millimeter
Gewicht:	21,3 Tonnen

Motor: Caterpillar Cat C7, 6-Zylinder-Dieselmotor, ACERT-Technologie

Hubraum:	7200 Kubikzentimeter
Leistung:	200 PS bei 1800/min

Der Einsatzschwerpunkt von Holzvollerntern innerhalb der Forstwirtschaft liegt im Nadelholz. Beim Laubholz ist die Entastungsqualität unbefriedigend. Es gibt spezielle Ausführungen für den Einsatz in schwachem, mittlerem oder starkem Holz. Der Vollernter wie der Cat 545 fällt, entastet und teilt das Holz. Das Holzrücken wird z.B. vom nachfolgenden Tragschlepper (Forwarder) oder mit einer Seilkrananlage erledigt.

Caterpillar Cat 573

Typ: Wheel Feller Buncher
Länge: 7670 Millimeter
Radstand: 2870 Millimeter
Höhe: 3200 Millimeter
Gewicht: 12,6 Tonnen

Motor: Caterpillar Cat C7, 6-Zylinder-Dieselmotor, ACERT-Technologie
Hubraum: 7200 Kubikzentimeter
Leistung: 228 PS
Getriebe: hydrostatischer Allradantrieb

Geschwindigk.: 24 km/h

Die Caterpillar Cat-573 Bündelmaschine ist langlebig, zuverlässig und sehr wendig. So kann die Maschine durch dichtes Gehölz bergauf und bergab leicht manövrieren. Große Fenster bieten eine gute Rundumsicht und Gitter schützen den Fahrer vor herabfallendem Geäst. Das Dach besteht aus dreifach laminiertem Lexan.

Caterpillar Cat 574

Typ: Forwarder
Länge: 10.210 Millimeter
Breite: 3048 Millimeter
Höhe: 3581 Millimeter
Gewicht: 17,2 Tonnen

Motor: Caterpillar Cat C6.6, 6-Zylinder-Dieselmotor, ACERT-Technologie
Leistung: 175 PS
Getriebe: Electric Power Shift (4/4)

Tankvolumen: 128 Liter Diesel
Geschwindigk.: 23,33 km/h

Der achträdrige Rückezug, auch Tragrückeschlepper genannte Cat 574 ist mit einer Knicklenkung und zwei Tandemachsen ausgerüstet, um höchste Geländegängigkeit und Wendigkeit zu erzielen. Die Maschinen sind mit Niederquerschnittreifen mit bis zu 100 Zentimetern Breite ausgestattet. Die Reifen sind Spezialanfertigungen für den Forsteinsatz. Reifen für landwirtschaftliche Maschinen würden den widrigen Bedingungen im Forst nicht standhalten. Zudem lassen sich auf die Reifenpaare Bogiebänder aufziehen, die vom Aussehen her an Kettenfahrzeuge erinnern.

John Deere 810D Eco III

Typ:	Rückezug
Länge:	8090 Millimeter
Breite:	2300 Millimeter
Höhe:	3780 Millimeter
Gewicht:	10,5 Tonnen

Motor: John Deere 4045 PowerTech Plus, 4-Zylinder-Turbodieselmotor mit Ladeluftkühlung

Hubraum:	4500 Kubikzentimeter
Leistung:	124 PS bei 1900/min
Getriebe:	Hydrostatisch-mechanisches 2-Gang-Getriebe

Wie alle John Deere Rückezüge, so wurde auch der 810D unter besonderer Berücksichtigung der Bedürfnisse des Fahrers entwickelt. Die zahlreichen Details der geräumigen Kabine, die dem Fahrer die Arbeit erleichtern, erhöhen Effizienz und Komfort. Der 810D ECO III verfügt außerdem über den neuen Eco-Modus sowie über eine Softwarefunktion, die die Motordrehzahl optimiert.

John Deere 1010E

Typ:	Rückezug
Länge:	9290 Millimeter
Radstand:	4800 Millimeter
Breite:	2820 Millimeter
Höhe:	3600 Millimeter
Gewicht:	14,7 Tonnen

Motor: John Deere 4045, mit Turbolader und Ladeluftkühlung

Hubraum:	4500 Kubikzentimeter
Leistung:	155 PS bei 1900/min
Drehmoment:	645 Nm bei 1400/min
Getriebe:	hydrostatisch-mechanisches 2-Gang-Getriebe
Tankvolumen:	150 Liter Diesel
Geschwindigk.:	23 km/h

Im 1010E Rückezug arbeitet ein turboaufgeladener Vierzylinder vom Typ 4045 mit 4,5 Litern Hubraum von John Deere. Mit einer Zuladung von elf Tonnen und einer maximalen Motorleistung von 155 PS verfügt das Fahrzeug über eine Bodenfreiheit von 600 Millimeter. Er wird in einer 6- oder 8-Rad-Ausführung angeboten. Seine Zugkraft beträgt 140 kN und im ersten Gang wird eine Geschwindigkeit von 7,5 km/h, im zweiten Gang bis 23 km/h erreicht.

John Deere 1070E

Typ:	Harvester
Länge:	6820 Millimeter
Radstand:	3600 Millimeter
Breite:	2800 Millimeter
Höhe:	3630 Millimeter
Gewicht:	14,7 Tonnen

Motor: John Deere 6068HTJ, 6-Zylinder mit Turbolader und Ladeluftkühlung

Hubraum:	6800 Kubikzentimeter
Leistung:	185 PS bei 1900/min
Drehmoment:	780 Nm bei 1400/min
Getriebe:	hydrostatisch-mechanisches 2-Gang-Getriebe
Tankvolumen:	320 Liter Diesel

Der als 4- oder 6-Radmodell erhältliche 1070E Harvester von John Deere besticht durch seine ausgefeilte Ergonomie, Wendigkeit und Produktivität, insbesondere bei der Jung- und Altdurchforstung. Der 1070E strotzt nur so vor Neuheiten: Neben der vollkommen neu entwickelten Kabine, dem Mess- und Steuerungssystem TimberMatic, einem neuen Rahmen und vielen anderen Verbesserungen wartet der 1070E mit dem gewohnt leistungsstarken 180S Parallelkran, den neuen Harvesteraggregaten H414 und H412 und noch stärkeren Arbeitsscheinwerfern auf.

John Deere 1110E

Der John Deere Rückezug 1110E mit optimierter Zugkraft und komplett neu überdachtem Betriebskonzept ist ausgesprochen komfortabel, leicht zu bedienen und bedeutend langlebiger. Dank seines bewährten CF5-Krans und einer Zuladungskapazität von 12 Tonnen erweist sich dieser Allround-Rückezug als ideale Lösung für verschiedenste Aufgaben von Durchforstungen bis zu Regenerationshieben. Das neue revolutionäre Konzept trumpft auf mit einer drehbaren und selbstnivellierenden Kabine sowie dem neuen Steuerungssystem TimberMaticTM. Durch die drehbare Kabine, die eine perfekte 360-Grad-Rundumsicht gewährt, kann der Fahrer bequem den Kranbewegungen folgen. Fazit: Das Laden der Stämme erfolgt sicherer und ergonomischer.

Typ:	Rückezug
Länge:	9570 Millimeter
Radstand:	5100 Millimeter
Breite:	2890 Millimeter
Höhe:	3800 Millimeter
Gewicht:	17,3 Tonnen

Motor: John Deere 6068 PowerTech-Plus-6-Zylinder mit Turbolader und Ladeluftkühlung

Hubraum:	6800 Kubikzentimeter
Leistung:	185 PS bei 1900/min
Drehmoment:	780 Nm bei 1400/min
Getriebe:	hydrostatisch-mechanisches 2-Gang-Getriebe
Tankvolumen:	167 Liter Diesel
Geschwindigk.:	23 km/h

John Deere 1170E

Typ: Radharvester
Länge: 7005 Millimeter
Radstand: 3700 Millimeter
Breite: 2820 Millimeter
Höhe: 3605 Millimeter
Gewicht: 16,7 Tonnen

Motor: John Deere 6068 HTJ 6-Zylinder mit Turbolader und Ladeluftkühlung
Hubraum: 6800 Kubikzentimeter
Leistung: 197 PS bei 2000/min
Drehmoment: 935 Nm bei 1400/min
Getriebe: hydrostatisch-mechanisches 2-Gang-Getriebe

Tankvolumen: 320 Liter Diesel

Der 1170E Harvester ist mit einem leistungsstarken 6,8 Liter John-Deere-PowerTech-PlusTM-Motor mit 145 kW (197,2 PS) ausgerüstet, der selbst bei niedriger Drehzahl ein hohes Drehmoment bietet und sich daher als besonders kraftstoffsparend erweist. Zudem steuern die große Bodenfreiheit und hohe Zugkraft zur einzigartigen Manövrierfähigkeit des 1170E bei. Dank des weiten Dreh- und Neigungswinkels sowie der präzisen und reibungslosen Bewegungen der Kabine hat der Bediener sein Arbeitsumfeld bestens im Blick. Das Mess- und Steuerungssystem TimberMatic H-09 verfügt über voll integrierte Diagnoseroutinen und Aushaltungsvorschriften und sorgt für eine leichte Bedienung der Maschine.

John Deere 1210E

Typ: Rückezug
Länge: 9570 Millimeter
Radstand: 5100 Millimeter
Breite: 2956 Millimeter
Höhe: 3800 Millimeter
Gewicht: 18,1 Tonnen

Motor: John Deere 6068 PowerTech-Plus-6-Zylinder mit Turbolader und Ladeluftkühlung
Hubraum: 6800 Kubikzentimeter
Leistung: 185 PS bei 1900/min
Drehmoment: 780 Nm bei 1400/min
Getriebe: hydrostatisch-mechanisches 2-Gang-Getriebe

Tankvolumen: 167 Liter Diesel
Geschwindigk.: 23 km/h

Der 1210E Rückezug ist mit DuraxleTMHeavy-Duty-Bogieachsen ausgerüstet. Dieser Rückezug eignet sich durch den CF7-Kran und seine Duraxle-Achsen sowohl für Altdurchforstungen als auch für Regenerationshiebe. Durch die weiche Rotations- und Neigungsbewegung der Fahrerkabine verfügt der Fahrer über eine gute Rundumsicht. Die Kabine folgt der Kranbewegung, so hat der Arbeiter jederzeit Greifer und Kran im Blickfeld. Eine automatische Klimaanlage und ein geringer Geräuschpegel in der Kabine erhöhen den Komfort.

John Deere 1270D Eco III

Typ:	Radharvester
Länge:	7580 Millimeter
Radstand:	4050 Millimeter
Breite:	2956 Millimeter
Höhe:	3850 Millimeter
Gewicht:	17,5 Tonnen

Motor: John Deere 6090 HTJ 6-Zylinder mit Turbolader und Ladeluftkühlung

Hubraum:	9000 Kubikzentimeter
Leistung:	218 PS bei 2000/min
Drehmoment:	1100 Nm bei 1400/min
Getriebe:	hydrostatisch-mechanisches 2-Gang-Getriebe
Tankvolumen:	480 Liter Diesel
Geschwindigk.:	25 km/h

Der Parallelkran des Harvester 1270D Eco III von John Deere ist effizient und leistungsstark. Dank der leichtgängigen Steuerhebel und dem Timbermatic-300-System sind die Kräne unkompliziert zu bedienen. Die Speicherung von fahrerspezifischen Einstellungen im System beschleunigt die Umstellung beim Fahrerwechsel und die Umsetzung unterschiedlicher Betriebsgeschwindigkeiten.

John Deere 1470E

Typ:	Radharvester
Länge:	7690 Millimeter
Radstand:	4050 Millimeter
Breite:	3050 Millimeter
Höhe:	3750 Millimeter
Gewicht:	20 Tonnen

Motor: John Deere 6090 HTJ-6-Zylinder mit Turbolader und Ladeluftkühlung

Hubraum:	9000 Kubikzentimeter
Leistung:	258 PS bei 1900/min
Drehmoment:	1250 Nm bei 1400/min
Getriebe:	hydrostatisch-mechanisches 2-Gang-Getriebe
Tankvolumen:	435 Liter Diesel

Die Radharvester 1470E von John Deere haben eine neu gestaltete Kabine und ein modernisiertes TimberMatic-Steuersystem, die gemeinsam eine Arbeitsumgebung bilden, die den Fahrer entlastet und die Maschinenproduktivität steigert. Größere Dreh- und Seitenneigungswinkel sowie äußerst präzise und weiche Bewegungen der Kabine sorgen für eine hervorragende Rundumsicht und machen die Arbeit für den Fahrer zum Vergnügen.

John Deere 1510E

Typ:	Rückezug
Länge:	9570 Millimeter
Radstand:	5100 Millimeter
Breite:	3110 Millimeter
Höhe:	3800 Millimeter
Gewicht:	17,9 Tonnen

Motor: John Deere 6068 6-Zylinder mit Turbolader und Ladeluftkühlung

Hubraum:	6800 Kubikzentimeter
Leistung:	197 PS bei 1900/min
Drehmoment:	800 Nm bei 1400/min
Getriebe:	hydrostatisch-mechanisches 2-Gang-Getriebe
Tankvolumen:	167 Liter Diesel
Geschwindigk.:	23 km/h

Die Produktivität des John Deere 1510E wird im Vergleich zu seinem Vorgänger, dem John Deere 1410D, zusätzlich durch seine höhere Zuladung, den Motor mit gesteigerter Leistung und gesteigertem Drehmoment sowie durch die verbesserte Zugkraft erhöht. Das neue TimberMatic-F09-Steuersystem vereinfacht die Steuerung der Maschine sowie die Einstellung fahrerspezifischer Parameter.

John Deere 1910E

Typ:	Rückezug
Länge:	10.370 Millimeter
Radstand:	5600 Millimeter
Breite:	3120 Millimeter
Höhe:	3900 Millimeter
Gewicht:	21,2 Tonnen

Motor: John Deere 6090 6-Zylinder mit Turbolader und Ladeluftkühlung

Hubraum:	9000 Kubikzentimeter
Leistung:	253 PS bei 1900/min
Drehmoment:	1090 Nm bei 1400/min
Getriebe:	hydrostatisch-mechanisches 2-Gang-Getriebe
Tankvolumen:	184 Liter Diesel
Geschwindigk.:	21 km/h

Zum Befördern schwerer Ladungen über lange Strecken erweist sich der kraftvolle und schnelle John Deere Rückezug 1910E als kaum schlagbar. Die Zahlen sprechen für sich: 19 Tonnen Zuladung, neun Liter Hubraum, 136 kW (249 PS, SAE) Motorleistung und ein kraftstrotzer der CF8-Kran. Damit ist der 1910E selbst unter extremen Belastungen und Bedingungen wie steile Hänge, steiniges Gelände und tiefer Schnee unschlagbar. Zu seiner bahnbrechenden Neuheiten gehören neben dem Steuersystem TimberMaticTM eine drehbare und selbstnivellierende Kabine, die für eine perfekte Rundumsicht sorgt und das Laden der Stämme sicherer und ergonomischer macht.

STOR-KING
STOR-KING
STOR-KING

CASE
QUADTRAC
600

Iveco Stralis Active Space³

Der Iveco Stralis Active Space³ wird von einem Sechszylinder-Reihenmotor mit 12,9 Litern Hubraum und 560 PS angetrieben. Der Motor erfüllt die Euro-5-Abgasnorm. ACC, ESP, und das elektronische Bremssystem EBS mit ABS, ASR und automatisch integrierten, leistungsstarken Dauerbremsen sind serienmäßig integriert. Ein hochmodernes Fahrerhaus mit umfassender Ausstattung bietet großen Fahrkomfort.

Zugmaschine:

Typ:	Sattelzugmaschine
Länge:	6257 Millimeter
Radstand:	3800 Millimeter
Breite:	2550 Millimeter
Höhe:	3783 Millimeter

Motor: wassergekühlter Iveco Cursor 13, 6-Zylinder-Dieselreihenmotor

Hubraum:	12.880 Kubikzentimeter
Leistung:	560 PS
Drehmoment:	2500 Nm bei 1575/min
Getriebe:	16-Gang-Schaltgetriebe oder automatisches 12-Gang-Eurotronic-Getriebe
Kraftstofftank:	290 Liter Diesel
Geschwindigk.:	bis 116 km/h

Iveco Stralis Active Space AS-L 260 S 50/56 Z/P-HM

Typ:	Lkw-Fahrgestell
Länge:	9260 Millimeter
Radstand:	4500 + 1395 Millimeter
Breite:	2550 Millimeter
Höhe:	3783 Millimeter

Motor: wassergekühlter Iveco Cursor 13, 6-Zylinder-Dieselreihenmotor

Hubraum:	12.880 Kubikzentimeter
Leistung:	500 PS
Drehmoment:	2300 Nm bei 1500/min
Getriebe:	16-Gang-Schaltgetriebe oder automatisches 12-Gang-Eurotronic-Getr.
Kraftstofftank:	290 Liter Diesel
Geschwindigk.:	bis 108 km/h

Wie bei der gesamten Stralis-Reihe werden auch beim Iveco Stralis Active Space AS-L einteilige, im Rahmenhauptteil parallel verlaufende U-Profil-Längsträger aus Stahl verwendet. Eine automatische Niveauregulierung sorgt unabhängig von der Beladung für optimale Federung. Der wassergekühlte Iveco Cursor 13 mit sechs Zylindern erreicht eine maximale Leistung von 500 PS, wodurch eine Höchstgeschwindigkeit von bis zu 108 km/h ermöglicht wird.

MAN TGS D 2676

Typ:	LKW-Fahrgestell
Radstand:	4500 Millimeter
Breite:	2290 Millimeter
Höhe:	bis 3100 Millimeter

Motor: wassergekühlter MAN D 2676, 6-Zylinder-Dieselreihenmotor

Hubraum:	12.400 Kubikzentimeter
Leistung:	480 PS
Getriebe:	MAN-12-Gang-Getriebe TipMatic oder 16-Gang-Servo-Shift-System
Geschwindigk.:	bis 100 km/h

Ob es der niedrige Einstieg beim M-Fahrerhaus ist, das geringe Gewicht und die günstige Gesamthöhe des L-Fahrerhauses oder das großzügige Raumangebot der LX-Kabine: Komfort und Ausstattung der TGS-Fahrerhäuser passen perfekt zum Einsatz im schweren Verteilerverkehr. Auch in Sachen Ladekapazität und Nutzlast kann der TGS glänzen. Vor allem der 26-Tonner-3-Achser mit gelenkter Nachlaufachse verbindet hohe Nutzlast mit großer Wendigkeit. Kraftvolle Euro-5- und EEV-Motoren sorgen für Dynamik und bringen die Kraft optimal auf die Straße.

MAN TGX D 2676

Typ: Weihnachts-Truck
Leistung: 540 PS
Drehmoment: 2500 Nm
Getriebe: Handschaltgetriebe mit 16 Gängen und Servo-Shift-System

Die festlich beleuchteten Sattelzüge von MAN sind im ganzen Bundesgebiet auf Tour. Die beiden Weihnachtstrucks besuchen soziale Einrichtungen und bringen Lkw-Modelle aus Schokolade als kleine Geschenke mit. Auszubildende der MAN Nutzfahrzeuge AG in München verwandelten die beiden rotmetallic lackierten MAN-TGX-Sattelzüge mit 540 PS in echte Weihnachtstrucks: 200 Meter lange Lichterketten wurden an jeder der beiden Zugmaschinen und den Sattelaufliegern montiert.

MAN TGL D 0836

Typ: leichter Lkw
Radstand: 3050 Millimeter
Breite: 2240 Millimeter
Gewicht: 12 Tonnen

Motor: wassergekühlter MAN D 0836 EEV, 6-Zylinder-Dieselreihenmotor
Hubraum: 6900 Kubikzentimeter
Leistung: 250 PS
Drehmoment: 1250 Nm bei 1400/min
Getriebe: 6-/9-Gang, MAN-Tip-Matic (6-/12-Gang)

Geschwindigk.: bis 100 km/h

Egal, ob kommunaler Einsatz, im Frischedienst oder beim Möbeltransport, in Handwerk und Gewerbe: Mit der TGL-Modellpalette deckt MAN ein großes Einsatzspektrum ab. Der „Truck of the Year 2006" mit seinen 7,49 bis 12 Tonnen empfiehlt sich mit kraftvollen Motoren von 150 bis 250 PS, robusten Fahrgestellen und hohen Ladekapazitäten für die unterschiedlichsten Aufgabenbereiche.

MAN TGX V8 D 2868

Typ: Sattelzugmaschine
Breite: 2440 Millimeter
Höhe: bis 3400 Millimeter

Motor: wassergekühlter MAN D 2868, V8-Zylinder-Dieselreihenmotor mit Common-Rail-Einspritzung
Hubraum: 16.200 Kubikzentimeter
Leistung: 680 PS
Drehmoment: 3000 Nm
Getriebe: automatisiertes MAN-TipMatic-Schaltsystem

Geschwindigk.: bis 100 km/h

Mit dem TGX V8 präsentierte MAN im Herbst 2007 das neue Flaggschiff der sogenannten Trucknology-Generation. In dem Spitzenmodell der schweren Baureihe TGX arbeitet der neue V-Achtzylinder-Motor mit 680 PS Leistung und 3000 Newtonmetern Drehmoment. Der traditionsreiche Fahrzeug- und Maschinenbaukonzern aus Süddeutschland bietet damit den stärksten Serien-Lkw in Europa an.

MAN TGX EfficientLine 4 x 2

Typ: Sattelzugmaschine
Radstand: 3600 Millimeter
Motor: wassergekühlter 6-Zylinder-Common-Rail-Diesel, 441 PS
Geschwindigk.: 85 + 1 km/h (begrenzt)

Konsequent effizient – das bedeutet für den MAN TGX EfficientLine sowohl maximale Wirtschaftlichkeit als auch größtmögliche Schonung der Umwelt. In der Fernverkehrspraxis liegt der Schwerpunkt auf der Reduzierung des Kraftstoffverbrauchs, dem wichtigsten Stellhebel zur Verringerung der Fahrzeugbetriebskosten. Mit dem TGX EfficientLine bietet MAN maximale Kraftstoffeinsparung.

DAF XF105 Space-Cab

Typ: Sattelzugmaschine
Radstand: 3600 Millimeter

Motor: wassergekühlter 12,6 Liter-Dieselmotor,
Leistung: 510 PS
Drehmoment: 2500 Nm

Der niederländische LKW-Produzent DAF steckte viel Hightech unter die Haube seiner XF105-Reihe mit ihren bis zu 510 PS starken Motoren. So optimieren das elektronisch gesteuerte Bremssystem mit Scheibenbremsen an allen Rädern und die „Brake Assist"-Funktion die Bremsreaktion und Sicherheit. Optional können sicherheitsrelevante Funktionen bestellt werden wie beispielsweise Adaptiver Tempomat (ACC), Auffahrwarnsystem (FCW), das Fahrzeugstabilitätsprogramm (VSC), Spurhalteassistent (Lane Departure Warning System) und das DAF Kamerasystem für maximale Sicherheit bei knappen Manövern.

Volvo FH16 660

Typ: Sattelzugmaschine
Radstand: 3400–6700 Millimeter
Breite: 2490 Millimeter

Motor: wassergekühlter Volvo D16E, 6-Zylinder-Dieselreihenmotor mit Turbolader
Hubraum: 16.100 Kubikzentimeter
Leistung: 578 PS
Drehmoment: 3150 Nm
Getriebe: 14-Gang-Split-/Range-getriebe mit automatischem Gangwechsel

Das Flaggschiff aus dem Hause Volvo ist die erste Wahl für die anspruchsvollsten Transportaufgaben. Der Volvo FH16 bietet vorzügliche Fahreigenschaften, hohen Komfort für den Fahrer und vorbildliche Sicherheit. Der D16E-Motor mit seinen 16,1 Litern Hubraum aus sechs Zylindern wird mit 578 PS und mit einem maximalen Drehmoment von bis zu 3150 Nm angeboten. Damit empfiehlt sich der schwedische LKW für ausgesprochen schwere Transportaufgaben.

Mercedes-Benz Actros 1860

Die Sattelzugmaschine Actros 1860 LS von Mercedes-Benz verfügt über eine ergonomische Fahrerkabine. Außerdem sorgen viele serienmäßig eingebaute Details wie zum Beispiel Handtuchhalter oder Rasierspiegel für zusätzlichen Komfort. Der Actros ist mit dem BlueTec-5-Motor und der serienmäßigen Schaltautomatik Mercedes PowerShift 2 ausgerüstet. Sein zulässiges Gesamtgewicht beträgt 18 und das zulässige Zuggesamtgewicht 40 Tonnen.

Typ:	Sattelzugmaschine
Radstand:	3600–4800 Millimeter
Breite:	2260 Millimeter

Motor: wassergekühlter Mercedes-Benz BlueTec 5, V8-Zylinder-Dieselmotor

Leistung:	598 PS bei 1800/min
Drehmoment:	2800 Nm bei 1080/min

Renault Magnum

Typ: Lkw-Fahrgestell

Motor: wassergekühlter Renault DXi13 Euro5, 6-Zylinder-Dieselreihenmotor mit Turbolader und Ladeluftkühlung, 520 PS
Hubraum: 12.800 Kubikzentimeter
Getriebe: 12-Gang-Optidriver+

Der Renault Magnum ist mit der Euro-5-Motorisierung ausgestattet, die sehr leistungsstark und doch verbrauchsarm ist. Das Optidriver+-Getriebe mit zwölf Gängen gehört zur Serienausstattung und sorgt durch optimierte Schaltvorgänge für ein wirtschaftliches Fahren. Eine Stehhöhe in der Kabine von über zwei Metern sorgt für genügend Bewegungsfreiheit. Der vollkommen ebene Fahrerhausboden, Klimaanlage und elektrische Dachluke tragen zum Komfort bei. Serienmäßig ist auch ein digitales Cockpit.

Renault Premium Route

Typ: Sattelzugmaschine
Radstand: 3700–6800 Millimeter
Breite: 2480 Millimeter

Motor: wassergekühlter Renault-460-DXi-Dieselmotor
Hubraum: 10.800 Kubikzentimeter
Leistung: 460 PS bei 1880/min
Drehmoment: 2200 Nm bei 1400/min
Getriebe: 12 Vorwärts- und 4 Rückwärtsgänge

Stückguttransport, Tank- und Silotransport, temperaturgeführter Transport: Der Renault Premium Route ist leistungsstark, sein Einsatzgebiet ist der nationale Langstreckenverkehr. 380, 430 und 460 PS sind die Leistungsstufen des Renault Premium Route. Zusammen mit den erhöhten Drehmomenten und dem leistungsstarken Antriebsstrang steht er für beste Nutzlast und geringen Kraftstoffverbrauch.

Scania R 310 4x2

Typ:	Pferdetransporter
Höhe:	3860 Millimeter

Motor: wassergekühlter Scania-Dieselmotor

Hubraum:	16.000 Kubikzentimeter
Leistung:	bis 730 PS bei 1900/min
Drehmoment:	3500 Nm bei 1350/min
Getriebe:	12+2 Gänge Premium Overdrive

Die Scania-Lkw der Baureihe R bieten Fahrern eine erstklassige Auswahl an Fahrerhäusern, die für den Fernverkehr und andere Transportaufgaben mit wenigen Stopps optimiert sind. Diese geräumigen, komfortablen und leistungsstarken Lkw der Spitzenklasse sind selbst anspruchsvollsten Aufgaben und Strecken gewachsen. Die Scania-Modelle der Baureihe R können als Einzige mit dem hauseigenen V8-Motor ausgestattet werden. Allein diese Tatsache macht die Baureihe R schon zu etwas Besonderem.

Scania R 620 Topline

Typ:	Sattelzugmaschine

Motor: wassergekühlter Scania-CD16 17, V8-Zylinder Dieselmotor

Hubraum:	16.000 Kubikzentimeter
Leistung:	620 PS bei 1900/min
Drehmoment:	3000 Nm bei 1350/min
Getriebe:	12+2-Gang-Range-Split-Getriebe mit Overdrive

Im Jahr 1969 war der neue, 350 PS starke 14-Liter-V8 von Scania der stärkste Lkw-Motor in Europa und machte Scania zum „König der Straße". Heute, nach über 40 Jahren, lebt die Legende im R 620 weiter, in Gestalt des V8-Triebwerks neuester Generation, dessen 620 PS aus 16 Litern Hubraum für eine zügige Fortbewegung im Güterverkehr sorgen.

Scania T 580 Topline

Typ: Sattelzugmaschine

Motor: wassergekühlter Scania-CD16 17, V8-Zylinder-Dieselmotor

Hubraum:	16.000 Kubikzentimeter
Leistung:	620 PS bei 1900/min
Drehmoment:	3000 Nm bei 1350/min
Getriebe:	12+2-Gang-Range-Split-Getriebe mit Overdrive

Der Scania-Lkw der Baureihe T ist schon deshalb einmalig, weil es der einzige „Hauber" ist, der in Europa produziert wird. Es gibt zwei Varianten des T-Fahrerhauses: Die langen T-Fahrerhäuser sind für spezielle Aufgaben im Fernverkehr konstruiert, während die Basisvariante des T-Fahrerhauses überwiegend im Baustellenverkehr eingesetzt wird. Zur Auswahl stehen alle 11-, 12- und 16-Liter-Motoren.

Goldhofer Mega PST/ES-E

Aus dem Hause Goldhofer kommt das neu entwickelte Schwerlast-Modulsystem Typ PST/ES-E, basierend auf einer Grundbreite von 2430 Millimetern, um eine Verladung in Flatracks zu gewährleisten. Das neuartige Modulsystem weist eine Achslast von 50 Tonnen pro Achslinie auf. Darüber hinaus wurden, im Vergleich zu konventionellen Modulen mit hydrostatischem Antrieb, alle praxisrelevanten Baumerkmale wie zum Beispiel Biegemoment des Rahmens, max. Fahrgeschwindigkeit, Zugkraft des hydrostatischen Antriebs wesentlich verbessert, um einen Transport von konzentrierten Schwerlastgütern auf wirtschaftlicher Basis zu ermöglichen. Die Lenkung basiert auf dem bewährten System des Fahrzeugtyps PST/SL-E mit einem Lenkeinschlag von +/- 135 Grad, um alle in der Praxis notwendigen Lenkprogramme, d.h. Drehen der Plattform auf einem Punkt, Hundegang, 90-Grad-Querfahrt unter Berücksichtigung eines optimierten Reifenverschleißes, zu gewährleisten. Das Modulsystem wird von Power Packs mit einer Leistung von bis zu 490 PS angetrieben. Sämtliche zur Verfügung stehenden Antriebsaggregate entsprechen neuesten Abgasvorschriften inklusive der in Nordamerika gültigen Vorschriften EPA III, etc. Die Einsatzschwerpunkte der Mega PST werden neben dem Kraftwerks- und Öl/Gas-Sektor auch der Schiffbau sowie die Schwerindustrie mit Nutzlastanforderungen von über 10.000 Tonnen sein.

Typ:	Selbstfahrermodul
Achslast:	max. 6 x 50 Tonnen
Gesamtgewicht:	300 Tonnen
Nutzlast:	270 Tonnen

Motor: Power Packs, EPA III

Leistung:	490 PS
Getriebe:	hydrostatisch
Bereifung:	385/55 R 22.5 (4-fach je Achslinie)
Lenkung:	elektronische Vielweglenkung
Geschwindigk.:	15 km/h

Goldhofer SPZ-P 3AAA

Typ: Sattelpritsche
Länge: 62.000 Millimeter
Sattellast: 22–26 Tonnen
Achslast: 3 x 12 Tonnen
Gesamtgewicht: 58–62 Tonnen
Eigengewicht: 23,7 Tonnen
Nutzlast: 34,3–38,3 Tonnen

Bereifung: 12 x 245/70 R 17,5
Geschwindigk.: 80 km/h

Mit der dreifach teleskopierbaren Sattelpritsche SPZ-P 3AAA ist es jetzt möglich, die extrem langen Flügel von Windenergieanlagen auch in schwer erreichbares Gelände zu transportieren. Erstmals ist es Goldhofer gelungen, ein Transportfahrzeug mit einer maximalen Länge von mehr als 62 Metern zu entwickeln. Damit können extrem lange Rotorblätter direkt an die Baustelle gebracht und zu den als Energielieferant immer wichtiger werdenden Windenergiekraftanlagen zusammengesetzt werden. Um die Schwierigkeiten der natürlichen Geländeformationen meistern zu können, wurde der Satteltieflade-anhänger mit Pendelachsen für höchsten Achsausgleich ausgestattet. Der dadurch entstehende hohe Achshub ermöglicht auch die Einfahrt in unwegsames Gelände. Ein besonderer Vorteil: Das Fahrzeug kann in Verbindung mit einem Verschiebeschlitten unter Last verkürzt werden.

Goldhofer STZ-L3

Typ: Satteltieflader
Länge: 16.500 Millimeter
Gwicht: 38 Tonnen
Sattellast: 20 Tonnen
Achslast: 3 x 10 Tonnen
Gesamtgewicht: 50 Tonnen
Nutzlast: 38 Tonnen

Bereifung: 245/70 R 17.5
Geschwindigk.: 80 km/h

Mit dem Satteltieflader des STZ-L3 bietet Goldhofer ein innovatives Fahrzeugkonzept für den Transport von Baumaschinen aller Art. Erstmalig ist es dabei gelungen, eine so hohe Einsatzvariabilität zu gewährleisten, dass eine sehr große Anzahl an Baumaschinen mit einem Gesamtgewicht bis 38 Tonnen gefahren werden kann. Die flexible Einsatzmöglichkeit erlaubt aber auch den Transport von „Standard-Ladungen".

MAN TGX 41.680

Typ: Schwerlastzugmaschine
Motor: V8-Common-Rail-Diesel
Leistung: 680 PS
Drehmoment: 2700 Nm

Wenn das Transportgut ein gutes Stück breiter, länger, höher oder schwerer ist, müssen Könner ran, die Großes bewegen. Perfekt auf den Einsatz ausgelegt, ist den MAN-Schwerlastzügen keine Aufgabe zu schwer, kein Weg zu mühsam.

MAN TGX 4 x 8

Typ: Schwerlastzugmaschine
Gesamtgewicht: bis 160 Tonnen
Motor: V8-Common-Rail-Diesel
Leistung: 680 PS
Drehmoment: 2700 Nm
Getriebe: 16-Gang-Schaltgetriebe, Allradantrieb

Eine besondere MAN-Stärke im Einsatzbereich bis 160 Tonnen Zuggesamtgewicht ist die große Vielfalt des Angebots. Es reicht vom 6x4 und 8x4 bis hin zu den Allradtypen 6x6, 8x6 und 8x8 für optimale Traktion. Für den kraftvollen Antrieb sorgen die innovativen Common-Rail-Diesel mit 353 kW, 397 kW und 500 kW, die auch in der Klasse bis 90 Tonnen souveränes Durchzugsvermögen und große Zuverlässigkeit beweisen.

Scheuerle/Nicolas 2000

11.727 Tonnen schwer, 70 Meter lang und 63 Meter breit war die integrierte Offshore-Gasplattform, die von der Spezialfirma Mammoet Transport aus den Niederlanden mit Scheuerle- und Nicolas-Modulfahrzeugen von ihrem Entstehungsort auf die 200 Meter entfernte Barke gefahren wurde. Scheuerle und Nicolas gehören seit 1995 gemeinsam zur Transporter Industry International (TII) mit Sitz in Heilbronn. Der Gesamtverband bestand aus 426 Achslinien mit 1704 Reifen. Jede Achslinie ist in der Lage, bis zu 30 Tonnen zu tragen. Angetrieben wurden die Fahrzeuge von mehreren Power Packs mit einer Gesamtleistung von über 6000 PS.

Die gigantische Plattform, bestehend aus Förderanlagen, Mannschaftsquartieren und der Raffinerie, wurde bei Amec für das Shearwater-Gaskondensationsprojekt gebaut und ist zugleich die schwerste Öl- und Gaseinheit, die je auf Rädern bewegt wurde. Betrieben wird die Plattform in der Nordsee, 200 Kilometer vor der schottischen Küste, von einem Konsortium bestehend aus Shell, Exxon, Mobil und Arco, der Produktionsbeginn war für Juli 2000 vorgesehen. Gefertigt wurde die Einheit auf vier großen, mit Kunststoffgleitschienen versehenen Betonfundamenten, nur 200 Meter vom Kai der Werft entfernt. Vor dem Transport wurden die aus Vier- und Sechs-Achs-Fahrwerken bestehenden Modultransporter aus ganz Europa und teilweise aus den USA herbeigeschafft. Erleichtert wurde dies durch die Außenabmessungen, die Breite von 2,43 Meter wurde auf gängige Containermaße ausgelegt. Durch die Möglichkeit, sie längs und quer kuppeln zu können, sind sie äußerst flexibel einsetzbar und wurden für diesen Job in mehreren Kolonnen zusammengebaut. An vorher genau festgelegten Punkten wurden auf den Transportern Stützen montiert, auf denen das Gasdeck während des Transportes ruhen sollte. Ganz langsam wurden die elektronisch gelenkten Modultransporter über die Ein-Mann-Fernbedienungen unter das Deck gefahren und exakt positioniert. Bis zu diesem Punkt war alles noch sehr einfach, da jede Fahrzeugkolonne einzeln gefahren wurde.

Nach der Positionierung wurden die Modultransporter über den hydraulischen Achsausgleich langsam angehoben, bis sie das volle Gewicht der Plattform trugen. Erst jetzt wurden die Betonpfeiler, auf denen das Gasdeck bisher ruhte, mit Schneidbrennern abgeschnitten. Nach den ersten paar Metern kam der Transport schon wieder zum Stillstand. Die Betonpfeiler standen jetzt im Weg. Die gesamte Plattform musste um 90 Grad gedreht werden, um die Barke in Längsrichtung befahren zu können. Nachdem die Betonpfeiler auf den speziellen Kunststoffgleitschienen unter der Plattform hervorgezogen worden waren, konnte es weitergehen. Am Abend des ersten Tages waren die ersten 100 Meter des Transportes geschafft.

Am nächsten Tag folgten die zweite Hälfte der Strecke und die Verladung auf die Barke. Durch den starken Tidenhub blieb für die eigentliche Verladung nur wenig Zeit. Die Spezialbarke war mit 32 Ballasttanks ausgerüstet, die es ihr ermöglichten, bis zu 12.000 Tonnen Wasser aufzunehmen. Dieser Ballast wurde während des Verladevorgangs in dem Maße abgepumpt, wie sich die Gasplattform vom Land auf die Barke bewegte.

Scheuerle/Nicolas 2004

Typ:	Selbstfahrermodul
Weltrekord:	2004
Einsatz:	Newcastle, England
Ladung:	Öl- und Gasplattform mit einem Gewicht von 14.350 Tonnen
Kosten:	80 Mio. Euro
Bereifung:	1880 Reifen

Kamag/Scheuerle 2009

15.000 Tonnen sind unterwegs auf mehr als 540 Achslinien auf Kamag- und Scheuerle- Modultransportern (SPMTs) in Norwegen. Auf der Insel Stord - Aker Stord in Leirvik, auf der größten Werft Norwegens, werden die gewaltigsten Ölplattformen der Welt gebaut und ausgestattet.
Der Auftrag an die beteiligten Transportspezialisten war so simpel wie anspruchsvoll: Eine als Ölabscheider bezeichnete Anlage zur Abwasserbehandlung von Aker Solutions sollte von der Produktionsstätte passgenau auf einen Ponton bewegt werden. Die aus drei Sektionen bestehende Anlage wirkt gigantisch. Allein das Mittelteil erreicht 12.750 Tonnen. Durchgeführt wurde das Mega-Projekt vom belgischen Schwertransportunternehmen Sarens. Die 356 Achslinien der Modultransporter und 16 PowerPacks von Kamag reichten dennoch nicht aus. Mit zusätzlichen 184 Achslinien SPMTs und sechs PowerPacks aus dem Hause Scheuerle, die vom Schwerlastunternehmen Mammoet für diesen Transport angemietet wurden, waren die technischen Voraussetzungen für den Transport dieses Projekts geschaffen.

Scheuerle Grider

Typ:	Selbstfahrermodule für eine Meeresbrücke
Gewicht:	1500 Tonnen pro Brückensegment
Einsatz:	Ost-China
Ladung:	Teil einer 5200 km langen Nord-Süd-Autobahn
Brückenlänge:	36 Kilometer, 12-spurig
Beton:	4 Mio. Tonnen
Kosten:	1,5 Mrd. Dollar

Für den Bau der 36 Kilometer langen Brücke – und damit eine der längsten Brücken der Welt – lieferte die Scheuerle Fahrzeugfabrik GmbH in Kooperation mit DEAL ein Transportsystem mit einer Tragkraft von mehr als 1500 Tonnen. Das Transportsystem, das sich aus vier Einzelfahrzeugen zusammensetzt, transportiert Betonfertigteile mit einer Länge von rund 50 Metern und einem Gewicht bis zu 1500 Tonnen zur Montagestelle auf Hang Zhou Bay Bridge im chinesischen Shanghai.

Scheuerle ESO

Typ:	Antennentransporter
Länge:	20.000 Millimeter
Breite:	10.000 Millimeter
Höhe:	6000 Millimeter
Gewicht:	130 Tonnen

Motor: 2 Dieselmotoren mit je 1360 PS (auf 5000 m ü.M. nur noch je 820 PS)

Antrieb:	hydrostatisch

Eine Leistungsschau der Superlative sind die beiden Spezialfahrzeuge, die Scheuerle an die European Southern Observatory, kurz „ESO", lieferte. Nicht nur die Abmessungen der monströsen Super-Trucks sind beeindruckend, auch die Einsatzbedingungen haben es in sich: In 5000 Metern Höhe müssen die beiden Fahrzeuge auf einem Hochplateau in Chile 115 Tonnen schwere Radioteleskope mit einem Durchmesser von zwölf Metern transportieren.

Schwertransporte bei Eis und Sand

Scheuerle-Fahrzeuge bewähren sich auch in Umgebungen mit extremen Temperaturen. Hierfür werden die Fahrzeuge speziell mit einem sogenannten Polarpaket oder für den Wüsteneinsatz ausgestattet. So können die Fahrzeuge auch bei extremster Kälte oder Hitze erfolgreich betrieben werden.

Thermostatisch gesteuerte Vorwärmanlagen für Kühlmittel und Kraftstoff des Dieselmotors dienten dem Erhalt der Betriebsbereitschaft und der Erleichterung des Startvorgangs.

Aber auch bei Wüsteneinsätzen werden spezielle Fahrzeuge bei Scheuerle konzipiert. Durch die Verbesserung der Kühlerkapazität können die Fahrzeuge unter extremsten klimatischen Wüstenbedingungen betrieben werden.

Scheuerle/Kübler „Concorde"

Typ:	Schwerlastzug
Länge:	66.000 Millimeter
Breite:	14.450 Millimeter
Höhe:	4600 Millimeter
Gewicht:	80 Tonnen
Letzter Flug:	24. Juni 2003, Concorde zum Flughafen Karlsruhe-Baden-Baden
Einsatz:	Juli 2003, vom Flughafen Karlsruhe-Baden-Baden nach Sinsheim
Zugmaschinen:	Daimler Chrysler „Titan" 4160, MAN 40.400 (vorn), Daimler Chrysler „Titan" 4157 (hinten)
Modul:	Scheuerle-Intercombi-Kombination mit 10+4 Achslinien

Die Projektgruppe „Concorde" bestehend aus den Spezialisten der Air France, des Auto und Technik Museums Sinsheim, der Spedition Kübler und Scholpp hat die Concorde aus Paris im Jahr 2003 auf das Dach des Museums in Sinsheim gebracht. Aufgrund anderer Anordnung der Triebwerke blieb nach der Demontage der Flügelspitzen eine respektable Breite von 14,45 Metern. Abgeschirmt von ca. 70 Polizeibeamten, welche die über 5000 Schaulustigen auf Sicherheitsabstand halten mussten, legte man die letzen drei Kilometer bis zur Rampe in zwei Stunden zurück.

Scheuerle „Buran"

Typ:	Schwerlastzug
Raumfähre:	
Länge:	36.000 Millimeter
Breite:	10.000 Millimeter
Gewicht:	155 Tonnen
Modul:	16 Scheuerle Intercombi Achslinien

Der Prototyp 002 des russischen Raumschiffs „Buran" mit dem Erkennungszeichen OK-GLI flog 25 Mal zu Testzwecken innerhalb der Erdatmosphäre und wurde zuletzt in Bahrain der Öffentlichkeit präsentiert. Ende 2003 vermittelte die Spedition Kübler ihn an das Technik Museum Speyer. Allerdings mussten die Deutschen aufgrund der unklaren Besitzverhältnisse zwischen den beiden Vorbesitzern zuerst ein jahrelanges Gerichtsverfahren abwarten.

Scheuerle STB 1000

In rekordverdächtiger Zeit hat die Firma Scheuerle am 13. November 2010 eine Seitenträgerbrücke der Superlative realisiert. Nicht einmal ein Jahr nach Auftragserteilung durch die Multilift-Gruppe absolvierte die STB 1000 mit einer Spannweite von 38, 22 bis 47,22 Metern ihre Jungfernfahrt. Der Schwertransport hatte ein Gesamtgewicht von an die 800 Tonnen, wobei der Transformator 495 Tonnen und die STB 1000 180 Tonnen wog. Die Maße des Transformatorprototyps waren 13 Meter in der Länge, 4,30 Meter Breite und eine Höhe von 5,10 Metern. Zwei Schwerzugmaschinen sowie zwei mal 14 Achslinien Scheuerle InterCombi Power Booster transportierten das Schwergewicht. Der Scheuerle STB 1000 kann Generatoren bis zu einem Gewicht von 620 Tonnen aufnehmen und bewegen.

Scheuerle SPMT „Kirchentransport"

Wenn eine komplette Kirche ihren Standort wechselt, hat das nichts mit Magie zu tun, sondern mit modernster Transporttechnik. Im sächsischen Heuersdorf stand eine der ältesten Wehrkirchen Sachsens dem Braunkohleabbau im Wege. Das Bergbauunternehmen MIBRAG hatte sich also dazu entschlossen, das historische Gotteshaus nicht abreißen zu lassen, sondern ihm eine neue Heimat zu geben. Gefunden wurde der neue Standort im zwölf Kilometer entfernt gelegenen Borna. Nachdem die Kirche mit Hydraulikstempel Zentimeter für Zentimeter aus dem Erdreich gehoben war, übernahm ein Transportequipment aus einer SPMT-Schwerlastkombination den Transport. Insgesamt wurden 40 Achslinien eingesetzt, die in zwei Reihen angeordnet waren, um die 660 Tonnen schwere Kirche zu bewegen. Für die Energieversorgung wurde jede Reihe mit einem sogenannten PowerPack (PPU) bestückt.

Scheuerle ATK

Typ:	Schwerlasttransporter
Gewicht:	200 Tonnen (Raketenmotor)
Einsatz:	2007, für ATK (Alliant Techsystems Inc.) in Utah, USA
Geschwindigk.:	40 km/h (unbeladen) 20 km/h (beladen)

Dieses Fahrzeug von Scheuerle ist eine Spezialanfertigung für den Kunden ATK (Alliant Techsystems Inc-Premier Aerospace and Defense Company) für die Division Propulsion in Utah/USA und für den Transport von hochexplosiven Raketenmotoren gedacht. Da die Firma 2007 ein neues Logistiksystem mit mehr Flexibilität einführte, mussten neue, leistungsfähigere Transporter angeschafft werden. Die Scheuerle-Fahrzeuge vereinen sowohl die Eigenschaften der Straßenfahrzeuge, was die Geschwindigkeit und Bedienerfreundlichkeit betrifft, als auch die der Industriefahrzeuge mit hoher Traglast und hochpräziser Bewegung.

Scheuerle „Megablock"

Typ:	Schwerlastmodul
Gewicht:	3000 bis 6000 Tonnen

Einsätze:

Zerstörer: ANDREA DORIA, Zerstörer der ital. Marine, 150 x 20 Meter, ausgerichtet für 195 Insassen, 5600 Tonnen, 2 Gasturbinen, 65.000 PS

Versorgungsschiff: ASSO VENTICINQUE, für Öl und Gas der Firma Rosetti, 2100 Tonnen

M915: Minensuchboot der belgischen Marine, 560 Tonnen, 51 m x 9 m x 22 m hoch

Catwalk-Jacht: 210 Tonnen, 41 m lang, 8 m breit, 4000 PS

Zusammen mit Samsung entwickelte Scheuerle 2002 das Megablock-System. Die ersten Module konnten eine Last bis zu 3000 Tonnen tragen. Die Entwicklung des Systems ermöglichte eine absolut neue Methode des Transports von Schiffssektionen, revolutionierte die Schiffbauindustrie und reduzierte die Produktionskosten drastisch. 2006 wurde das System mit Deawoo weiterentwickelt, nun konnten Sektionen bis zu 6000 Tonnen gefahren werden.

Scheuerle/Nicolas Traktomas

Ende der 70er Jahre begann man bei Nicolas mit dem Bau von Schwerlastzugmaschinen. Diese Fahrzeuge werden nach Kundenwunsch konfiguriert und aufgebaut. Nicolas konzentriert sich überwiegend auf den Rahmen- und Stahlbau. Alle weiteren Komponenten wie Achsen, Motoren und Getriebe werden bei großen Herstellern geordert und zur Zugmaschine komplettiert. Beim Fahrerhaus greift man bis auf wenige Ausnahmen auf die Produkte von Berliet, bzw. auf Produkte von Renault zurück.

Die Konstruktion und die Dokumentation der Zugmaschinen finden bei Nicolas in enger Zusammenarbeit mit dem Kunden statt. Bei einem Großteil der Fahrzeuge handelt es sich um Einzelanfertigungen, die in Handarbeit gebaut werden. Die 4er- und 5er-Serien sind für das südafrikanische Unternehmen Rotran und werden bis auf wenige Abweichungen in Kleinserie gefertigt. Die Fahrzeuge sind weltweit im Einsatz, in der Regel in Gebieten, in denen der normale Schwerlast-Interessierte nicht so ohne Weiteres vorbeikommt.

Scheuerle Top Line SPMT

Die Scheuerle Top Line SPMT (Self Propelled Modular Transporter) erlaubt die außergewöhnlichsten Transporte. Gleich den bekannten Lego-Bausteinen können die Module aus der Reihe SPMT unbegrenzt kombiniert werden. Sie können in Standard-Containern verstaut und somit für einen Einsatz weltweit rasch bereitgestellt werden. Die Module wurden von Scheuerle erstmalig 1984 dem Transportmarkt zur Verfügung gestellt. Die „Neue Generation" der Modultransporter zeichnet sich durch einige wesentlich verbesserte Merkmale aus.

Bei diesem bemerkenswerten Transport wurde ein U-Boot mittels Schwimmdock aus dem Wasser gehoben und an Land gebracht. Der erste Transferakt bestand daraus, das Boot mittels eines getauchten Schwimmdocks aus dem Wasser zu heben und im Dock auf Stützblöcken abzusetzen. Anschließend wurde die Stützkonstruktion mit dem Boot von den 2 x 28 Achslinien des Modultransporters unterfahren und hydraulisch angehoben. Nun wurde in einer sogenannten „See-See-Operation" vom Schwimmdock auf eine Barge gefahren. Mittels Schleppbooten wurde die Barge an die Kaiseite manövriert und verankert. Jetzt konnten die Überfahrrampen zur Landseite ausgelegt werden. Anschließend erfolgte die „See-Land-Operation" unter Berücksichtigung der Ebbe-Flut-Verhältnisse. Beim Transfer zwangsläufig auftretende Höhenunterschiede wurden durch den hydraulischen Achsausgleich kompensiert.

Der hydrostatische Antrieb, Leistung der Motoreinheit ca. 2 x 400 PS, wirkte direkt auf die von der Ladung belasteten Achsen und machte unabhängig von Zugmaschinen oder Winden. Die von Scheuerle entwickelte elektronische, digitale Lenkung erlaubt optimale Lenk- und Fahrbewegungen. Der Lenkeinschlag der Achsen beträgt 2 x 130 Grad und kann in Karussell-, Diagonal-, Quer- und Schwenkfahrten umgesetzt werden. An Land konnten somit alle notwendigen Arbeiten zur Wartung ausgeführt werden. Nach Durchführung der Arbeiten wurde das U-Boot, mit einem Gewicht von 1600 Tonnen auf 224 Rädern, zurück ins Wasser gebracht.

Scheuerle/Nicolas Windflügeladapter

Ein Highlight für den Transport von Windkraftanlagenteilen hat Scheuerle auf der Bauma 2010 seinen Besuchern vorgestellt. Es handelt sich um eine neue Form des Transports von Rotorblättern für die finale Strecke zu einem Windkraftanlagen-Standort in schwer zugänglichem Gelände. Wo früher mühselige Kurvenmanöver beim Befahren von Serpentinen oder sogar das Abladen des Fahrzeugs und Umschwenken der Ladung mit Kran zum schwierigen und zeitaufwendigen Hindernis wurden, bietet Scheuerle jetzt die optimale Lösung mit dem bereits zum Patent angemeldeten Windflügeladapter. Dieser kann ganz unkompliziert entweder auf den selbstangetriebenen InterCombi SP (self-propelled) oder auf eine gezogene Plattenbrücke montiert werden. Darüber hinaus verfügt er über eine Hebe-, Senk- und Schwenkvorrichtung. In engen Kurven bewegt die Hebe- und Senkfunktion den Flügel über Funksender einseitig nach oben, sodass die Flügelspitze in einem Winkel von bis zu 23 Grad in den Himmel ragt, nach rechts oder links schwenken kann und so über Stützmauern, Bäume, Gebäude oder andere Hindernisse hinweg-„schwebt". Zusätzlich kann der Flügel um die eigene Längsachse gedreht werden und wird – unter Berücksichtigung der Windlasten – aus dem Wind gedreht. Somit ist die Standsicherheit des Fahrzeugs gewährleistet. Dieses neue Scheuerle-System kann sowohl bei Sattelkombinationen als auch bei Selbstfahrern eingesetzt werden. Montiert auf einer Plattenbrücke und gezogen von einer Zugmaschine mit Schwanenhals, ist die Kombination je nach Länge des Flügels kuppelbar mit dem konventionellen Scheuerle InterCombi. Wird der Adapter auf dem InterCombi SP befestigt, erfolgt der Antrieb über ein PPU (PowerPack Unit). Hier wird der Adapter direkt auf die Ladefläche der Plattform geschraubt.

MAN Neoplan Skyliner VIP Class

Wer die schönsten Ecken der Welt sehen will, will sie auch auf die schönste Art erreichen. Im Starliner, der VIP CLASS unter den Reisebussen, erleben die Passagiere unvergessliche Augenblicke in einem unvergleichlichen Bus: was die Fahrsicherheit angeht, in Bezug auf innovative Technik und Funktionen – vor allem aber im Hinblick auf den Reisekomfort. Ein Fahrzeug, das Anspruch und Tradition der Marke NEOPLAN wie kein zweites auszudrücken vermag und das den Passagieren überall auf der Welt das Gefühl gibt: Schöner kann Reisen nicht sein.

Typ: Reisebus
Länge: 12.990 Millimeter
Breite: 2550 Millimeter
Höhe: 3970 Millimeter
Motor: MAN D 2676 LOH, EEV, 6-Zylinder-Dieselreihenmotor, 504 PS
Hubraum: 12.419 Kubikzentimeter

MAN Neoplan Tourliner VIP Class

Typ: Reisebus
Länge: 13.260 Millimeter
Breite: 2550 Millimeter
Höhe: 3800 Millimeter
Gewicht: 24,9 Tonnen

Motor: MAN D 2676 LOH, EEV, 6-Zylinder-Dieselreihenmotor
Hubraum: 12.419 Kubikzentimeter
Leistung: 441 PS bei 1900/min
Drehmoment: 2100 Nm bei 1400/min
Getriebe: 6-Gang-Schaltgetriebe oder MAN „TipMatic"

Kraftstofftank: 400 Liter Diesel

Ganz gleich, ob die Fahrgäste „nur" in die nächste Stadt wollen oder komfortabel übers Land: Der Tourliner beeindruckt auf jedem Kilometer durch enorm viel Komfort. Bereits in der Standardversion verfügt der flexible Allrounder über alles, was ein komfortabler Reisebus braucht: Laufruhe, hervorragendes Fahrwerk, innovative Technik und jede Menge Sicherheit.

Mercedes-Benz Travego L

Typ:	Reisebus
Länge:	14.030 Millimeter
Breite:	2550 Millimeter
Höhe:	3710 Millimeter
Gewicht:	24,0 Tonnen

Motor: Mercedes-Benz OM 457 LA, 6-Zylinder-Dieselreihenmotor

Hubraum:	11.967 Kubikzentimeter
Leistung:	428 PS
Drehmoment:	2100 Nm bei 1100/min
Getriebe:	6-Gang-Mercedes-Benz GO 210, servounterstützt
Kraftstofftank:	475 Liter Diesel

Der Omnibus gilt als eines der sichersten Verkehrsmittel der Welt. Daran haben die Innovationen von Mercedes-Benz entscheidenden Anteil. Wie kaum ein anderer Hersteller hat Mercedes-Benz Verantwortung für die Sicherheit von Bussen übernommen. Viele der Neuerungen, die heute Standard sind, feierten in einem Fahrzeug mit Stern ihre Premiere, so zum Beispiel das Antiblockiersystem ABS oder auch das elektronische Stabilitätsprogramm ESP.

Scania Touring

Typ:	Reisebus
Länge:	12.090 Millimeter
Breite:	2550 Millimeter
Höhe:	3800 Millimeter

Im Scania Touring ermöglicht eine automatische Kupplung sanftes Anfahren und verbessert den Fahrkomfort. Die Bedienelemente sind übersichtlich am Armaturenbrett angeordnet, so dass sich der Fahrer entspannt auf das Wichtigste konzentrieren kann.

THE "BURRELL"
TRACTION ENGINE
2

Bergepanzer M 88 A1

Der Koreakrieg zeigte die Grenzen des M 74 auf. Zur Bergung ausgefallener M 26 Pershing und M 46 sowie M 47 Patton musste ein geeigneteres Fahrzeug entwickelt werden. 1954 begann dann auch die Ausschreibung für einen neuen Bergepanzer. Der Generalstab der amerikanischen Armee Continental Army Command (Cornac) forderte aufgrund von Standardisierung des eingesetzten Materials einen Bergepanzer auf Basis des neuen Kampfpanzers M 48. Die Bundeswehr verfügte 1998 noch über einen Bestand von 50 Bergepanzern M 88 A1 GE mit diversen Änderungen, wie deutscher Nebelwurfanlage, Staukörben zur Unterbringung der Seilführung für den A-Baum in geschützten Kästen sowie eine geänderte Beleuchtungsanlage.

Typ:	Bergepanzer
Besatzung:	4 Mann
Länge:	8090 Millimeter
Breite:	3430 Millimeter
Höhe:	3050 Millimeter

Motor: AVDS-1790-2DR, 12-Zylinder-Dieselmotor

Hubraum:	29.366 Kubikzentimeter
Leistung:	751 PS
Getriebe:	3 Vorwärtsgänge, 1 Rückwärtsgang
Kraftstofftank:	1470 Liter
Geschwindigk.:	42 km/h
Bewaffnung:	12,7-mm-M2-50-.cal-MG Nebelwurfbecher

Bergepanzer 2 Standard

Typ: Bergepanzer
Besatzung: 4 Mann
Länge: 7570 Millimeter
Breite: 3250 Millimeter
Höhe: 2690 Millimeter

Motor: MTU MB 838 Ca M500, 10-Zylinder-Mehrstoffmotor
Hubraum: 37.400 Kubikzentimeter
Leistung: 829 PS bei 2200/min
Getriebe: 3 Vorwärtsgänge, 2 Rückwärtsgänge

Kraftstofftank: 1410 Liter
Geschwindigk.: 62 km/h

Bewaffnung: MG 7,62 mm, Fla-MG 7,62 mm , Nebelmittelwurfanlage

Ein Jahr nachdem der erste Kampfpanzer Leopard 1 vom Fließband gerollt war, wurde am 9. September 1966 bei der damaligen Firma Atlas-MaK in Kiel der erste Bergepanzer 2 Standard in der Serienausführung an die Bundeswehr übergeben. Der Bergepanzer gehört zur „Leopard-Familie" und verwendet das Fahrgestell des Kampfpanzers Leopard 1. Im Unterschied zum Kampfpanzer besitzt der Bergepanzer anstelle des Turmes eine Bergeeinrichtung bestehend aus Winde, Kran und Räumschaufel.

Bergepanzer 3 Büffel

Typ: Bergepanzer
Besatzung: 3 Mann
Länge: 9070 Millimeter
Breite: 3540 Millimeter
Höhe: 2990 Millimeter

Motor: MTU MB 873 Ka-501R, 12-Zylinder-Turbodieselmotor
Hubraum: 47.600 Kubikzentimeter
Leistung: 1496 PS
Getriebe: 4 Vorwärtsgänge, 2 Rückwärtsgänge

Kraftstofftank: 1620 Liter
Geschwindigk.: 68 km/h

Bewaffnung: Fla-MG 3, Kaliber 7,62 mm, 2 x 8 Nebelwurfb.

Die Entwicklung zum Bergepanzer 3 begann schon mit der Serienfertigung des KPz Leopard 2. Eine Nebenantriebsmöglichkeit wurde am MTU-Motor 873 für eine spätere Verwendung als Berge- und Pionierpanzer geschaffen. In einer gemeinsamen Entwicklung der Deutschen Bundeswehr und den niederländischen Streitkräften entstanden 1986 die ersten von der Firma Krupp MaK entwickelten Prototypen des neuen Bergepanzers unter der Verwendung von Leopard-2-Baugruppen.

Pionierpanzer 1

Der Pionierpanzer 1 war nach dem Bergepanzer 2 das nächste Mitglied der neuen Leopard-Familie. Er wurde der Bundeswehr 1968 vorgestellt und bereits ein Jahr später bei der Truppe eingeführt. Vom Bergepanzer 2 unterscheidet sich der Pionierpanzer 1 nur in einigen kleinen Details, welche auf seine Pionieraufgaben abgestimmt sind. Somit konnten 95 Prozent der Baugruppen übernommen werden. Wichtige Aufgaben kann die Besatzung unter Panzer- und ABC-Schutz erfüllen, ohne das Fahrzeug verlassen zu müssen. Insgesamt erhielt die Bundeswehr zur Ausstattung eines Teiles ihrer Panzerpionierkompanien 36 Pionierpanzer 1, von denen jeweils zwei einer PzPiKp zugeteilt wurden. Auch in anderen NATO-Ländern wurde der Pionierpanzer 1 eingeführt. So erhielten die Niederlande 25 Fahrzeuge, Belgien sechs Fahrzeuge sowie Italien 40 Fahrzeuge, von denen jedoch 28 Fahrzeuge als Lizenzfertigung von OTO-Melara gebaut wurden. Alle bei der Bundeswehr eingesetzten Pionierpanzer 1 wurden in den Jahren zwischen 1986 und 1989 zusammen mit 104 Bergepanzern 2 von MaK in Kiel zu 140 Pionierpanzern 2 Dachs umgebaut.

Typ:	Pionierpanzer
Besatzung:	4 Mann
Länge:	7980 Millimeter
Breite:	3250 Millimeter
Höhe:	2700 Millimeter

Motor: MTU MB 838 Ca. M500, 10-Zylinder-Vielstoffmotor

Hubraum:	37.330 Kubikzentimeter
Leistung:	829 PS
Getriebe:	3 Vorwärts-, 4 Rückwärtsgänge

Pionierpanzer 2 Dachs

Der Pionierpanzer 2 Dachs ist ein Fahrzeug der Leopard-1-Familie und entstand durch die Umrüstung der vorhandenen 36 Pionierpanzer 1 und 104 Bergepanzer 2. Die wesentlichen Änderungen und Verbesserungen, die aus dem Pionierpanzer 1 beziehungsweise Bergepanzer 2 den Pionierpanzer 2 Dachs machen, betreffen den Teleskopbaggerarm, das Räumschild, die Schneid- und Schweißausstattung, die Hydraulikanlage, den Pumpenantrieb, die Baggeranlage, die Fernbedienung des Baggers, die Seilspannvorrichtung, die Spüleinrichtung zur Reinigung der Kühlanlage, den kippbaren Winkelspiegel sowie die zusätzlichen Lenzpumpen. Abgestimmt auf die neuen pionierpanzerspezifischen Komponenten, wurde die Ausrüstung des Dachs innen wie außen verändert.

Typ:	Pionierpanzer
Besatzung:	3 Mann
Länge:	8920 Millimeter
Breite:	3250 Millimeter
Höhe:	2570 Millimeter

Motor: MTU MB 838 Ca. M500, 10-Zylinder-Vielstoffmotor

Hubraum:	37.400 Kubikzentimeter
Leistung:	829 PS bei 2200/min
Getriebe:	4 Vorwärtsgänge, 2 Rückwärtsgänge
Kraftstofftank:	1410 Liter
Geschwindigk.:	62 km/h
Bewaffnung:	Fla-MG 7,62 mm, Nebelwurfanlage

Abschleppfahrzeug 6 t (6 x 6) M1/M1 A1

Typ:	Abschleppfahrzeug
Besatzung:	2 Mann
Länge:	8700 Millimeter
Breite:	2470 Millimeter
Höhe:	2920 Millimeter

Motor: Continental 22 R, 6-Zylinder-Benzinmotor

Hubraum:	8200 Kubikzentimeter
Leistung:	145 PS bei 2400/min
Getriebe:	6 Vorwärtsgänge, 1 Rückwärtsgang
Kraftstofftank:	455 Liter
Geschwindigk.:	70 km/h
Bewaffnung:	MG M2 12,7 mm

Die Geschichte der amerikanischen Heavy Wreckers, der schweren Berge-/Abschleppfahrzeuge, kann bis in die 30er Jahre zurückverfolgt werden. Als Bergefahrzeug für mittlere und schwere LKWs und für eine ganze Reihe von Spezialaufgaben, wie an den Stränden der Normandie während der Landung im Juni 1944, wurde eine Fahrzeugreihe entwickelt, die, speziell auf diesen Aufgabenbereich zugeschnitten, ein besonders gut gelungener Wurf werden sollte.

Magirus-Deutz Jupiter Autokran 5,5 t

Typ:	Autokran
Besatzung:	1 + 2 Mann
Länge:	8000 Millimeter
Breite:	2500 Millimeter
Höhe:	2950 Millimeter

Motor: Deutz F8L 712A, 8-Zylinder-Vielstoffmotor

Hubraum:	12.667 Kubikzentimeter
Leistung:	178 PS
Getriebe:	6 Vorwärtsgänge, 1 Rückwärtsgang
Kraftstofftank:	150 Liter
Geschwindigk.:	73,6 km/h

Ab 1960 wurde der Typ A 6500 durch den aus dem Uranus entwickelten Typ „Jupiter" (ab 1964 Typ 178 D 15 A) 6 x 6 abgelöst. Bei gleich bleibender Nutzlast wurde durch die Doppelhinterachse mit Einfachbereifung eine noch bessere Geländegängigkeit erreicht. Alle LKW 7t (6 x 6) Magirus-Deutz sind heute in der Bundeswehr ausgesondert und durch LKW der Folgegeneration ersetzt worden. Von 1960 bis 1967 wurden im Werk Ulm von Magirus-Deutz ca. 7800 Fahrzeuge in verschiedenen Varianten für die Bundeswehr gebaut.

Faun Kranwagen (6 x 6) LK 12/21-400

Die relativ kleinen, aber leistungsfähigen Faun-Werke in Nürnberg-Schnaittach und in Lauf an der Pegnitz begannen bereits im Jahre 1948 mit der Nachkriegsproduktion. Innerhalb kurzer Zeit erwarb sich die Firma einen guten Ruf als Hersteller von Spezial- und Schwerlastfahrzeugen. Ab dem Jahre 1954 stellten die Faun-Werke auch schwere LKW, Kranwagen und schwere Sattelzugmaschinen für den militärischen Bedarf her. Besonders die in Deutschland stationierten amerikanischen und britischen Streitkräfte wurden mit Fahrzeugen beliefert. Bei Aufstellung der Bundeswehr im Jahre 1956 erhielt Faun Aufträge zur Lieferung von circa 8000 schweren LKW und Spezialfahrzeugen, darunter auch schwere Kranwagen. Die Traditionsfirma entwickelte ab dem Jahr 1956 drei verschiedene Typen von schweren geländegängigen 6x6-Kranwagen für die Bundeswehr. Es handelte sich um folgende Fahrzeugtypen, die sich jedoch nur im Rahmen und der zur Erreichung einer maximalen Geländegängigkeit verschiedenartigen Achsanordnung unterschieden: Der Typ LK 12/21-400 auf LKW-Fahrgestell 12 t gl für 11-t-Wilhag-Drehkran hatte zwei gelenkte Vorderachsen, die, wie auch die nicht gelenkte Hinterachse, angetrieben waren. Der Typ LK 12/12-485 auf LKW-Fahrgestell 12 t gl für 13-t-Orenstein&Koppel-Drehkran hatte eine angetriebene und lenkbare Vorderachse, während die angetriebenen zwei Hinterachsen nicht lenkbar waren (Bild unten).

Typ: Kranwagen
Besatzung: 1 + 2 Mann
Länge: 9140 Millimeter
Breite: 2500 Millimeter
Höhe: 3000 Millimeter

Motor: Deutz F12L 714a, 12-Zylinder-Vielstoffmotor
Hubraum: 19.000 Kubikzentimeter
Leistung: 265 PS
Getriebe: 6 Vorwärtsgänge, 1 Rückwärtsgang

Kraftstofftank: 300 Liter
Geschwindigk.: 60 km/h

Liebherr Fahrzeugkran mittel

Am 12. Juni 1991 wurden im Rahmen eines Festaktes und in Anwesenheit zahlreicher Gäste bei der Firma Liebherr in Ehingen an der Donau die ersten Fahrzeugkrane, leicht und mittel, an die Bundeswehr und an die niederländische Armee übergeben. Insgesamt wurden in den Jahren 1991 bis 1994 statt 1250 geplanter Fahrzeugkrane nur 282 Fahrzeugkrane, leicht (FKL), und 193 Fahrzeugkrane, mittel (FKM), an die Einheiten der Bundeswehr ausgeliefert.
Die niederländische Armee beschaffte Anfang der 90er Jahre insgesamt 38 Fahrzeugkrane der Firma Liebherr.

Typ:	Fahrzeugkran
Besatzung:	2 Mann
Länge:	10.980 Millimeter
Breite:	2750 Millimeter
Höhe:	3520 Millimeter

Motor: KHD, 10-Zylinder-Dieselmotor mit Direkteinspritzung

Hubraum:	16.728 Kubikzentimeter
Leistung:	329 PS bei 2300/min
Getriebe:	6 Vorwärtsgänge, 2 Rückwärtsgänge
Kraftstofftank:	460 Liter
Geschwindigk.:	75 km/h

ÖAF Typ 20.320 LKW 10 t (6x6)

Typ:	LKW mit Ladekran
Besatzung:	1 + 2 Mann
Länge:	8850 Millimeter
Breite:	2500 Millimeter
Höhe:	3340 Millimeter

Motor: MAN D 2358 MTX, 8-Zylinder-Dieselmotor

Hubraum:	12.763 Kubikzentimeter
Leistung:	321 PS bei 2500/min
Getriebe:	6 Vorwärtsgänge, 1 Rückwärtsgang
Kraftstofftank:	500 Liter
Geschwindigk.:	82 km/h

Auf der Basis des deutschen LKW 7tgl MAN der LKW-Folgegeneration entwickelte 1974 die Österreichische Automobilfabrik Gräf & Stift AG (ÖAF) einen neuen, schweren, geländegängigen LKW für das Bundesheer, der die bisher verwendeten schweren LKW ersetzen sollte. Am 28. April 1976 übernahm das österreichische Bundesheer im Werk Floridsdorf von ÖAF, Gräf & Stift AG im Rahmen eines Festaktes die ersten 30 Exemplare der Baureihe. Der schwere LKW, der bei der Herstellerfirma die Typenbezeichnung 20.320 trägt, erhielt beim Bundesheer die Bezeichnung „gl sLKW, 6x6, 10 t, oSW/mSW, D, ÖAF".

Renault Kerax (8 x 4)

Typ:	Instandstetzungs-fahrzeug
Besatzung:	1 + 4 Mann
Länge:	10.820 Millimeter
Breite:	2550 Millimeter
Höhe:	3950 Millimeter

Motor: 16-Zylinder-Dieselmotor

Hubraum:	11.800 Kubikzentimeter
Leistung:	409 PS
Getriebe:	5 Vorwärtsgänge, 2 Rückwärtsgänge
Kraftstofftank:	380 Liter
Geschwindigk.:	90 km/h

Als Basismodell dient der bereits aus der zivilen Produktion stammende Renault Kerax (8 x 4). Die komfortable Kabine bietet Platz für den Fahrer und vier Mechaniker. Direkt hinter der Kabine befindet sich der variable hydraulische Kran 66000 B von Palfinger mit einer Hebeleistung von 14.750 Kilogramm bei einer Kranlänge von vier Metern und 6350 Kilogramm im ausgefahrenen Zustand von 9,4 Metern.

Faun L 912/45a Lkw 12 t gl

Typ:	Schwerlasttransporter
Besatzung:	1 + 3 Mann
Länge:	7650 Millimeter
Breite:	2500 Millimeter
Höhe:	3440 Millimeter
Gewicht:	27 Tonnen (gesamt)

Motor: F 12 L 714 A 4-Takt-Motor

Hubraum:	19.000 Kubikzentimeter
Leistung:	Diesel 250 PS Vielstoff 129 PS
Getriebe:	6 Vorwärtsgänge, 1 Rückwärtsgang
Kraftstofftank:	300 Liter
Geschwindigk.:	76 km/h
Fahrbereich:	660 km

Die bei der Bundeswehr eingesetzten Fahrzeuge der Faun-Werke wurden in verschiedene Typkategorien eingeteilt. In die Kategorie Schwerlasttransport und Zugmittel, speziell bei Pioniereinheiten, gehörte der in einer Stückzahl von 214 Einheiten gebaute LKW Faun L 912/45a 12 Tonnen. Als Gespann wurde er mit dem schweren Tiefladelastanhänger 25 Tonnen für den Transport von schweren Planierraupen Typ 660, Raupenbaggern Typ M60 oder als Transportfahrzeug für die Scherenfaltbrücke (MLC 60) des Brückenlegepanzers M 48 A2 AVLB eingesetzt.

Panzertransporter M 746 (8x8) HET

Typ:	Panzertransporter
Besatzung:	1 + 2 Mann
Länge:	8250 Millimeter
Breite:	3050 Millimeter
Höhe:	3050 Millimeter
Gewicht:	20,4 Tonnen

Motor: wassergekühlter Detroit 12V-71T, 12-Zylinder-Dieselmotor

Leistung:	600 PS bei 2500/min
Getriebe:	5 Vorwärtsgänge, 1 Rückwärtsgang
Kraftstofftank:	530 Liter
Geschwindigk.:	62 km/h

Die Entwicklung des Panzertransporters M 746 mit Tiefladeauflieger M 747 kann bis zum Jahre 1965 zurückverfolgt werden, als in Deutschland und in den USA ein gemeinsames Projekt entstand, um den für beide Armeen vorgesehenen Kampfpanzer MBT-70 zu transportieren. Es entstand der HET (Heavy Equipment Transporter 70) mit einer Nutzlast von 50 Tonnen. Die Firma Faun in Deutschland sowie die Firma Chrysler in den USA bauten jeweils einige Prototypen der Zugmaschine für den neuen Panzertransporter. Die amerikanische Version des Panzertransporters wurde, nach einigen Änderungen, bei den US-Streitkräften ab dem Jahre 1975 als M 746 eingesetzt.

Faun SLT 50.2/50.3 Elefant

Typ: Schwerlasttransporter
Besatzung: 4 Mann
Länge: 8830 Millimeter
Breite: 3070 Millimeter
Höhe: 3240 Millimeter
Gewicht: 22,8 Tonnen

Motor: Deutz MWM T8D 234, V12-Zylinder-Dieselmotor
Hubraum: 21.600 Kubikzentimeter
Leistung: 734 PS
Getriebe: 4 Vorwärtsgänge, 2 Rückwärtsgänge

Kraftstofftank: 800 Liter
Geschwindigk.: 65 km/h
Bewaffnung: 1 x Fla MG 7,62 mm

Mit der Einführung des Leopard-2-Kampfpanzers und verbunden mit den Nachteilen des älteren Transporters – dem viel zu großen Wendekreis – wurde eine neue Generation von Sattelzugmaschinen und Aufliegern benötigt. Die Entwicklung dieser Fahrzeugklasse begann im Jahr 1965, als man sich in Deutschland und den USA zu einem gemeinsamen Projekt entschloss, um den von beiden Streitkräften eingesetzten Kampfpanzer (MBT-70) zu transportieren. Die Planung der Zugmaschine bei FAUN und des Tiefladers bei Krupp begann im Jahre 1970 und der erste Prototyp des SLT wurde 1971 fertig gestellt. Nach einer intensiven Testphase begann die Serienproduktion bei FAUN (Zugmaschine) und Kässbohrer (Auflieger), das erste Serienfahrzeug wurde von der Bundeswehr im Jahre 1976 übernommen.

Faun Sattelzugmaschine, schwer

Typ: Schwerlasttransporter
Besatzung: 2 Mann
Länge: 8840 Millimeter
Breite: 3070 Millimeter
Höhe: 3020 Millimeter
Gewicht: 19,7 Tonnen

Motor: luftgekühlter KHD BF 12L 513 C 19, V12-Zylinder-Dieselmotor
Hubraum: 14.400 Kubikzentimeter
Leistung: 525 PS
Getriebe: 16 Vorwärtsgänge, 2 Rückwärtsgänge

Kraftstofftank: 800 Liter
Geschwindigk.: 72 km/h
Bewaffnung: 1 x Fla MG 7,62 mm

Die „Sattelzugmaschine, schwer" war zu keiner Zeit als Ersatz für den SLT50-2/3 gedacht, sollte ihn vielmehr beim Transport auf befestigten Straßen unterstützen, wofür Geländegängigkeit nicht gefordert wurde. Aus diesem Grunde ist der hauptsächliche technische Unterschied die 8x6- anstelle der 8x8-Konfiguration. Das offensichtlichste äußerliche Unterscheidungsmerkmal der SaZgM, schwer, gegenüber dem SLT 50-2/3 ist das Paar doppelter Frontscheinwerfer im Gegensatz zum einfachen Paar seines geländegängigen Pendants. Das gesamte System besteht aus der Sattelzugmaschine, schwer, FS 42.75/42 (8 x 6), produziert von FAUN, und dem Sattelanhänger, 56 Tonnen, Tieflader (12 x 0), produziert von Kässbohrer.

Brücken- und Übersetzfahrzeug Alligator

Das M 2 Amphibienfahrzeug besteht aus einem geschweißten Hauptschwimmkörper mit der gesamten Antriebsanlage und einem Fahrerhaus. Am Hauptschwimmkörper befinden sich links und rechts die hydraulisch ausschwenkbaren Seitenschwimmkörper. Beim Landmarsch liegen die Seitenschwimmer auf dem Rumpf und können je nach taktischem Erfordernis bereits an Land oder auch erst im Wasser ausgeschwenkt werden. Unter den Seitenschwimmern werden vier 5,5 Meter lange Rampenplatten mitgeführt, die mithilfe des drehbaren Bordkranes eingehoben werden und als Auffahrrampe oder als Verbindungsplatte dienen. Diese können in der jeweilig erforderlichen Einbaulage hydraulisch verstellt oder gestützt werden. Der Bordkran sitzt mittig hinter dem Fahrerhaus und kann vom Steuerstand für Wasserfahrten auf dem Dach des Fahrerhauses von einem Soldaten kontrolliert werden. Bemerkenswert ist, dass die Fahrtrichtung im Wasser umgekehrt als auf dem Land verläuft. Der Wasserantrieb erfolgt durch die beiden KHD-Motoren über eine Getriebekombination auf drei Schiffsschrauben (System Schottel). Die mittlere Schraube unter dem Fahrerhaus ist Ruderpropeller und gleichzeitig Steuerorgan. In den Seitenschwimmern befinden sich die beiden anderen Schrauben und sorgen über ein Wendegetriebe für unabhängigen Vor- oder Rücktrieb. Das verleiht dem Fahrzeug eine ausgezeichnete Manövrierfähigkeit als Einzelfahrzeug oder einer aus mehreren Fahrzeugen bestehenden Fähre.

Typ:	Brücken- und Übersetzfahrzeug
Besatzung:	4 Mann
Länge:	11.330 Millimeter
Breite:	2990 Millimeter
Höhe:	3570 Millimeter

Motor: 2 x KHD F8L 714A, Vielstoffmotoren

Hubraum:	12.667 Kubikzentimeter
Leistung:	2 x 177 PS
Getriebe:	6 Vorwärtsgänge, 1 Rückwärtsgang
Kraftstofftank:	527 Liter
Geschwindigk.:	62 km/h (Straße)

Brückenlegepanzer Biber

Der Brückenlegepanzer Biber basiert auf einem modifizierten Fahrgestell des Kampfpanzers Leopard 1 und verlegt die Panzerschnellbrücke horizontal im freien Vorbau. Es entsteht also kein Verlegebaum mehr, der erst hoch- und dann über das Hindernis ausgeklappt werden muss. Somit wird auch keine riesige Silhouette weithin sichtbar, wie bei den sogenannten Scissor Bridges. Die beiden je elf Meter langen, symmetrischen Brückenhälften werden während des Transportes verriegelt und übereinander auf dem Trägerfahrzeug gelagert. Beim Transport der Brücke hat der Panzer ein Gefechtsgewicht von 45,3 Tonnen. Weitere technische Merkmale sind die schussabweisende Formgebung des Fahrzeuges, die wasser- und gasdichte Unterteilung der aus starken Panzerplatten geschweißten Wanne durch eine Trennwand in Motor- und Bedienungsraum, eine automatische Feuerlöschanlage im Motorraum und eine Überdruck-Belüftungsanlage mit Filter zum Schutz gegen ABC-Kampfstoffe.

Typ:	Brückenlegepanzer
Besatzung:	2 Mann
Länge:	11.790 Millimeter
Breite:	4000 Millimeter
Höhe:	3550 Millimeter
Gewicht:	35,1 Tonnen

Motor: MTU MB 838 Ca. M500, 10-Zylinder-Vielstoffmotor

Hubraum:	37.400 Kubikzentimeter
Leistung:	829 PS
Getriebe:	4 Vorwärtsgänge, 2 Rückwärtsgänge
Kraftstofftank:	995 Liter
Geschwindigk.:	62 km/h

Faltschwimmbrücke (FSB)

Typ:	Faltschwimmbrücke
Besatzung:	1 + 2 Mann
Länge:	9313 Millimeter
Breite:	3310 Millimeter
Höhe:	3930 Millimeter
Gewicht:	23,5 Tonnen

Motor: Deutz BF8L 413F, 8-Zylinder-Turbodieselmotor

Leistung:	320
Hubraum:	12.763 Kubikzentimeter
Getriebe:	6 Vorwärtsgänge, 1 Rückwärtsgang
Geschwindigk.:	90 km/h

Die Faltschwimmbrücke dient zum Bau von Übersetzfähren und Schwimmbrücken und besteht aus dem LKW 7 t gl MAN Brückentransporter, den Brücken-Innenabschnitten, den Brücken-Rampenabschnitten, den Motorbooten auf 2-Rad-Anhängern sowie dem Aufbaugerätesatz auf LKW 7 t gl MAN. Jeder Abschnitt der Faltschwimmbrücke wird in der für dieses Gerät typischen „W-Form" gefaltet auf einem LKW 7 t gl transportiert. Die Entfaltvorrichtung des Brückenabschnittes bewirkt, dass dieser sich automatisch ausklappt, sobald er vom LKW ins Wasser gelassen wurde und schwimmt.

Faltstraßengerät (FSG)

Typ:	Faltstraßengerät
Besatzung:	2 Mann
Länge:	10.450 Millimeter
Breite:	2500 Millimeter
Höhe:	2920 Millimeter
Gewicht:	18,95 Tonnen

Motor: Deutz 8-Zylinder-Turbodieselmotor

Leistung:	360 PS bei 2600/min
Hubraum:	12.763 Kubikzentimeter
Getriebe:	16 Vorwärtsgänge, 2 Rückwärtsgänge
Kraftstofftank:	400 Liter
Geschwindigk.:	90 km/h

Die Zu- und Abfahrten bei Übergängen über Gewässer mithilfe von Pioniergeräten sind oft aufgrund der schlechten Bodenbeschaffenheit Schwachstellen. Durch Regen oder Belastung vergrößert sich in der Regel dieses Problem. Zur Erfüllung ihrer Aufgaben benötigt die Pioniertruppe daher ein Gerät zur Verbesserung der Bodenbefahrbarkeit, das für sämtliche Bodenarten und Bodenverhältnisse geeignet ist. Deutschland und Frankreich schlossen bereits 1975 ein Abkommen zur Entwicklung eines Faltstraßengerätes. Als Vorgaben legte man fest, dass der Belag fertig vormontiert und zu einem Paket zusammengefaltet sein sollte. Als Verlegefahrzeug sollte ein LKW genutzt werden können.

Faltfestbrücke (FFB)

Typ: Faltfestbrücke
Besatzung: 1 + 2 Mann
Länge: 10.270 Millimeter
Breite: 2500 Millimeter
Höhe: 2640 Millimeter
Gewicht: 13,4 Tonnen

Motor: 6-Zylinder-Turbodieselmotor
Leistung: 400 PS
Hubraum: 11.967 Kubikzentimeter
Getriebe: 16 Vorwärtsgänge, 2 Rückwärtsgänge

Kraftstofftank: 400 Liter
Geschwindigk.: 90 km/h

Durch die Einführung der Faltfestbrücke hat die Pioniertruppe der Bundeswehr ein äußerst mobiles und leistungsfähiges Festbrückengerät der Lastenklasse MLC 70 erhalten. Ein Satz der neuen Faltfestbrücke umfasst 54 Meter Brückengerät, zwei Brückenverlegefahrzeuge, fünf Brückentransporter sowie einen zusätzlichen LKW mit einem Aufbaugerätesatz. Auf den beiden Brückenverlegefahrzeugen sind je zwei Vorbauträgerrampenabschnitte sowie zwei Uferbalken verlastet. Zwei Brückentransporter transportieren zwei Sätze Schlepprampen und zwei Vorbauträgerinnenabschnitte, ein weiterer Transporter einen Brückeninnenabschnitt und einen Brückenrampenabschnitt. Insgesamt je zwei Brückeninnenabschnitte und zwei Brückenrampenabschnitte werden auf zwei weiteren Brückentransportfahrzeugen transportiert.

Schnellschwimmbrücke (SSB) M3

Typ: Schnellschwimmbrücke
Besatzung: 3 Mann
Länge: 12.820 Millimeter
Breite: 3350 Millimeter
Höhe: 3930 Millimeter

Motor: Deutz BF8L 513C, 8-Zylinder-Dieselmotor
Leistung: 360 PS
Getriebe: 6 Vorwärtsgänge, 1 Rückwärtsgang

Kraftstofftank: 400 Liter
Geschwindigk.: 80 km/h (Straße)

Die Amphibie M 3 ist ein schwimmfähiges, geländegängiges Brückenfahrzeug, welches eigenständig und schnell auf dem Landweg zu den vorgesehenen Übergangsstellen fahren kann. Dort kann es von der dreiköpfigen Besatzung in kürzester Zeit durch den Bau von Fähren oder Brücken zum Übersetzen von Ketten- und Radfahrzeugen bis hin zur Lastenklasse MLC 70 eingesetzt werden.

Gefechtsstandfahrzeug M 577/M 577 A1

Aufgrund der Fahrzeughöhe von 2,72 Metern kann die Besatzung des M 577 im Innenraum aufrecht stehen. Das erleichert die Arbeit der Fahrzeugbesatzung wesentlich. Durch das 4,90 Meter lange Anbauzelt mit Gestänge, das am Fahrzeugheck befestigt ist, wird weiterer Platz für Tische und Kartentafeln geschaffen. Drei T-förmig zusammengestellte Führungsfahrzeuge M 577 bilden den Kern eines TOC (Tactical Operations Center). Um die maximale Höhe für den Lufttransport nicht zu überschreiten, wurden die Kommandantenkuppel und das 12,7-mm-sMG, M2 Browning, weggelassen. Zur Innenausstattung einer Befehlszentrale M 577 gehören neben einer Sitzbank für fünf Mann ein großes Kartenbrett sowie verschiedene Funk- und Führungsmittel. Ein Dieselgenerator mit einer Leistung von 4,2 kW, außerhalb des Fahrzeugs neben der Fahrerluke, versorgt die Funkgeräte mit der nötigen Energie. Vom jeweiligen Einsatz des M 577 bei Kampf-, Kampfunterstützungstruppen oder weit hinter der Front hängen die Kombination und Anzahl der Funkgeräte ab.

Typ:	Gefechtsstandfahrzeug
Besatzung:	5 Mann
Länge:	4860 Millimeter
Breite:	2680 Millimeter
Höhe:	2720 Millimeter
Gewicht:	10,9 Tonnen

Motor: Detroit 6V-53, 6-Zylinder-Dieselmotor

Hubraum:	5210 Kubikzentimeter
Leistung:	209 PS
Getriebe:	3 Vorwärtsgänge, 1 Rückwärtsgang
Kraftstofftank:	454 Liter
Geschwindigk.:	58,4 km/h

Gefechtsstandfahrzeug M 577 A2 Command Post Carrier

Ende der 70er Jahre wurden Verbesserungen an der Kühl- und Auspuffanlage sowie am Fahrwerk vorgenommen, was zur Bezeichnung M 577 A2 führte. Insgesamt wurden bis heute mehr als 4500 M 577 hergestellt. Der M 577 wird in Kampf- und Kampfunterstützungseinheiten als Führungs- und Gefechtsstandfahrzeug eingesetzt. Die Ausstattung mit Führungsmitteln ist jedoch bei jeder Truppengattung verschieden. Es können bis zu sechs Sincgars-Funkgeräte (abhörsichere Sprechfunk- und Datenübermittlung), Verschlüsselungsautomaten, Artillerie-Feuerleitsysteme usw. eingebaut werden. Ebenfalls sind viele Fahrzeuge mit Drehstühlen und Kartenbrettern ausgestattet. Wegen des geringen Platzangebotes sind zwei Kraftstofftanks mit zusammen 454 Liter Inhalt in den unteren Wannenseiten eingebaut. Der M 577 wird darüber hinaus als Führungspanzer von Mörser- und Sanitätszügen eingesetzt. Außer den Waffen der Besatzung verfügt der Befehlspanzer über keine eigene Bewaffnung.

Typ: Gefechtsstandfahrzeug
Besatzung: 5 Mann
Länge: 4930 Millimeter
Breite: 2690 Millimeter
Höhe: 2750 Millimeter
Gewicht: 10,9 Tonnen

Motor: Detroit 6V-53, 6-Zylinder-Dieselmotor
Hubraum: 5210 Kubikzentimeter
Leistung: 209 PS
Getriebe: 4 Vorwärtsgänge, 1 Rückwärtsgang

Kraftstofftank: 454 Liter
Geschwindigk.: 64 km/h

Transportpanzer M 548

Unter der Experimentalbezeichnung XM548 Laster-Träger wurde für das US Army Signal Corps im Jahre 1960, unter Verwendung von Baugruppen des Schützenpanzers M 113, ein Vollketten-Lastfahrzeug entwickelt. 1965 wurde das Fahrzeug mit der Bezeichnung M 548 durch die US Army standardisiert. Die Firma FMC Corporation startete daraufhin die Serienproduktion. 1966 gingen die ersten Serienfahrzeuge zur Verwendung an die US Army die den Vollkettentransporter M 548 für eine Vielzahl von Aufgaben einplante. Neben dem Einsatz als Transporter von Material bei den Pioniereinheiten wurde das Fahrzeug hauptsächlich als Munitionstransportfahrzeug in den mit den Selbstfahrgeschützen M 109 und M107/M110 ausgerüsteten Artillerieeinheiten der US Army eingesetzt.

Typ:	Transportpanzer
Besatzung:	1 + 3 Mann
Länge:	5890 Millimeter
Breite:	2540 Millimeter
Höhe:	2710 Millimeter
Gewicht:	7,43 Tonnen

Motor: 6-Zylinder-Dieselmotor

Leistung:	215 PS bei 2800/min
Getriebe:	6 Vorwärtsgänge, 2 Rückwärtsgänge
Kraftstofftank:	397 Liter
Geschwindigk.:	64 km/h

Mehrzweck-Überschneefahrzeug Bv 206 D

Typ: Transportfahrzeug
Besatzung: 2 + 4 + 11 Mann
Länge: 6860 Millimeter
Breite: 1850 Millimeter
Höhe: 2400 Millimeter

Motor: Mercedes-Benz 5-Zylinder-Turbodieselmotor
Leistung: 125 PS
Getriebe: 4 Vorwärtsgänge, 1 Rückwärtsgang

Geschwindigk.: 55 km/h

Bewaffnung: Drehringlafette für 7,62 mm MG 3

Besonders die der NATO-Eingreiftruppe AMF-L (Allied Mobile Force Land) unterstellten Luftlandeeinheiten benötigten ein Transportmittel, das den Erfordernissen eines möglichen Einsatzes in Nordnorwegen unter winterlichen Witterungsbedingungen in besonderem Maße angepasst ist. Bedingt durch die relativ kleine insgesamt zu beschaffende Stückzahl, entschloss man sich 1985 zur Einführung des Bv 206 Überschneefahrzeugs der schwedischen Firma Hägglund. Hägglund und Söner verfügen über Jahrzehntelange Erfahrung in Bau und Entwicklung solcher Spezialfahrzeuge. Das Bv 206 ist eine Weiterentwicklung des bereits 1962 in der schwedischen Armee eingeführten Bv-202-Schneefahrzeugs.

Transportfahrzeug Hägglund Bv 206S

Typ: Transportfahrzeug
Besatzung: 1 + 11 Mann
Länge: 6920 Millimeter
Breite: 2000 Millimeter
Höhe: 2100 Millimeter

Motor: Steyr M 16 TCA HD M1, 6-Zylinder-Dieselmotor
Leistung: 177 PS
Getriebe: 5 Vorwärtsgänge, 1 Rückwärtsgang

Kraftstofftank: 270 Liter
Geschwindigk.: 52 km/h

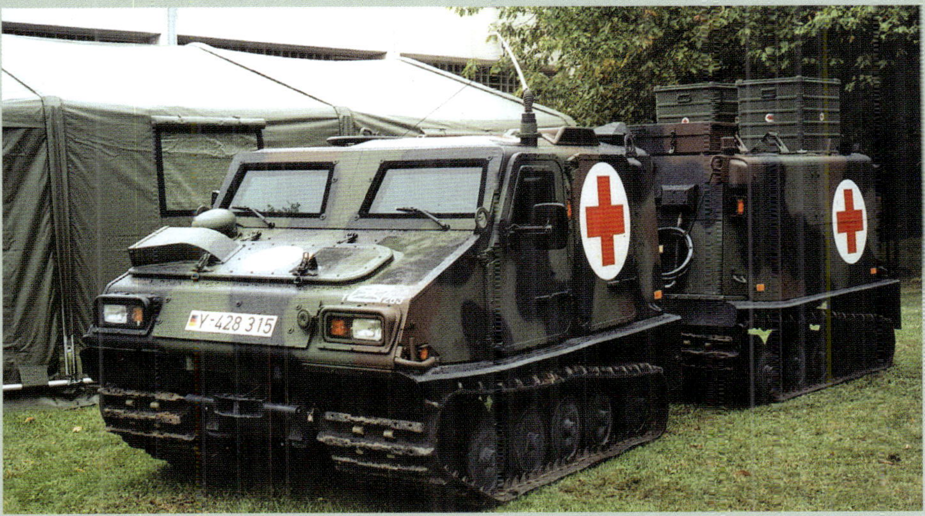

Der Entwicklung des Bv 206S lag der Bedarf der schwedischen Streitkräfte an einem gepanzerten Transportfahrzeug zugrunde, das auch in extrem schwierigem Gelände eingesetzt werden könnte. In den späten 80er Jahren führt ein Gemeinschaftsprojekt aus der Firma Hägglunds Vehicles AB und dem Materialbeschaffungsamt der schwedischen Streitkräfte zum ersten Prototyp des Bv 206S. Bis 1989 wurden insgesamt vier Prototypen des Bv 206 gebaut, zwei dieser Fahrzeuge wurden anschließend von den schwedischen Streitkräften einer intensiven Erprobung unterzogen. 1993 bestellten die schwedischen Streitkräfte ein erstes Los mit 20 Bv 206S, diese wurden 1994 an die Truppe ausgeliefert.

Minenräumpanzer Keiler

Typ:	Minenräumpanzer
Besatzung:	2 Mann
Länge:	8670 Millimeter
Breite:	3790 Millimeter
Höhe:	3840 Millimeter

Motor: MTU MB 871 Ka-501, 8-Zylinder-Dieselmotor

Hubraum:	25.280 Kubikzentimeter
Leistung:	1112 PS bei 2200/min
Getriebe:	4 Vorwärtsgänge, 2 Rückwärtsgänge
Kraftstofftank:	1111 Liter
Geschwindigk.:	48 km/h

Der Minenräumpanzer Keiler ist ein Vollkettenfahrzeug, basierend auf dem Fahrgestell des Kampfpanzers M 48 A2 C, mit einer schwenkbaren Räumeinrichtung. Diese Räumeinrichtung arbeitet nach dem Prinzip der rotierenden, fräsenden Schlagelemente. An einer Welle vor dem Fahrzeug rotieren 24 gegeneinander ausgewuchtete rotationssymmetrische Werkzeuge, auch Elefantenfüße genannt, fräsen den Boden auf und schleudern die Erde schräg nach vorne aus der Bahn des Fahrzeuges. Dabei werden die Minen ausgelöst oder zerstört.

Minenwerfer Skorpion

Typ:	Minenwerfer
Besatzung:	2 Mann
Länge:	5850 Millimeter
Breite:	2870 Millimeter
Höhe:	3170 Millimeter

Motor: GMC Detroit Model 6V-53N, 6-Zylinder-Dieselmotor

Hubraum:	5220 Kubikzentimeter
Leistung:	215 PS bei 2800/min
Getriebe:	6 Vorwärtsgänge, 2 Rückwärtsgänge
Kraftstofftank:	397 Liter
Geschwindigk.:	40 km/h
Bewaffnung:	1 x Fla MG 3, 7,62 mm

Im Jahr 1978 begannen bei Dynamit Nobel die Entwicklungsarbeiten an einem schnell und flexibel einzusetzenden Minenverlegesystem mit dem Ziel, die Bewegung größerer Truppenkonzentrationen zu stoppen. In Zusammenarbeit der Firmen Krauss-Maffei, EWK und Wegmann wurde ein neues Minenstreumittelsystem entwickelt und getestet, das aus dem Minenstreumittelfahrzeug und dem Minenstreumittelhubschrauber bestand. Die ersten Serienfahrzeuge wurden 1986 geliefert.

ABC-Spürpanzer M 93 Fuchs (Fox)

Typ:	ABC-Spürpanzer
Besatzung:	3 Mann
Länge:	7290 Millimeter
Breite:	2980 Millimeter
Höhe:	2410 Millimeter

Motor: Daimler-Benz OM 402A, V8-Zylinder-Dieselmotor

Hubraum:	12.760 Kubikzentimeter
Leistung:	320 PS
Getriebe:	6 Vorwärtsgänge, 1 Rückwärtsgang
Kraftstofftank:	390 Liter
Geschwindigk.:	105 km/h
Bewaffnung:	1 x 7,62-mm-MG M 240, 2 Nebelwurfanlagen M 250 mit je 6 Abschussbechern

Im März 1990 erhielten Henschel Wehrtechnik und General Dynamics Land Systems den Auftrag, 48 ABC Spürpanzer Fuchs für die US-Streitkräfte zu fertigen. Die Fahrzeuge wurden in drei Losen ausgeliefert: das Los I (Vorserie) mit acht, das Los II mit 15 und das Los III mit 25 Fahrzeugen. Die gegenüber den deutschen ABC-Fuchs leicht modifizierten Fahrzeuge sollten als Übergangslösung (Interim System Production – ISP) dienen, bis das Fahrzeug so weiterentwickelt sein würde, dass es alle Anforderungen der Amerikaner befriedigen würde. Die Auslieferung dieser Fahrzeuge erfolgte zwischen 1992 und 1993.

ATF Dingo

Typ:	Allschutztransport-fahrzeug
Besatzung:	5 Mann
Länge:	5520 Millimeter
Breite:	2340 Millimeter
Höhe:	2950 Millimeter

Motor: Daimler-Chrysler OM 366 LA, 6-Zylinder-Dieselmotor

Hubraum:	5958 Kubikzentimeter
Leistung:	159 PS
Getriebe:	8 Vorwärtsgänge, 8 Rückwärtsgänge
Geschwindigk.:	106 km/h
Bewaffnung:	7,62 mm MG 3

Vor dem Hintergrund der neuen Aufgaben der Deutschen Bundeswehr im Rahmen der Auslandseinsätze auf dem Balkan wurde bei der Bundeswehr eine Ausrüstungslücke zwischen dem Geländewagen „Wolf" und dem Transportpanzer „Fuchs" erkennbar. Das Konzept eines minensicheren, luftverlastbaren, gepanzerten Radfahrzeugs wurde im Auftrag des BWB von der Firma Krauss-Maffei-Wegmann entwickelt. Bereits Mitte 1999 wurde die Serienreife erlangt, die zur Realisierung führte.

Wiesel 2 Ozelot

Typ:	leichtes Flugabwehr-system
Besatzung:	2 oder 3 Mann
Länge:	4510 Millimeter
Breite:	1820 Millimeter
Höhe:	1900 Millimeter

Motor: Audi TDI, 4-Zylinder-Turbo-dieselmotor

Hubraum:	1896 Kubikzentimeter
Leistung:	110 PS
Getriebe:	4 Vorwärtsgänge, 1 Rückwärtsgang
Geschwindigk.:	70 km/h
Bewaffnung:	Flugabwehrsystem (LeFlaSys) Ozelot

Die Firma STN Atlas Elektronik in Bremen begann 1992 mit der Entwicklung eines leichten Fla-Systems. Auf der Grundlage der taktisch-technischen Forderung wurde nach hartem Wettbewerb im Februar 1995 das Angebot der Arbeitsgemeinschaft STN ATLAS/Wegmann ausgewählt und später ein Vertrag zur Lieferung von Truppenversuchsmustern mit einer festen Vereinbarung geschlossen. Bereits ab Dezember 1996 erfolgten die ersten ausgiebigen Truppenversuche, die die Voraussetzung für die Bewilligung und Beschaffung des Flugabwehrsystems ab 1998 waren.

GTK Boxer

Typ:	moderner Transportpanzer
Besatzung:	3 + 8 Mann
Länge:	7880 Millimeter
Breite:	2990 Millimeter
Höhe:	3030 Millimeter

Motor: MTU 8V199 TEE 20, V8-Zylinder-Turbodieselmotor

Hubraum:	15.920 Kubikzentimeter
Leistung:	721 PS
Getriebe:	5 Vorwärtsgänge, 1 Rückwärtsgang
Geschwindigk.:	103 km/h
Bewaffnung:	FLW 200, 7,62-mm-MG 12,7-mm-Sekundärbewaffnung, Nebelwurfanlage

Im April 1998 vereinbarten Frankreich, Deutschland und Großbritannien zusammen ein allradgetriebenes 8x8-Radfahrzeug zu entwickeln. Frankreich zog sich recht bald wieder aus dem Arrangement zurück, um mit dem VBCI ein eigenes Fahrzeug zu realisieren. Deutschland und Großbritannien verfolgten das 8x8-Projekt weiter. Die Niederlande beteiligen sich seit 2000 an dem Projekt, allerdings schied Großbritannien 2003 aus. 1999 wurde der Entwicklungsvertrag, der eine Option für eine erste Serienfertigung von 600 Stück ab 2005 beinhaltete, unterzeichnet und die Firma ARTEC mit Sitz in München gegründet. Der erste von acht Prototypen wurde 2001 fertiggestellt.

Schützenpanzer Puma

Typ:	Schützenpanzer
Besatzung:	3 + 6 Mann
Länge:	7260 Millimeter
Breite:	3700 Millimeter
Höhe:	3050 Millimeter

Motor: MTU 892 High Power Density, V10-Zylinder-Dieselmotor

Hubraum:	10.000 Kubikzentimeter
Leistung:	1088 PS kW
Getriebe:	Renk HSWL 256
Geschwindigk.:	70 km/h
Bewaffnung:	30-mm-MK 30-2/ABM, 5,56-mm-MG 4, Sprengkörperwurfanlage

Die Anfänge des Puma-Projekts reichen bis in das Jahr 1996 zurück. Der Puma basiert auf dem Projekt „Neue Gepanzerte Plattform (NGP)", das eine Universalplattform für verschiedene Waffensysteme vorsah. So wurde Anfang 1998 das taktische Konzept „Neuer Schützenpanzer (NeSPz)" genehmigt. Nach einer Bedarfsermittlung im Jahr 2002 folgte Ende 2002 der Vertragsabschluss. Die Vorserienfahrzeuge wurden im Jahr 2006 geliefert. Die Option sollte am 8. November 2007 bestätigt werden, verschob sich jedoch aufgrund technischer Probleme in das Jahr 2009.

Y-947 385
100

Bildnachweis

AGCO GmbH, Atlas Maschinen GmbH, Bauer AG, Bitelli S.P.A., Buhler Versatile Inc., Case IH Customer Relations, Claas KGaA mbH, DAF Trucks Deutschland GmbH, Daimler AG, Demlone, GHH Fahrzeuge GmbH, Goldhofer AG, Grimme Landmaschinenfabrik GmbH & Co.KG, Herbert Dammann GmbH, HFH Group Herbst GmbH, Iveco Magirus GmbH, JCB Sales Ltd, John Deere Deutschland, KAMAG Transporttechnik GmbH & Co.KG, Kässbohrer Geländefahrzeug AG, Liebherr-International Deutschland GmbH, MAN SE, Maschinenfabrik Bernard Krone GmbH, Merlo Deutschland GmbH, Morooka Raupendumper, New Holland Agriculture, New Holland Construction, Nicolas Industrie SAS, Peter Blume, Renault Trucks Deutschland GmbH, Rosenbauer International AG, Same Deutz-Fahr Deutschland, Scania Deutschland GmbH, Scheuerle Fahrzeugfabrik GmbH, TIM-Verlag Archiv, TML Technik GmbH, Trepel Airport Equipment GmbH, Volvo Trucks Region Central Europe GmbH, Zeppelin Baumaschinen GmbH. Da einige Vorlagen nicht eindeutig zugeordnet werden konnten, werden berechtigte Honoraransprüche selbstverständlich abgegolten.